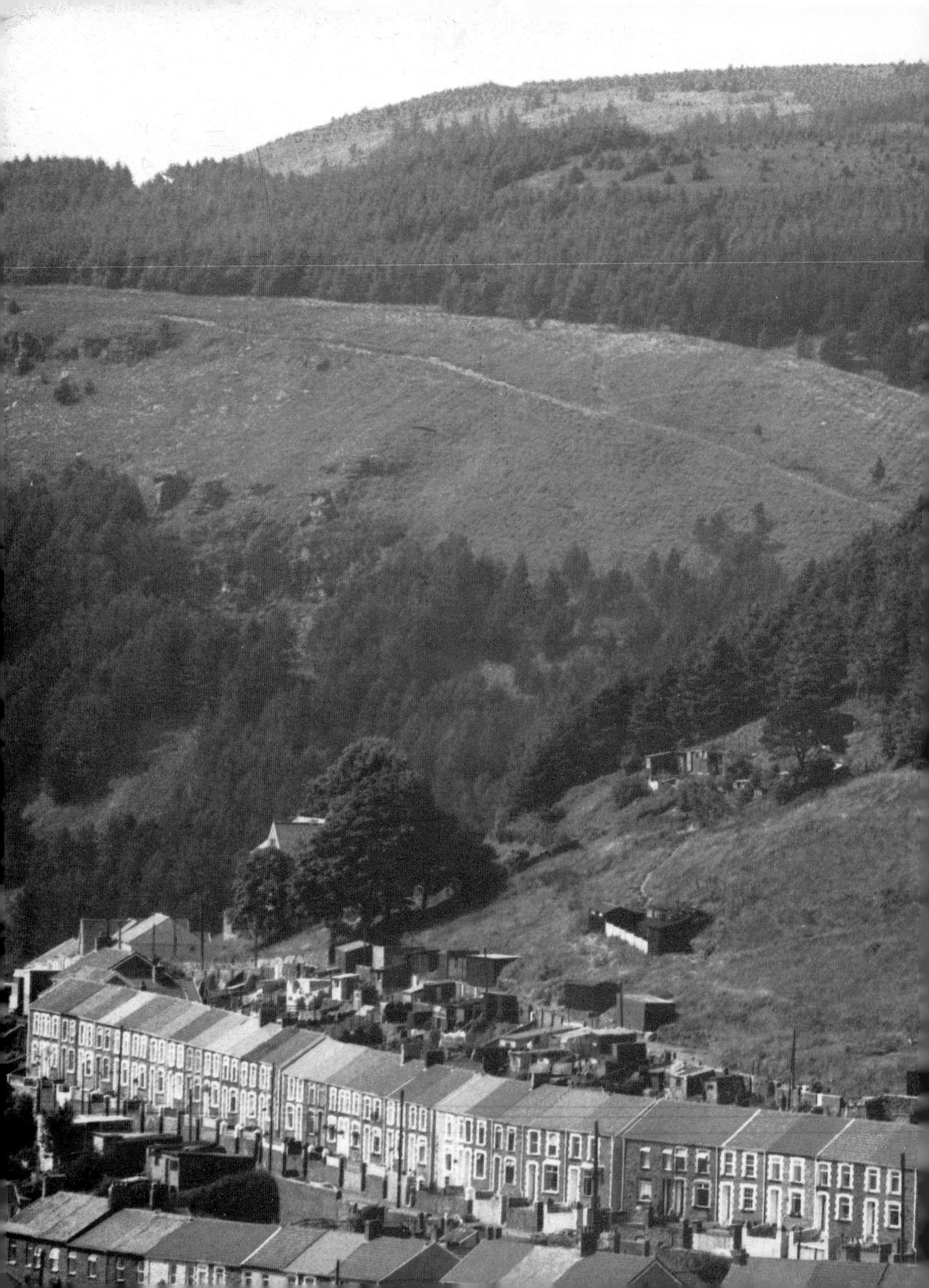

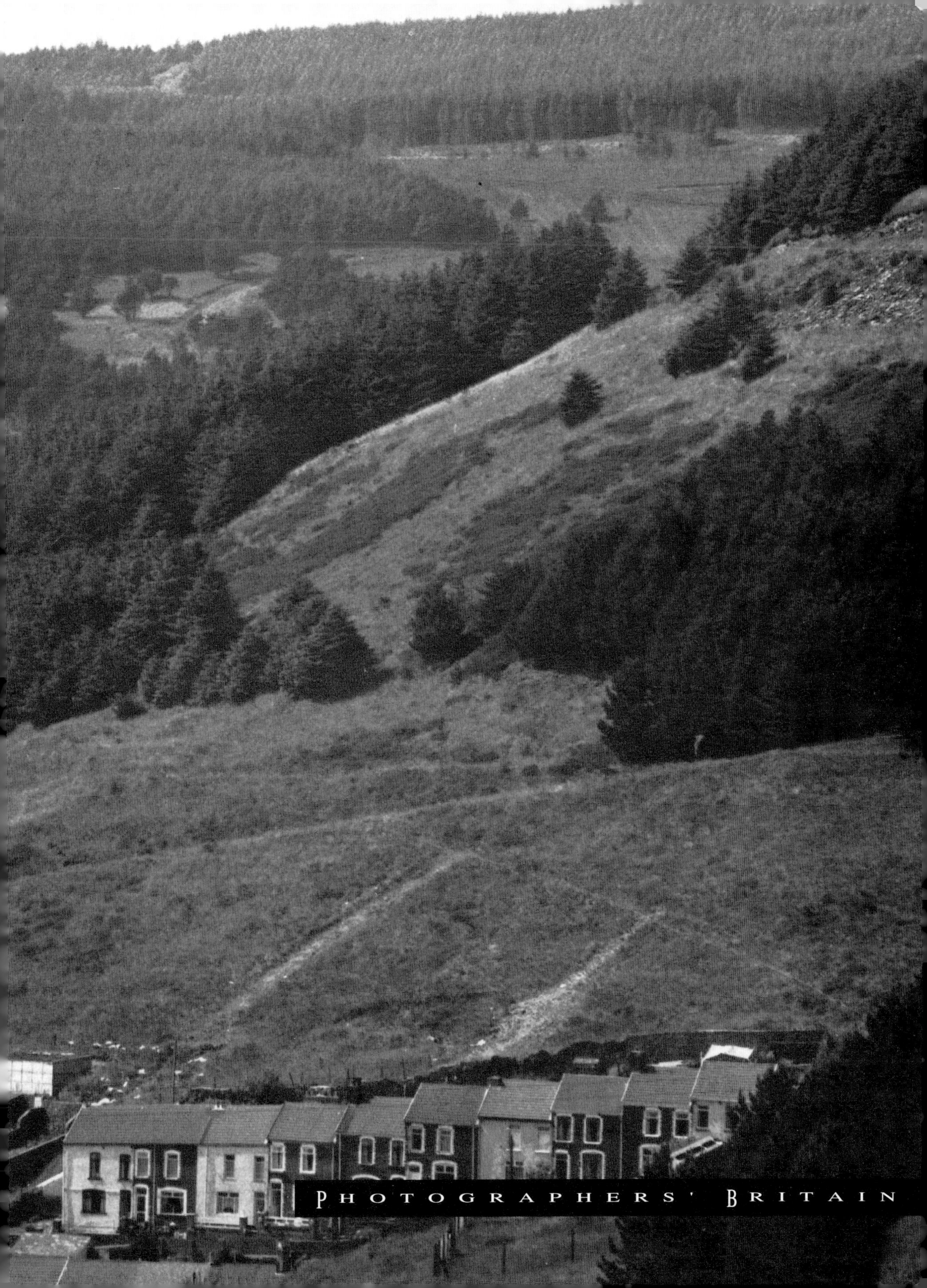
PHOTOGRAPHERS' BRITAIN

PRYDAIN Y FFOTOGRAFFYDD

MORGANNWG

PHOTOGRAPHERS' BRITAIN

GLAMORGAN

I Charles, fy ngŵr,
a'm rhieni
Roy ac Eveline

To Charles, my husband,
and my parents,
Roy and Eveline

PRYDAIN Y FFOTOGRAFFYDD

MORGANNWG

PHOTOGRAPHERS' BRITAIN

GLAMORGAN

PATRICIA AITHIE

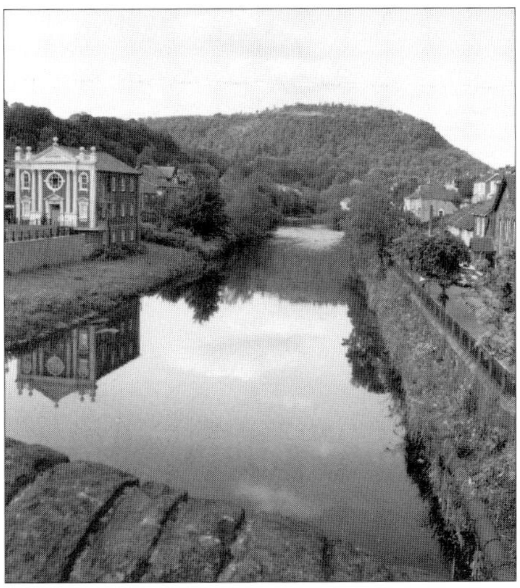

ALAN SUTTON

Argraffiad cyntaf ym Mhrydain – 1993
Alan Sutton Publishing Ltd · Phoenix Mill
Far Thrupp · Stroud · Gloucestershire

Argraffiad cyntaf yn Yr Unol Daleithiau
– 1993
Alan Sutton Publishing Inc · Wolfeboro Falls
NH 03896-0848

Manylion catalogio y Llyfrgell Brydeinig

Aithie, Patricia
Photographers' Britain: Glamorgan
I. Title
779.994297

ISBN 0-7509-0126-8

Library of Congress Cataloging-in-Publication Data
applied for

Llun clawr: Bae Tresilian
Tud: Blaengwynfi

Typeset in Sabon 10/14
Typesetting and origination by
Alan Sutton Publishing Limited.
Printed in Great Britain by
The Bath Press, Avon.

First published in the United Kingdom in 1993
Alan Sutton Publishing Ltd · Phoenix Mill
Far Thrupp · Stroud · Gloucestershire

First Published in the United States of America
in 1993
Alan Sutton Publishing Inc · Wolfeboro Falls
NH 03896–0848

British Library Cataloguing in Publication Data

Aithie, Patricia
Photographers' Britain: Glamorgan
I. Title
779.994297

ISBN 0-7509-0126-8

Library of Congress Cataloging-in-Publication Data
applied for

Cover photograph: Tresilian Bay
Endpapers: Blaengwynfi

Typeset in Sabon 10/14
Typesetting and origination by
Alan Sutton Publishing Limited.
Printed in Great Britain by
The Bath Press, Avon.

CYDNABYDDIAETHAU

Fe'm synnwyd gan y nifer o ffrindiau a pherthnasau sydd wedi awgrymu lleoedd ac onglau am luniau ar gyfer y llyfr hwn. Bu amser pan awgrymodd fy nhad y dylwn dynnu llun o Ysgol Jacob, cyfres anferth o risiau yr holl ffordd i fyny ochr y bryn yn Ynys-hir. Mae'n rhaid ei fod yn fychan iawn ar y pryd iddo'u cofio felly. Mae eraill wedi awgrymu y dylwn grafangu i fyny ochr rhyw fryn neu gerdded am filltiroedd ar hyd traeth Gŵyr yn nannedd y gwynt i chwilio am ryw em ffotograffig. Hwyrach nad yw'r hen nodwedd Gymreig o addysgu a phregethu wedi marw wedi'r cyfan. Mae wedi'm hatgoffa o'r serch a feddaf eisoes at bobl Morgannwg sy'n caru'r sir hon ac sydd eu hunain yn trysori mannau annwyl iddynt a nifer o anecdotau sydd wedi'u trosglwyddo o un genhedlaeth i'r llall. Mae fy niolch i bob un ohonyn nhw.

Carwn hefyd ddiolch i Jo Egerton am ei hamynedd wrth daro llygad profiadol dros fy nhestun, ac am fod yn berchennog ar beiriant ffacs; i Jaqueline Mitchell, a Clare Bishop fy ngolygyddion, am ddeall fod ffotograffyddion, fel siwglyddion, â mwy nag un peth ar eu meddyliau; i W.J. Jones am addasu'r testun i'r Gymraeg; i'r Parchedig Alun R. Davies, Deon Cadeirlan Llandaf; a Matthew Williams o Gastell Caerdydd am roi caniatâd a rhyddid i mi gymryd lluniau tu mewn i'r adeiladau ysblennydd hyn.

Mae fy niolch hefyd i'm tad a'm mam am eu cefnogaeth gyson ym mhopeth a wnaf, ac am ddatgloi nifer o ryfeddodau Morgannwg i mi pan oeddwn yn blentyn – mae nifer mawr o'r straeon, a'r mannau yr wyf wedi tynnu lluniau ohonynt yn ganlyniad i'r blynyddoedd ffurfiannol hynny; ac yn olaf, diolchaf i'm gŵr, Charles, am ei gefnogaeth gyson ar brosiect arall eto, er yn ffotograffydd ei hun, ni chredai y gallai unrhyw ffotograffydd ar ôl mynnu cario'r fath gyfarpar i leoliadau mor anghysbell, gorffen trwy ddefnyddio un lens yn unig.

ACKNOWLEDGEMENTS

It has amazed me how many friends and relations have suggested places, ideas and angles for a photograph for this book. There was the time my father suggested I should photograph 'Jacob's Ladder', a monumental series of steps all the way up a hillside in Ynyshir. When I arrived I realized he must have been very small to have remembered them as such. Others have suggested that I scramble up some hillside, or walk miles across a windswept Gower beach in search of some photographic gem. Maybe the old Welsh characteristic to 'teach and preach' has not died after all. It has been a reminder of the affection I already hold for the people of Glamorgan, who love this county and who themselves treasure favourite spots and numerous anecdotes, handed down from one generation to the next. Thanks go to all these people.

I would also like to thank Jo Egerton for her patience while casting an experienced eye over my text, and for having a fax machine; Jaqueline Mitchell and Clare Bishop, my editors, for understanding that photographers, like jugglers, have more than one thing on their minds; W.J. Jones for adapting the text into Welsh; the Revd Alun R. Davies, the Dean of Llandaff Cathedral, and Matthew Williams at Cardiff Castle for giving me the permission and freedom that I needed to take pictures inside these fine buildings.

My thanks too, go to my mother and father for their never ending support in everything I do and for unlocking many of the wonders of Glamorgan to me as a child – a large number of the stories, and places that I have photographed, are a result of those formative years; and finally to my husband Charles, for his constant support on yet another project, and who, although a photographer himself, never believed that any photographer could insist on carrying so much equipment to such remote locations, and end up using only one lens.

CYFLWYNIAD

Y gyfres gyntaf o luniau o gwmpas Morgannwg y cofiaf yn arbennig i mi eu tynnu oedd o hen weithiau cadwyn Brown Lenox yn Nhrefforest a minnau'n ddeunaw. Y ffyrm hon a gyflwynodd y rhan fwyaf o geblau cadwyn ac angor i lynghesau brenhinol a masnach y byd. Roedd yr amgylchiad yn wers lem ar ba mor bwysig y bu diwydiannau Morgannwg yn y gorffennol. Erbyn heddiw mae'r hen adeiladau wedi cael eu dymchwel, ac mae eu myned heibio'n enghraifft o ba mor fuan y mae'r wlad yn newid, ac yn colli mwy na phennau pyllau ac ardaloedd dociau. Mae'r ffotograffau a dynnais y diwrnod hwnnw bellach wedi gwisgo arwyddocâd newydd. Ar y pryd, tynnais nhw am i mi gael fy nghyffroi gan siâp a ffurfiau'r cadwynau a'r hen arfau gofannu. Erbyn heddiw, maen nhw'n sydyn wedi troi'n archifol. Felly, wrth i mi fynd ati i gasglu'r delweddau ar gyfer y llyfr hwn, nid y tir pori toreithiog ac amlinell ddramatig arfordir Morgannwg yn unig y dymunwn eu cynnwys, ond hefyd yr hen fannau claddu, goleudy haearn bwrw unigryw, a'r cestyll hanesyddol a'm denodd; pob un yn symbol o'r gorffennol.

Yr unig ofynion penodol ar gyfer y llyfr hwn oedd na ddylai ganolbwyntio ar bobl. Rwyf wedi glynu wrth hyn; ond eto, gan fod i'r sir ddwysedd poblogaeth uchaf Cymru, gellir gweld person nawr ac yn y man mewn ambell lun, yn cerdded i lawr stryd neu'n croesi traeth. Fodd bynnag, er gwaethaf ei sefydliadau maestrefol gwasgaredig, mae rhannau o Forgannwg o hyd yn anghysbell, fel pe baen nhw gannoedd o filltiroedd o unrhyw ddinas o bwys. Rwyf wedi ceisio caethiwo'r pellenigrwydd hwn mewn delweddau o fannau fel Rhosili neu Whitford Burrows.

Nid yw'r llyfr hwn yn set gyfun o ffotograffau o bopeth o bwys ym Morgannwg – byddai llyfr o'r fath yn cymryd cyfrolau – ond distylliad personol o ddewisfannau ffotograffydd. I droi at y sgrifennu, yr hyn a'm swynodd wrth ymchwilio, oedd y croes-ddweud yng nghynifer o'r straeon am Forgannwg. Gwnaethant fi'n ymwybodol o rym brawychus cyhoeddi a all osod mantell gwirionedd dros straeon y gellid eu hamau fel arall. Fodd bynnag, yn y llyfr hwn, dogfennaeth bersonol, cefais y rhyddid i gyflwyno stori arall eto i flwyddnodion hanes. Wrth durio trwy ddogfennau ac ar draws silffoedd llyfrau, sylwais fod nifer o bobl wedi sgrifennu am ddiwydiannau haearn a glo Morgannwg yn y bedwaredd ganrif ar bymtheg fel pe baen nhw'n sêr hedegog yn serio'n fflam trwy hanes y sir. Ond mae i Forgannwg ei hen hanes yn ogystal.Maeiddi hanes sy'n ymestyn yn ôl i'r cyfnod megalithig, ac un sydd wedi gweld cymysgiad enfawr o bobl a gweithgareddau amrywiol yn newid y sir drwy'r canrifoedd.

Mae fy nheulu i fy hun yn enghraifft o ddwyn at ei gilydd nifer o draddodiadau, o siaradwyr y Gymraeg ar ochr fy mam (na throsglwyddodd yr iaith i lawr, yn anffodus), i ffermwyr o'r gororau. Roedd ynddo saer coed o or-hendaid Ffrengig a ddaeth i adeiladu tai Fictoraidd Caerdydd ac un arall a weithiai ym Mharc yr Arfau. Roedd ynddo ewythredd o fwynwyr, a theulu mam-gu fy mam, a werthai gynnyrch ym Marchad yr Ais.

O'm rhan fy hun, fe'm ganwyd yng Nghaerdydd yn y 1950au diweddar. Wrth i mi dyfu i fyny yn Cathays, cerddwn yn rheolaidd gyda fy mam heibio i'r ganolfan ddinesig, lle roedd cerflunwyr wedi cofnodi hanes a mytholeg oedd yn berthnasol i'r dref forwrol hon. Wrth ymweld â'm tad-cu a'm mam-gu yn y cymoedd, awn heibio i'r pyllau glo a flagurai o loriau'r cwm, a thipiau glo a dyfai fel manflew ar wyneb y brynau. Yn ystod y rhan fwyaf o'm gwyliau, yn Abertawe a Gwyr roeddwn yn ddiddig, anymwybodol o ddim ond natur ymlaciol, hardd y tirlun. Erbyn i mi gyrraedd fy arddegau, roeddwn yn tynnu lluniau yn y fan a elwid yr adeg honno'n Tiger Bay, er mai peintio a âi â'r rhan fwyaf o'm bryd yr adeg honno.

Rwyf felly wedi dod i adnabod De, Canolbarth a Dwyrain Morgannwg yn bur dda. At ddibenion y llyfr hwn, penderfynais ddwyn y siroedd hyn, sydd bellach ar wahân, yn ôl at ei gilydd i ffurfio unwaith yn rhagor y Forgannwg hŷn hanesyddol a luniwyd yn wreiddiol gan Harri VIII o ganlyniad i Ddeddfau Uno'r unfed ganrif ar bymtheg. Cyn ynewidiad hwn o hen ffiniau Morgannwg i'r rhai sy wedi bodoli er 1 Ebrill 1974, gwnaed mân newid-iadau i gyrion y siroedd, felly mae'r ffaith na ddysgais am ffiniau fy sir newydd yn yr ysgol wedi gwneud rhyw les i mi yn y diwedd.

Yr hyn sydd wedi peri syndod i mi wrth lunio'r delweddau hyn yw'r effaith a gawsant arnaf. Yn y 1980au, treuliais bum mlynedd yn byw ac yn tynnu lluniau yn y Dwyrain Canol a'r Dwyrain Pell. Yn y gwledydd y teithiwn drwyddyn nhw, rhyfeddwn at y cestyll a'r adfeilion a welwn, ond wrth dynnu lluniau o Forgannwg fe'm hatgoffwyd am y crynodiad o'r cestyll sydd yma, eu dimensiynau anferth, a'u cas cadw da. Tramor, mwynhawn y traethau tywodlyd, gwyn, a dychwelais adref i ganfod rhai'r un mor ysblennydd yng Ngŵyr. Mae mynyddoedd moel mewn mannau pellennig yn drysor yn fy nghof; ac eto rwyf wedi teithio i'r gogledd o Faerdy, neu wedi taro draw o Flaenrhondda i Hirwaun, i wynebu golygfeydd sydd gystal bob tamaid â'r un ohonyn nhw.

Ychydig o fannau yn Ynysoedd Prydain a fedd ddinasoedd o bwys a mannau maestrefol sy'n cael eu hamgylchynu gan y fath gefn gwlad dramatig a chyda'r fath gyfoeth o olion hanesyddol. Os oes un peth y carwn i ddarluniau'r llyfr hwn ei gyflawni, yna annog eraill i edrych eto fyddai hwnnw, naill ai yng ngwmni camera neu heb yr un.

INTRODUCTION

The first series of photographs I remember taking specifically about Glamorgan was at the old chainworks of Brown Lenox in Treforest when I was eighteen. It was this firm that introduced most of the anchor and chain cables into the Royal and Merchant Navies of the world. The occasion was a poignant lesson on how important Glamorgan's industrial past had been. Today the old buildings have been demolished, and their passing is an example of how quickly the county is changing, losing more than pit-heads and docklands. The photographs I took that day have, therefore, taken on a new significance. At the time, they were taken because I was excited at the shapes and form of the chains and the old forging tools. Today they have suddenly become archival. So, as I came to put together a collection of images for this book, it was not just the lush pastures and dramatic coastline of Glamorgan that I decided to include, but also ancient burial sites, a unique cast-iron lighthouse, and the historic castles that captivated me: all symbols of the past.

The only specific requirement for this book was that I should not concentrate on people. I have stuck by this; yet as the county has the highest population density in Wales, occasionally, a person is visible in the photographs, walking down a street or across a beach. However, despite its sprawling urban settlements, many areas of Glamorgan are remote, as if hundreds of miles from any major city. I have tried to capture this remoteness in images of places like Rhosili or Whitford Burrows.

This book is not a comprehensive set of photographs of everything of importance in Glamorgan – such a book would take volumes – but a personal distillation of places, a photographer's choice. As for the writing, when I was researching, it was the contradictions in so many of the stories about Glamorgan that fascinated me. They made me aware of the terrible power of publishing which can confer truth on otherwise questionable stories. However, in this book, a personal documentation, I have been given the freedom to contribute another story to the annals of history. What I did notice, rummaging through documents and across bookshelves, was that many people have written about Glamorgan's iron and coal industries of the nineteenth century as if they were some great meteor blazing through the county's history. Yet Glamorgan has an ancient history too. It has a history that stretches back to megalithic times, and one that has seen a great mixture of people and diverse activities alter the county throughout the centuries.

My own family is an example of a confluence of many traditions, from Welsh speakers on my mother's side (who unfortunately never handed down the language), to farmers from the borders. There was a French great-grandfather who came as a carpenter to build the Victorian houses in Cardiff, and another who worked at Cardiff Arms Park. There were uncles who were miners, and my maternal grandmother's family sold produce in Cardiff's Hayes market.

For my own part, I was born in Cardiff in the late 1950s. As I grew up in Cathays, I regularly walked with my mother past the Civic Centre on whose façade sculptors had depicted the history and mythology relating to this maritime city. On visits to my grandparents in the valleys, I passed pit-heads that sprouted from the valleys floors, and coal tips that grew on the face of the hills like stubble. Most of our holidays, in Swansea and Gower, were spent blissfully unaware of anything but the relaxed and beautiful nature of the landscape. By the time I was in my teens, I was taking pictures down at what was then Tiger Bay, although painting was at the time my major preoccupation.

I have therefore come to know South, Mid and West Glamorgan well. For the purposes of this book, it was decided to bring these now separate counties together to form once again the older and historic Glamorgan set up originally under Henry VIII as a result of the Acts of Union in the sixteenth century. Before the change from Glamorgan's old boundary to today's existing ones on 1 April 1974, minor alterations were made on the edges of the county, so the fact that I never learnt my new county boundaries in school has at last done me some good.

What has been so surprising about compiling these images is the impact they have made on me. In the 1980s I spent five years living and photographing in the Middle and Far East. In the countries I travelled through I was amazed by castles and ruins that I saw, but in photographing Glamorgan I have been reminded of the concentration of castles here, their massive dimensions, great age and excellent state of preservation. Abroad I enjoyed soft white sandy beaches, and I returned home to rediscover equally superb examples in Gower. Barren mountains in far-off places are treasured memories; yet as I have travelled north of Maerdy, or headed from Blaenrhondda to Hirwaun, the views have been comparable to many of these.

There are few places in the British Isles that have major cities and urban areas surrounded by such dramatic countryside and with such a wealth of historic remains. If there is one thing I would like the pictures in this book to accomplish, it would be to encourage others, with or without their cameras, to look again.

Pier Penarth

Yn 1897, peintiodd yr arlunydd Argraffiadol Alfred Sisley Bier Penarth yn *Falaises de Penarth*. Ac yntau'n gorffwys ar ôl teithio trwy dde Lloegr, cyrhaeddodd Forgannwg ac ysgrifennu at y beirniad Gustave Geffroy, 'Mae'r sir yn dlws a'r lonydd llongau gyda'u cychod mawrion sy'n mynd i mewn ac allan o Gaerdydd yn ysblennydd. Wn i ddim am ba hyd y byddaf yn aros ym Mhenarth, rwy'n dda fy myd yn faterol yma, "mewn llety" gyda phobl barchus. Mae'r hinsawdd yn dyner iawn, hyd yn oed yn rhy gynnes y dyddiau hyn, ac yn arbennig y funud hon, a minnau'n sgrifennu. Rwy'n gobeithio medru fy rhwygo fy hun o'r hyn a welaf o'm cwmpas a dychwelyd adref'.

Roedd y pier yn deirblwydd oed a di-graith pan beintiodd Sisley ef, ond achosodd tân yn 1931 gryn dipyn o ddifrod ac yn 1947 trawodd y stemar 7,000 tunnell o Ganada, y *Port Royal Park* ar draws ei ochr. Yn yr adnewyddu a ddilynodd hyn, adeiladwyd pafiliwn art deco newydd. Mae'r cymysgiad o bensaernïaeth y 1940au a'r gwaith haearn Fictoraidd wedi fy nghyfareddu er pan oeddwn yn blentyn. Ar dripiau Sul gyda 'nhad, byddwn yn cerdded yr ystyllod a sbio'n bryderus trwy'r bylchau i'r môr islaw.

Wrth osod y drybedd ar gyfer llun arall eto y diwrnod hwn, daliwn i fod yn bryderus; pryder y byddai ei goesau'n llithro rhwng byrddau'r pier.

Penarth Pier

In 1897, the French Impressionist Alfred Sisley painted Penarth Pier in *Falaises de Penarth*. Resting after a journey through the south of England, he arrived in Glamorgan and wrote to the critic Gustave Geffroy, 'The county is pretty and the shipping-lane, with the great boats which go in and out of Cardiff, is superb . . . I do not know how long I shall be staying in Penarth, I am materially very well off here, "in lodgings" with worthy people. The climate is very mild, even too warm these present days and especially now as I am writing. I hope to be able to tear myself away from what I see around me and return home'.

The pier was only three years old and unscarred by time when Sisley painted it, but a fire in 1931 caused extensive damage and the 7,000 ton Canadian steamer *Port Royal Park* hit it broadside during a gale in 1947. In the renovations that followed a new art deco pavilion was built. The mixture of 1940s architecture and Victorian ironwork has fascinated me since I was a child. On Sunday outings with my father I would walk the planks and peer apprehensively through the gaps to the sea below.

Using a tripod for another picture I took on this day, I was no less apprehensive, worried that its legs would drop between the boards of the pier.

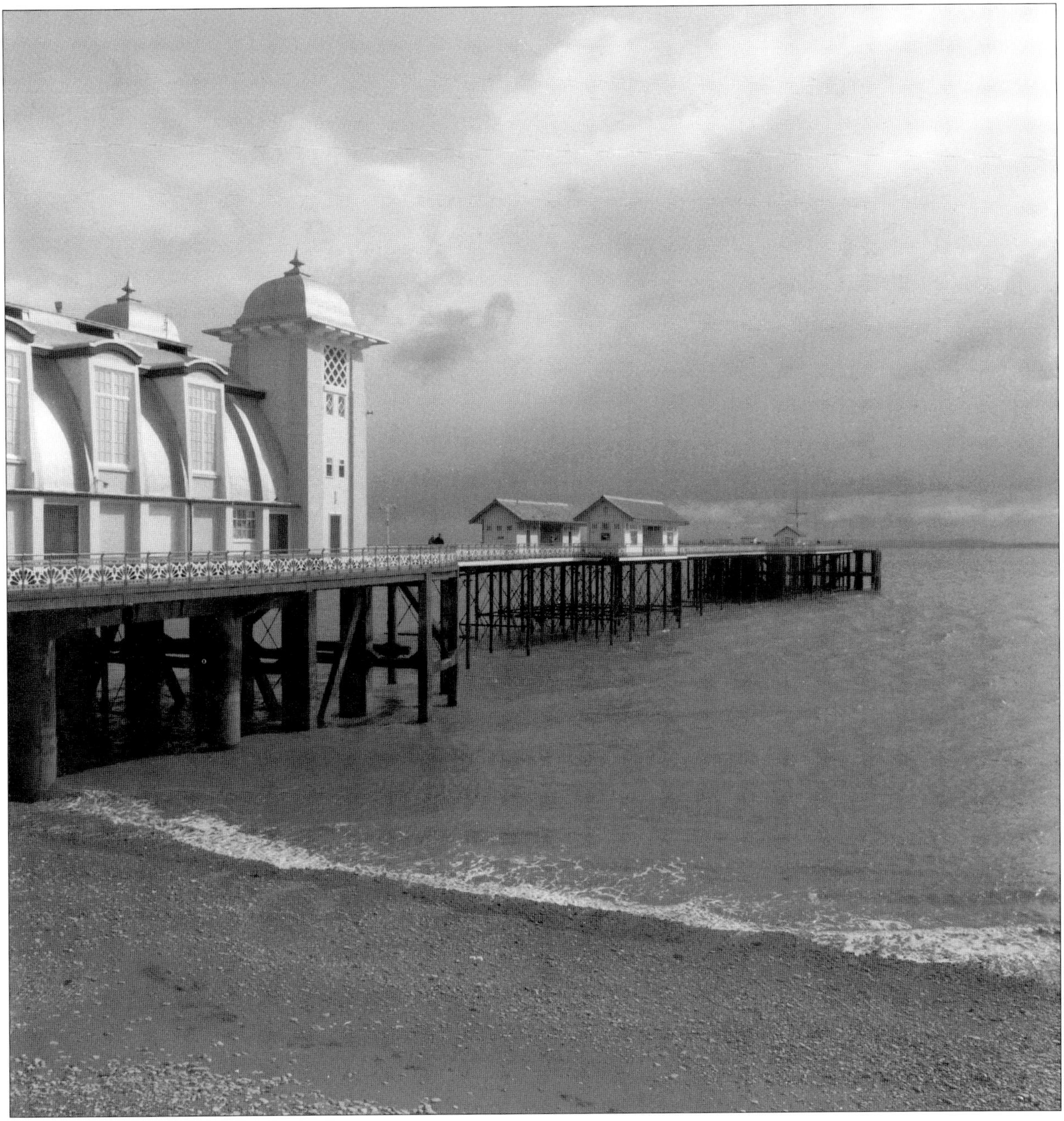

Garreg Lwyd

Olion aneddfa gaban o'r oes haearn ddiweddar yw'r meini hyn yng Ngharreg Lwyd ger Blaenrhondda. Maen nhw wedi'u gosod yn strategol ar lethr bryn â golygfa drawiadol o'r Rhondda Fawr.

Mae hen fapiau Ordnans wedi disgrifio'r adfeilion fel llociau defaid, ac nid cyn troad y ganrif y sylweddolwyd eu harwyddocâd yn llawn. Mannau byw'r Siluriaid, llwyth Cymreig brodorol, oedd y rhain.

Ychydig o dirluniau ym Morgannwg sy'n dwyn y fath deimlad o hynafiaeth yn eu sgil. Fe'm gosodais fy hun yn isel ar y ddaear ar gyfer y ffotograff hwn fel y gallwn greu'r syniad o amgáu a roddai'r muriau adfeiliedig hyn un tro, gan warchod y preswylwyr rhag yr elfennau ar y safle agored hon.

Garreg Lwyd

These stones at Garreg Lwyd near Blaenrhondda are the remains of a late iron age hut settlement strategically positioned on a sloping hill with an impressive view of the Rhondda Fawr.

Old Ordnance Survey maps described the ruins as sheep pens, and it was not until the turn of the century that their significance was fully appreciated. These were the dwellings of Silurians, an ancient Welsh tribe.

Few landscapes in Glamorgan evoke such a feeling of antiquity. I positioned myself low on the ground for this photograph so as to create the sense of enclosure that these ruined walls once gave, protecting the dwellers from the elements in this exposed situation.

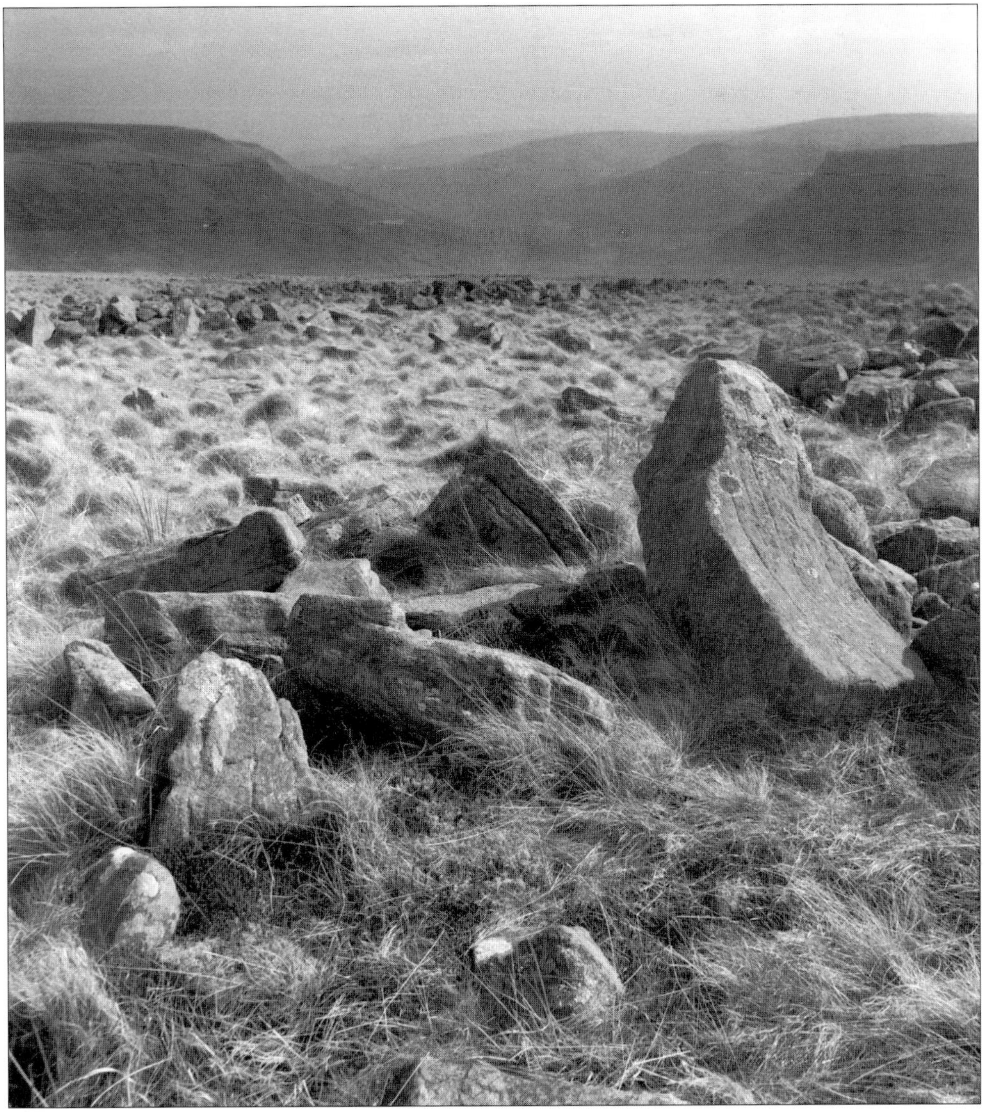

Cofeb Richard Trevithick

Mae cofeb yn y fan hon ym Merthyr i gofio am Richard Trevithick a adeiladodd locomotif ager cynta'r byd. Mae'n hawdd methu canfod safle'r fath gamp a siglodd fyd. Arni ceir disgrifiad o'r hyn a ddigwyddodd ar 4 Chwefror 1804 – un flynedd ar hugain cyn gwasanaeth Rhoced Stevenson o Stockton i Darlington; eto, welwch chi mo Trevithick ar gefn y papurau pumpunt yn eich poced.

Bet o nid llai na mil gini a ysgogodd y cyfan, bet rhwng dau berchennog gweithiau haearn, Samuel Homfray o Benydarren (a gyflogai Trevithick) a Richard Crawshay o Gyfarthfa, ac aeth y locomotif ager ar ei daith gyntaf o Benydarren ym Merthyr Tudful i Abercynon yn cario 10 tunnell o haearn a thrigain a deg o deithwyr. Roedd ffwrneisi Merthyr ac Aberdâr yn enwog am gynhyrchu cledrau ar gyfer rheilffyrdd drwy'r byd a gwnaed y cledrau ar gyfer rheilffordd Stockton–Darlington yng Nglynebwy gerllaw.

Gwelais y byddai'n ddiddorol cael llun o'r cornel bychan hwn o Ferthyr, nid yn unig oherwydd ei arwyddocâd hanesyddol ond hefyd oherwydd yr hen dai tu ôl i'r gofeb. Mewn gwirionedd, pan oeddwn yn pasio yn y car, y clwstwr hwn o dai a dynnodd fy llygad, ac ni welais yr wrogaeth ddinod hon i beiriannydd anghyffredin tan imi yrru'r car yn ôl i fan parcio.

Richard Trevithick's Monument

On this spot in Merthyr is a monument to commemorate Richard Trevithick who built the world's first steam locomotive. It's easy to miss the site of such a world-shattering accomplishment which carries a description of what happened on 4 February 1804 – twenty-one years before Stevenson's Stockton–Darlington Rocket service. Yet you won't find Trevithick on the back of the five-pound note in your pocket.

Begun with a bet, of no less than a thousand guineas, between iron work owners Samuel Homfray of Penydarren (who employed Trevithick) and Richard Crawshay of Cyfartha, the steam locomotive made its first journey from Penydarren in Merthyr Tydfil to Abercynon carrying 10 tons of iron and seventy passengers. The furnaces of Merthyr and Aberdare were famous for making the rails for railways throughout the world and the rails for the Stockton–Darlington line were made in the nearby town of Ebbw Vale.

I found this small corner of Merthyr interesting to photograph not only because of its historic significance but also because of the old houses that stand behind the monument. In fact when I was passing in the car it was the group of houses I noticed and it was not until I had reversed the car into a parking space and walked towards them that I saw this humble homage to an exceptional engineer.

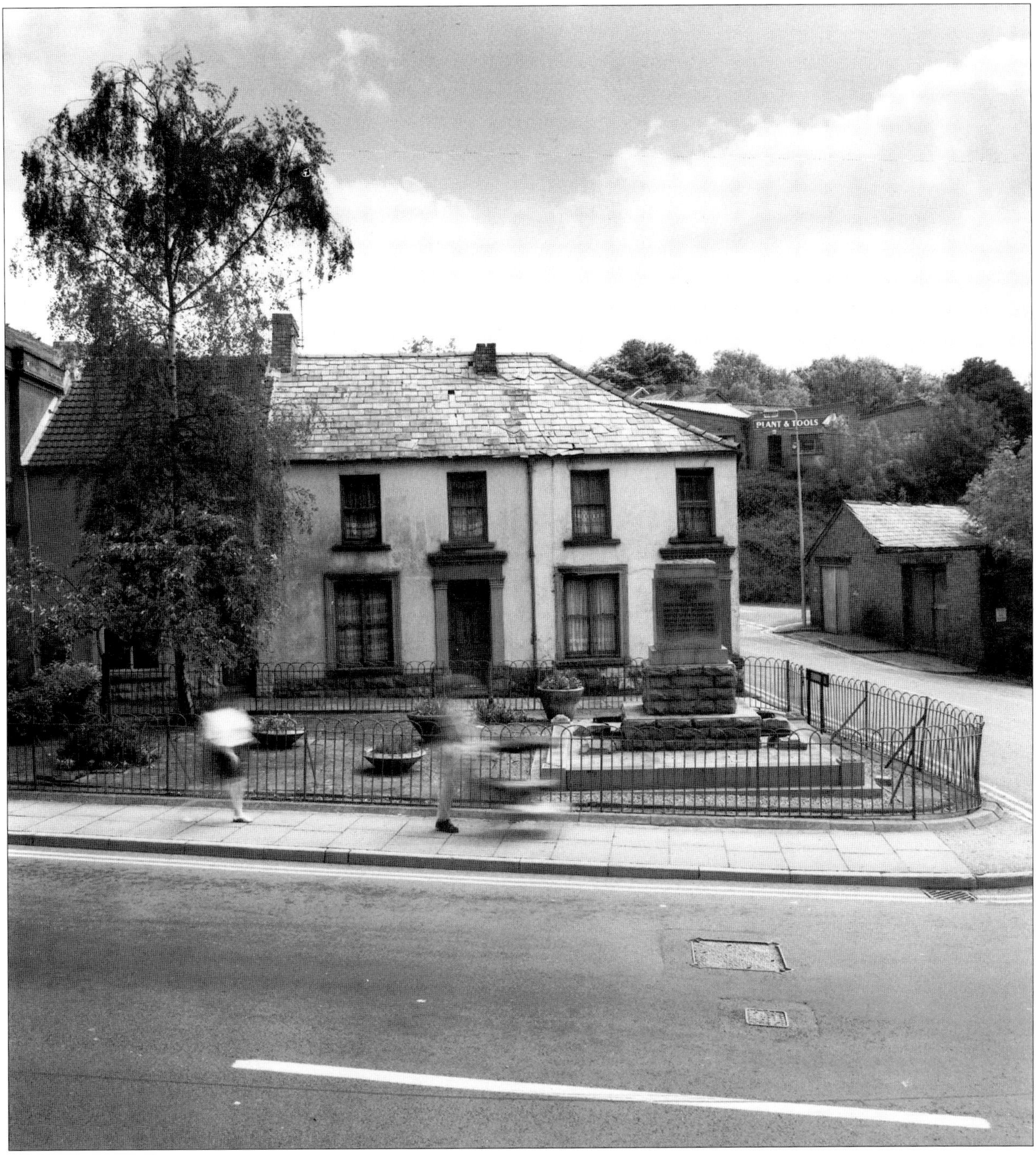
PLANT & TOOLS

Pwll Cynffig

Pwll Cynffig yw'r llyn dŵr ffres mwyaf ym Morgannwg, eto erys yn ymyl y môr, yn cael ei gaethiwo gan y twyni tywod anferth sy'n ymylu ar yr arfordir i'r dwyrain o Aberafan. Safai hen dref Cynffig ar y safle hon nes i nifer o stromydd garw, a gychwynnodd yn y bedwaredd ganrif ar ddeg, orchuddio'r fangre â thywod. Cwblhaodd corwynt olaf yn yr unfed ganrif ar bymtheg y dasg ac o ganlyniad gelwir yr ardal nawr ac yn y man yn 'Bompei'r Tywod'. Awgrymwyd y dylai'r dref gael ei dwyn i olau dydd, yn enghraifft o'i chyfnod.

Credir fod rhan o'r hen dref yn gorwedd o dan y pwll ac fe ddywed y bobl leol wrthych y gellwch glywed hyd heddiw glychau'r eglwys yn canu dan y dŵr ar noson ddi-stŵr. Mae'r fangre'n awr yn rhan o ardal gadwraeth natur, ac mae nifer o adar gwyllt a rhai eraill yn bridio yma.

Pan oeddwn i'n tynnu lluniau, roeddwn i'n ymwybodol o ba mor llonydd yr oedd pobman, er gwaethaf yr hanes cythryblus. Gall pob cyffro bychan ar wyneb dŵr gyfrannu at y ddelwedd ffotograffig olaf, felly pan ddaeth cotiar o'r hesg, dyna oedd yr adeg ddelfrydol i bwyso ar y botwm.

Kenfig Pool

Kenfig Pool is the largest freshwater lake in Glamorgan, yet it lies on the very edge of the sea, trapped by the vast sand-dunes fringing the coast east of Port Talbot. On this site the old town of Kenfig stood until a series of severe gales, starting in the fourteenth century, covered the area with sand. A final gale in the sixteenth century finished the job and as a result the area is sometimes called 'Pompeii of Sand'. It has been suggested that this town should be unearthed as an example of its period.

Part of the old town is believed to be lying beneath the pool and local people will tell you that if it is quiet you can still hear the old church bell peeling beneath its still waters. The area is now part of a nature reserve, and numerous wildfowl and other birds breed here.

When I was photographing, I was very conscious of how calm the pool was despite its turbulent history. Every small disturbance on the surface of water can contribute to the final photographic image, so when a small coot came from the reeds it was the perfect time to release the shutter.

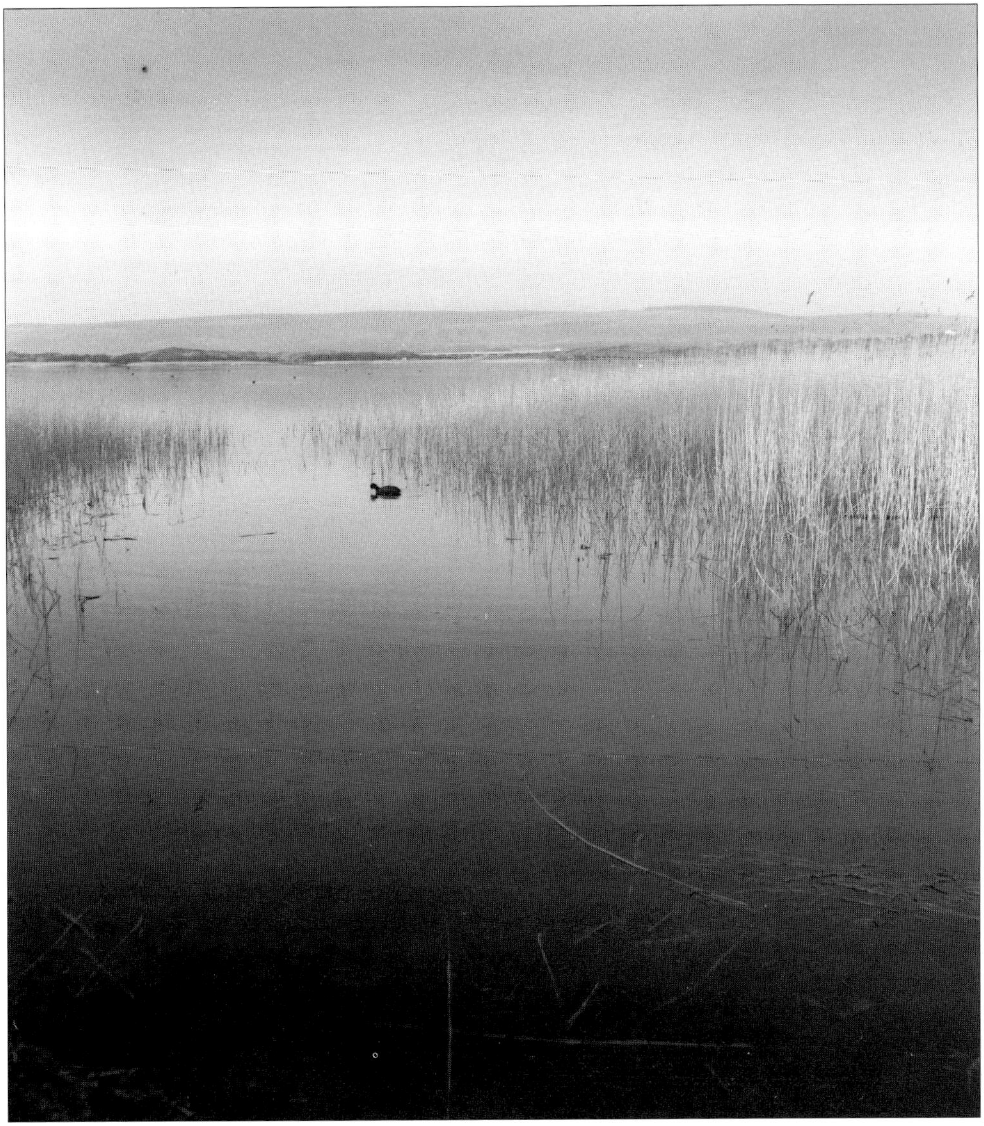

Bae Abertawe

Sgrifennodd Dylan Thomas at Vernon Watkins i ddweud na fedrai ddychmygu Gŵyr yn cael ei fomio, ffrwydryddion dwys ym Mhennard, winwns yn fflam dros Bwll-du, ac Union Street yn lludw. Dywed iddo edrych unwaith yn rhagor ar lythyr diwethaf ei gyfaill ato a gweld iddo sgrifennu fod bomiau'n disgyn ar y clogwyni. Gobeithiai iddyn nhw'i osgoi ef ac mae'n gofyn ble roedd y lloches gyrch awyr agosaf, ai yn Singleton. Os felly, byddai rhaid iddo fynd ar ras. Dywedodd fod ei fam wedi sgrifennu i ddweud wrtho fod pobl yn cysgu mewn sguboriau a pherthi ar draethau Gŵyr.

Wrth fynd i fewn i Abertawe heddiw, mae'r un mor anodd dychmygu i'r ardal wrthsefyll bomio mor enbyd yn ystod yr Ail Ryfel Byd. Mae hyd yn oed yr enw Saesneg ar y dref, Swansea, â'i wreiddiau yn Sweyn, enw ar arwr o Ddenmarc, yn awgrymu dinas dan warchae. Mor ddiweddar â'r 1960au cynnar, rwy'n cofio'r adeiladau brics olaf a fomiwyd, eu muriau'n cydbwyso'n simsan, megis cardiau chwarae.

Heb amheuaeth, mae gorffennol hanesyddol Abertawe'n tarddu o'r ffaith mai hi unwaith oedd prifddinas fetelegol y byd. Yn y ddeunawfed ganrif roedd smeltio copr yn amlwg yma, yn cael ei fwydo gan fwynau o Fôn a Chernyw. Ymledodd i fod yn ganolfan cynhyrchu aur, arian, copr, nicel, efydd, zinc, plwm, metel Muntz, haearn, dur, tunplat ac arsenic. Erbyn canol y bedwaredd ganrif ar bymtheg roedd hanner gweithiau copr Prydain yn yr ardaloedd o amgylch.

Cymerais y llun hwn o Deras Fairfield, un o'r mannau mwyaf trawiadol, o bosibl, i gael golwg o Fae Abertawe ohono. Mae wedi'i fframio trwy fwlch mewn mur Fictoraidd sydd wedi bodoli hyd at yr ugeinfed ganrif.

Swansea Bay

Writing to Vernon Watkins, Dylan Thomas wrote, 'I can't imagine Gower bombed. High explosives at Pennard. Flaming onions over Pwlldu. And Union Street ashen . . . I just looked again at your last letter, and you said in it that bombs were falling on the cliffs. I hope they missed you. Where is the nearest air-raid shelter? Singleton? You must run very fast. . . . My mother wrote and told me people are sleeping on the Gower beaches in barns and hedges'.

It is no less unimaginable today, when entering Swansea, to believe that the area withstood such intense bombing in the Second World War. Even the name Swansea – probably derived from Sweyn, a Danish hero – suggests a city under seige. As late as the early 1960s I remember the last bombed-out brick buildings, their walls balancing like playing cards.

No doubt Swansea's rich historical past stems from the fact that it was at one time the metallurgical capital of the world. In the eighteenth century copper smelting was prevalent here fed by ores from Anglesey and Cornwall. It expanded into a centre for the production of gold, silver, copper, nickle, brass, zinc, lead, Muntz metal, iron, steel, tin-plate and arsenic. By the mid-nineteenth century more than half of the British copper works were in the surrounding area.

I took this photograph from Fairfield Terrace, possibly one of the most striking places to view Swansea Bay, framed through a gap in a Victorian wall that has survived into the twentieth century.

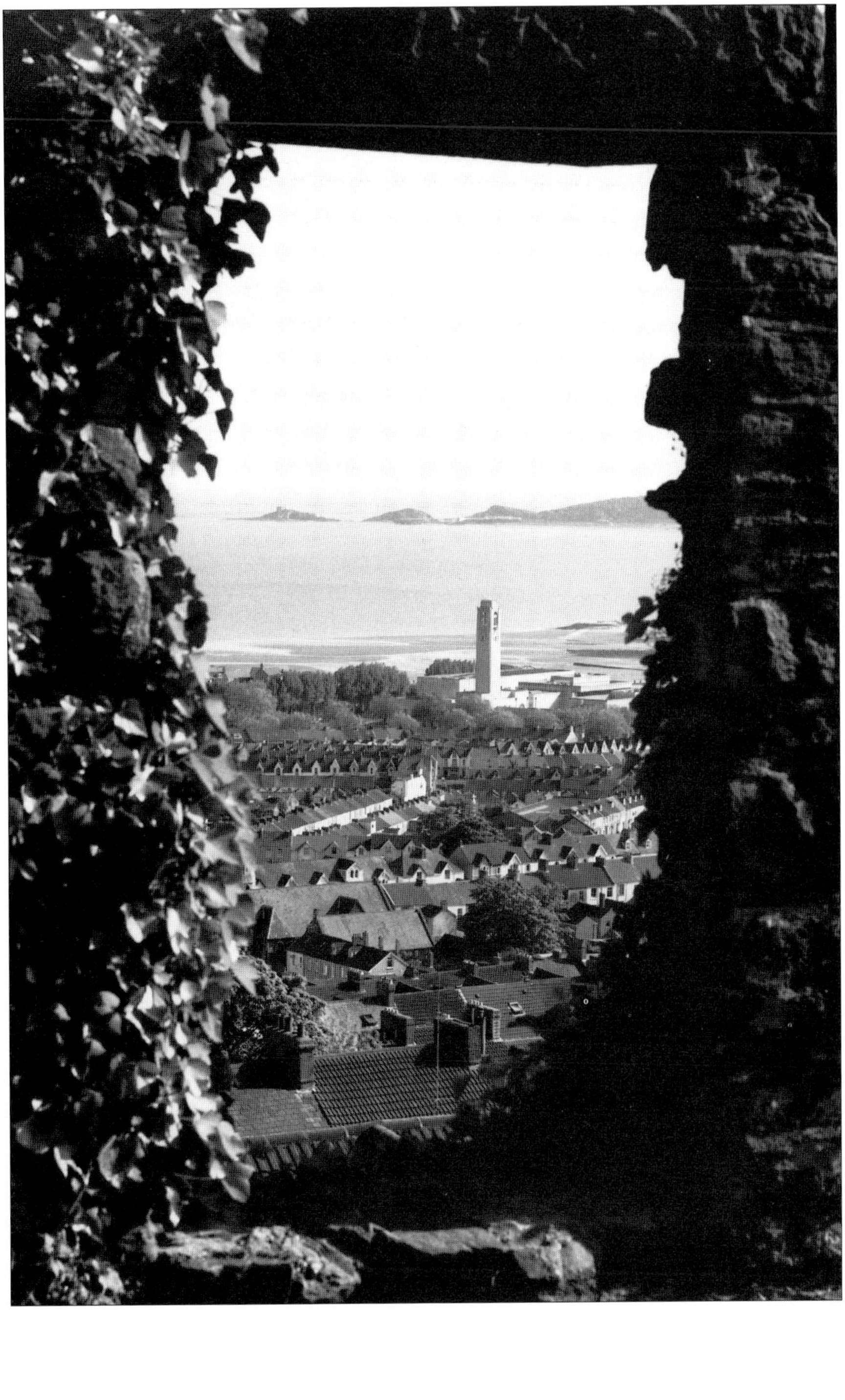

Bedd Guto

Mae mynwent Llanwynno yng Nghefn Gwyngul, i'r gogledd-orllewin o Bontypridd. Yn ôl coelion, mae trysor wedi'i guddio yno; trysor sy'n dyddio o adeg dadwaddoli'r mynachlogydd. Hyd yn oed heddiw mae i'r lle awyrgylch dirgel. Rydych yn gadael tagfeydd traffig y cwm ac yn esgyn rhiw serth at lwyfandir tonnog, dan drwch fforest binwydd ysblennydd, cyn cerdded yn ymholgar at yr eglwys.

Daw'r rhan fwyaf o'r pererinion, rhai fel fi, nid i fwynhau'r goedwig neu i chwilio am drysor coll, ond i dalu gwrogaeth i Griffith Morgan, Guto Nyth Brân, a fu farw yn 1737 yn saith a deg ar hugain oed. Gan iddo redeg 12 milltir mewn 53 munud, cafodd ei glodfori fel y dyn cyflymaf yn y byd. Syrthiodd a marw ar derfyn y ras pan drawodd un o'r gwylwyr, ei fam, yn ôl rhai, ef yn ysgafn ar ei gefn.

Nid yw'n anghyffredin gweld blodau ffres neu blanhigyn wedi cael ei adael ger ei feddfan yn y fangre unig hon. Y dydd y cymerais i'r llun hwn, dynodai pabi coch bychan rhwng dau slab o garreg fan ei gladdu.

Am flynyddoedd lawer byddai trigolion y trefi glofaol cyfagos, Aberpennar a Phenrhiw-ceibr, yn anrhydeddu Guto trwy gynnal ras Nos Galan. Roedd gwylio'r ras ganol nos hon, a minnau'n blentyn, yn arfer cyffrous o groesawu'r flwyddyn newydd.

Guto's Grave

On Cefn Gwyngul, north-west of Pontypridd, is the graveyard of St Gwynno's church where, rumour has it, buried treasures dating from the dissolution of the monasteries are hidden. Even today it has a mysterious atmosphere. You leave the valley traffic jams, and rise steeply through an undulating plain, thick with glorious pine forest, and puzzle your way towards the church.

Most pilgrims, like myself, come not to enjoy the forest or seek lost treasure, but to pay respect to one Griffith Morgan, Guto Nyth Bran, the 'crow's nest', who died in 1737, aged thirty-seven years. Running 12 miles in 53 minutes he was hailed as the fastest man in the world. He collapsed and died after this race when a spectator, some say his mother, patted him on the back.

It is not unusual to see fresh flowers or a plant left by his graveside in this isolated spot. On the day I took this photograph a small red poppy was crouched between the two slabs of stone marking his burial place.

For many years the people of the nearby mining towns of Mountain Ash and Penrhiwceibr honoured Guto by holding a New Year's Eve race called Nos Galan. Watching this midnight race as a child gave the New Year an exciting entry.

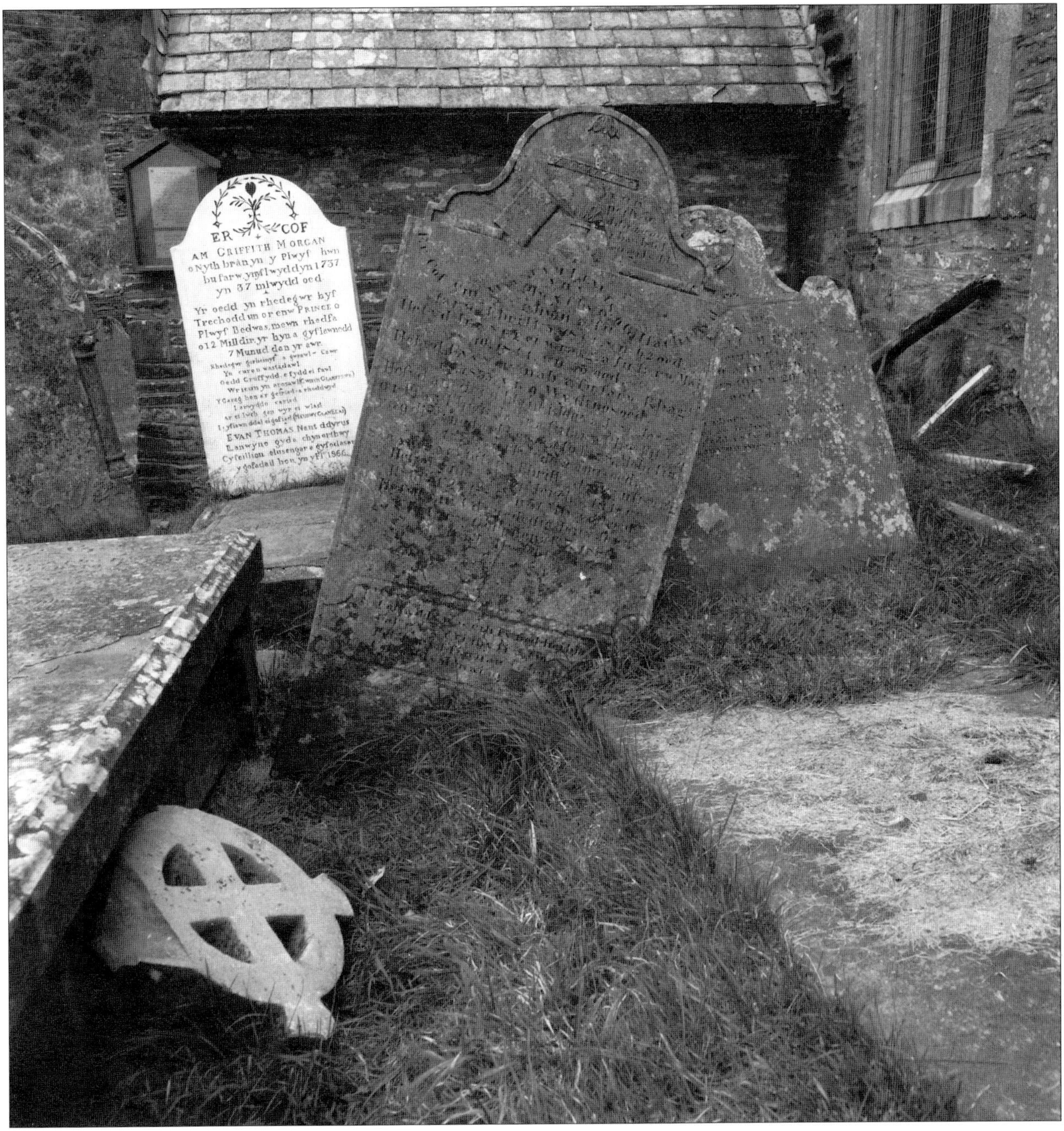
ER COF
AM GRIFFITH MORGAN
o Nyth bran yn y Plwyf hwn
bu farw yn y flwyddyn 1737
yn 37 mlwydd oed
Yr oedd yn rhedegwr hyf
Trechodd un o'r enw PRINCE o
Plwyf Bedwas, mewn rhedfa
o 12 Milldir, yr hyn a gyflawnodd
7 Munud dan yr awr.
EVAN THOMAS Nant ddyrus

Rest Bay

Rwyf wedi ymweld â Rest Bay pan fo'r haul yn tywynnu'n danbaid, pan fo'r glaw'n pistyllio, a hyd yn oed yn ystod stormydd eira. Nid yw'r tywydd fel pe bai'n golygu dim wrth ichi gyrraedd; mae'r tywod a'r clogwyni isel eu trem yn peri ichi anghofio am bopeth ar wahân i'r profiad o fod yno.

Gall mai'r awyrgylch lliniarus hwn a barodd i Dr a Mrs Lewis sefydlu cartref gwella yma yn ddiweddar yn y bedwaredd ganrif ar bymtheg. Daeth mor gyfarwydd fel 'The Rest' nes iddo roi ei enw i'r traeth.

Mewn ymateb i lythyr oddi wrth y Lewisiaid, dywedodd Florence Nightingale yn 1871 fod pobl eraill yn cychwyn â phrospectws, enwau mawrion, ysgrifennydd, cyfarfod cyhoeddus neu gastell yn yr awyr, ond iddyn nhw gychwyn â bwthyn ynghyd â rhai pobl ddioddefus a dyfodd yn y diwedd bur niferus. Dywedodd na allai gweithwyr y wlad hon gael mwy o fudd nag i bob sir a phob ysbyty feddu ar 'orffwysfa' fel ei hun hwy.

Rest Bay

I have visited Rest Bay when the sun is beating down, in the pelting rain and even during blizzards. It doesn't seem to matter what the weather is like when you come; the sands and low-lying cliffs make you forget almost everything except the experience of being here.

It may be because of its soothing atmosphere that Dr and Mrs Lewis set up a convalescent home here in the late nineteenth century, which became so well known as 'The Rest' that it gave the beach its name.

In reply to a letter from the Lewises, Florence Nightingale said in November 1871, 'Other people begin with a prospectus, great names, a secretary, a public meeting and a castle in the air. You begin with a cottage, a few suffering people, who at last number a great many . . . no greater benefit could be bestowed on the working people of this country than that every county and every hospital should have such a "rest" as yours'.

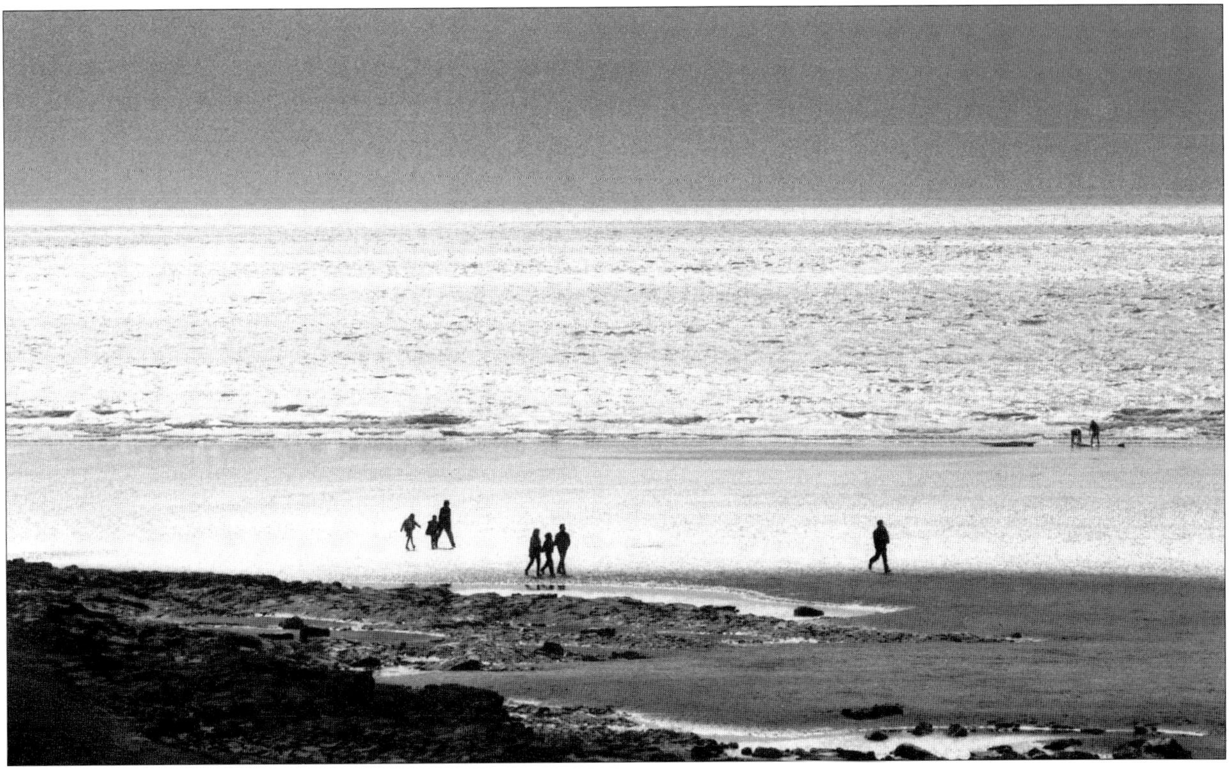

Twll Colomennod

Fyddwch chi byth yn anghofio ymweliad â Thwll Colomennod – nid yn unig am ei fod, fel ogof wedi'i walio i fyny, ac, yn ôl rhai, fel rhan o hen gastell Porth Eynon, yn unigryw ym Mhrydain (er bod enghreifftiau tebyg yn Ewrop) ond hefyd oherwydd ei fod yn anodd iawn mynd ato. Pan fo'r môr ar drai, mae'n bosibl mynd yno am gyfnod byr iawn ar draws y creigiau danheddog sydd ar y llwyfandir arfordirol, tebyg i'r lleuad, ym Mhwll Overton. Rhoddais gynnig ar fynd i dynnu llun yno bedair gwaith, er i mi gael nodiadau ynghych llanw'r môr gan wylwyr y glannau yn gwmni i'm map Ordnans. Ni chymeradwyaf y daith i blant na'r henoed.

Ŵyr neb i sicrwydd pryd y cafodd y lle'i adeiladu nac i ba ddiben, er bod damcaniaeth y castell yn cael ei hatgyfnerthu gan olwg fanylach ar y gwaith cerrig a allai fod yn dyddio o gyfnod y Normaniaid. Mae'r muriau dros 3 metr o drwch ac wedi'u hymylu'n fewnol â blychau nythu colomennod. Gwyddom ei fod yn dyddio'n ôl i o leiaf y bedwaredd ganrif ar ddeg ac i Eynon, un o dywysogion Cymru, adeiladu castell yma yn yr unfed ganrif ar ddeg. Dywed chwedl i'r Brenin Eynon golli'r dydd mewn brwydr ac iddo encilio i'r Golomenfa, ei atgyfnerthu a byw yno. Gallai unrhyw un sy'n dda am drin bwa saethu unrhyw ymyrrwr fyddai'n dringo i lawr y creigiau.

Ystyr y gair Saesneg *Culver* neu Hen Saesneg *culfre* yw colomen, ac felly mae'n lled debyg iddo weithredu'n rhannol ar un tro fel cut colomennod. Mae silff debyg yng Ngharreg Cennen, ac wedi cael ei walio i mewn ar gyfer colomennod. Trwy gyd-ddigwyddiad deuthum ar draws colomen yma'r dydd y tynnais y llun. Gallai'r lle fod wedi cyflawni gorchwyl ddwbl fel ogof smyglwyr, a gallai lanternau wedi'u gosod gan wrecwyr yn yr agoriadau hudo llongau'n hawdd i ddannedd y creigiau. Beth bynnag fo'i wreiddiau, mae'n un o ryfeddodau Morgannwg.

Culver Hole

You will never forget a visit to Culver Hole – not only because as a walled-up cave and, some say, part of the old castle of Port Eynon, it is unique in Britain (although there are examples in Europe), but also because it is very inaccessible. It is possible to get there only for a short time at low tide across sharp rocks on the moon-like coastal plain at Overton Mere. I tried four times to take a photograph here, despite being armed with tidal notes from the coastguard and an Ordnance Survey map, and I don't recommend the walk for children or the elderly.

Nobody really knows when it was built or what it was used for, although the castle theory is supported by a closer inspection of the faced stonework which could date from the Norman period: the walls are over 3 m thick and lined with pigeon nesting boxes on the inside. We know it dates back at least to the fourteenth century, and that Eynon, one of the Welsh princes, built a castle here in the eleventh century. Legend says King Eynon was 'beat in battle and retired to Culver and fortified it and lived there. Anyone good with a bow and arrow could pick off any intruder coming down the rocks'.

The name Culver or *culfre* is Old English for pigeon and so an origin partly as a dove-cote is most likely; a similar ledge of rock at Carreg Cennen has been walled in for pigeons, and coincidentally I found one here the day I took this photograph. It may have doubled up as a smugglers' cave, and lanterns placed on the openings by wreckers could have easily lured ships on to the rocks. Whatever its origins, it is one of Glamorgan's surprises.

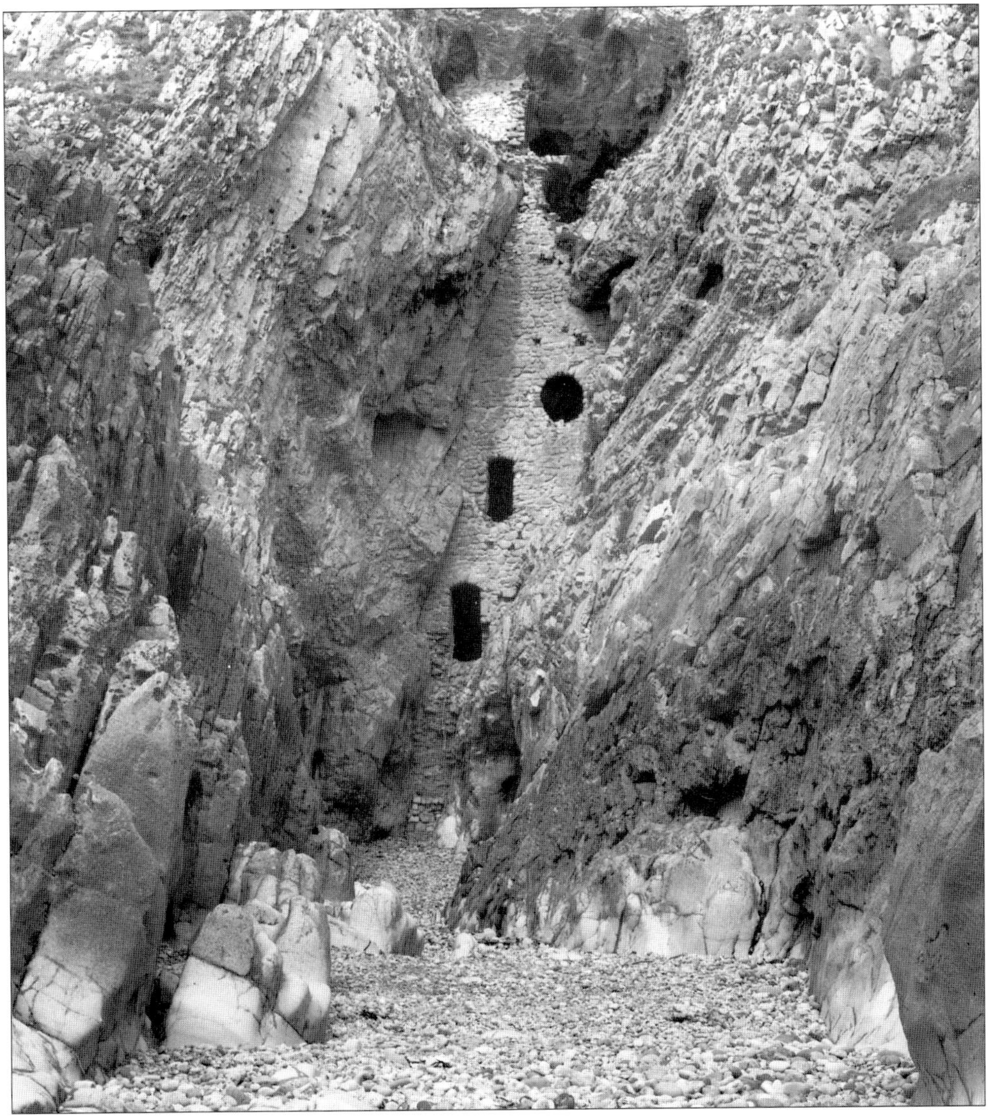

GLYNRHEDYN

Pan suddwyd y pyllau cyntaf yng Nglynrhedyn yn 1857, cymunedau o ffermwyr oedd yn yr ardal. Adroddodd dyn papur newydd *The Times* a ymwelodd â'r ardal ddeng mlynedd wedi hynny, fod ymron bob un o'r boblogaeth o 800 yn lletya mewn tai wedi'u hadeiladu'n amrwd o goed, fel cabanau pren America. Erbyn y 1870au, roedd y rhain wedi'u dymchwel a thai teras ar gyfer y niferoedd mawrion o lowyr a'u teuluoedd wedi'u codi yn eu lle. Tyfodd y Rhondda o boblogaeth o lai na 1,000 yn 1851 i dros 163,000 yn 1935.

Daeth Glynrhedyn yn ganolfan addysg, a'i neuadd weithwyr fawr yn gyrchfan i'r gymuned. Hanai côr meibion enwog Pendyrus oddi yma, ac fel magnet, denodd y neuadd nifer o actorion a pherfformwyr enwog i mewn.

Y dref hon oedd cartref yr actor Stanley Baker oedd yn enwog am ei rannau yn *The Cruel Sea* a *Zulu*, ac yma hefyd yr aeth Sybil William, gwraig gyntaf Richard Burton i'r ysgol. Roedd Burton a Baker yn ffrindiau mynwesol, ac ar farw Baker yn 1976, ysgogodd ei dorcalon Burton i sgrifennu '*A Lament for a Dead Welshman*'. Fe'i cyhoeddwyd yn yr *Observer*. Ychydig wedi hynny, daeth llwch Baker adref i Gymru i'w wasgaru ar Lanwynno gerllaw. Bu nifer o bobl leol, oedd wedi dringo'r mynydd i dalu'r gymwynas olaf, yn dystion i'r gwasanaeth.

FERNDALE

When the first pits were sunk in Ferndale in 1857, the area was a rural farming community. According to a reporter from *The Times* visiting the area ten years later, 'almost all the population of 800 is lodged in houses rudely built of wood, like American log huts'. By the 1870s these had been demolished and replaced by terraced houses which were built for the large numbers of miners and their families. In fact Rhondda grew from a population of less than 1,000 in 1851 to over 163,000 in 1935.

Ferndale became a centre for learning, and its large workmen's hall became a focus for the community. The renowned Pendyrus Male Voice Choir came from here and, like a magnet, the workmen's hall brought in many well-known actors and performers.

The town was home of actor Sir Stanley Baker who was renowned for his parts in *The Cruel Sea* and *Zulu* and it was where the actress Sybil William, the first wife of Richard Burton, went to school. In fact Baker and Burton were great friends, and on Baker's death in 1976, the grief over his loss led Burton to write 'A Lament for a Dead Welshman', published in the *Observer*. Not long after, Baker's ashes came home to Wales, and were scattered over nearby Llanwonno watched by many local people who had walked up the mountain to pay their respects.

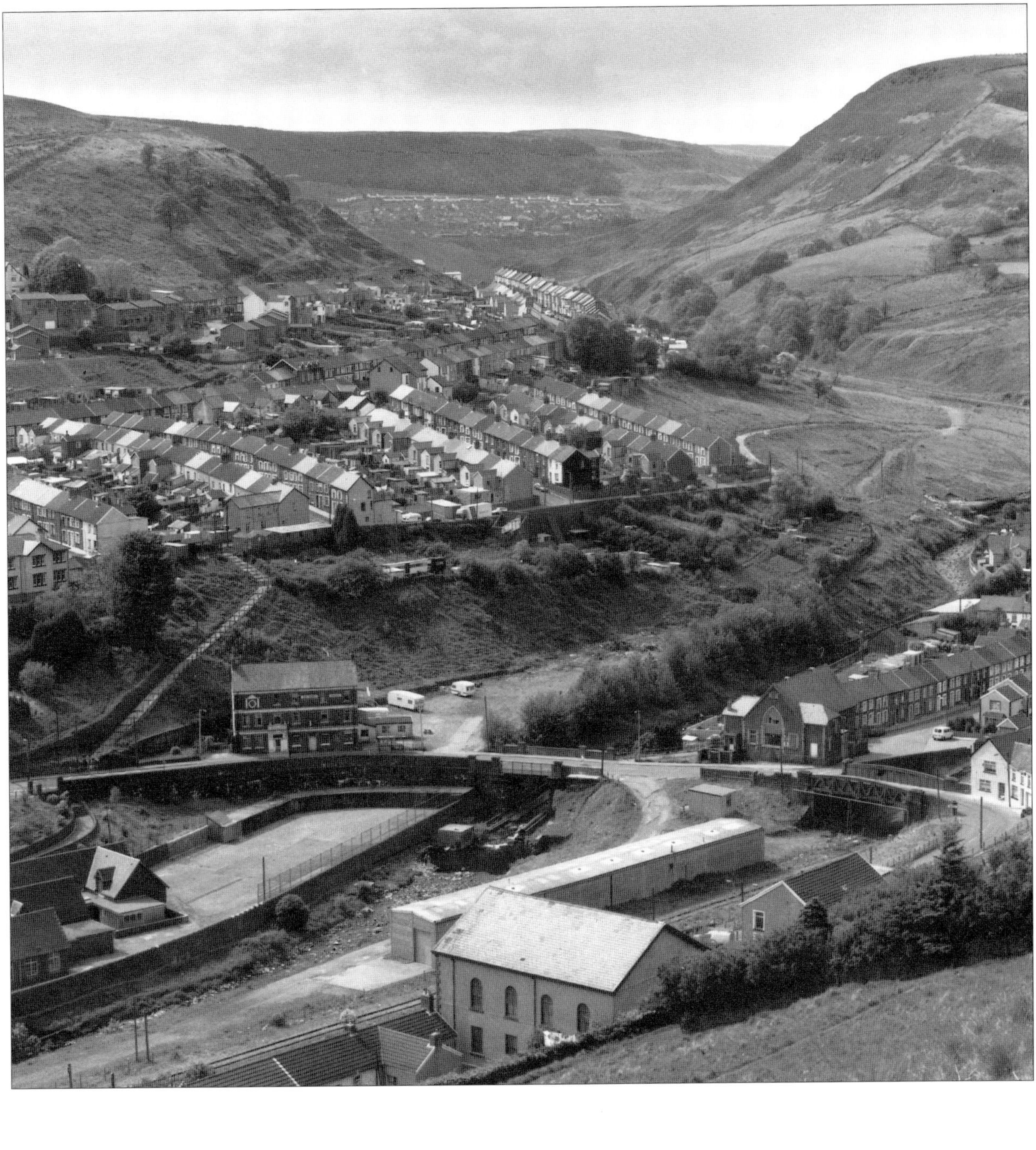

Defaid Ger Dyffryn Cellwen

Mae mwy o ddefaid nag o bobl yng Nghymru. Amcangyfrifir bod pedair miliwn ohonynt yn pori'r mynyddoedd, yn cerdded i lawr canol ein strydoedd, a nawr ac yn y man yng nghymoedd y Rhondda, yn eistedd am seibiant yn ein gerddi cefn.

Gwelir hwy'n fynych yn crwydro'n nomadaidd gyda'i gilydd yn y mannau corsiog ger Dyffryn Cellwen ar ffiniau gogleddol Morgannwg. Mae'r hesg y crwydrant yn eu plith yn gyffredin mewn tir corsiog sydd heb ei draenio. Mae'r awyrgylch, sy'n aml mewn niwl, yn wlyb, ac yn nannedd y gwynt, yn rhyfeddol o hardd.

Sheep Near Dyffryn Cellwen

There are more sheep in Wales than people. An estimated four million graze our mountains, walk down the middle of our streets, and occasionally, in the valleys of Glamorgan, sit down for a rest in our back gardens.

They are frequently seen wandering nomadically together in the marshy area near Dyffryn Cellwen, on the northern boundary of Glamorgan. The reeds among which they wander are very typical of boggy undrained land. The atmosphere, often misty, windswept and wet is, however, staggeringly beautiful.

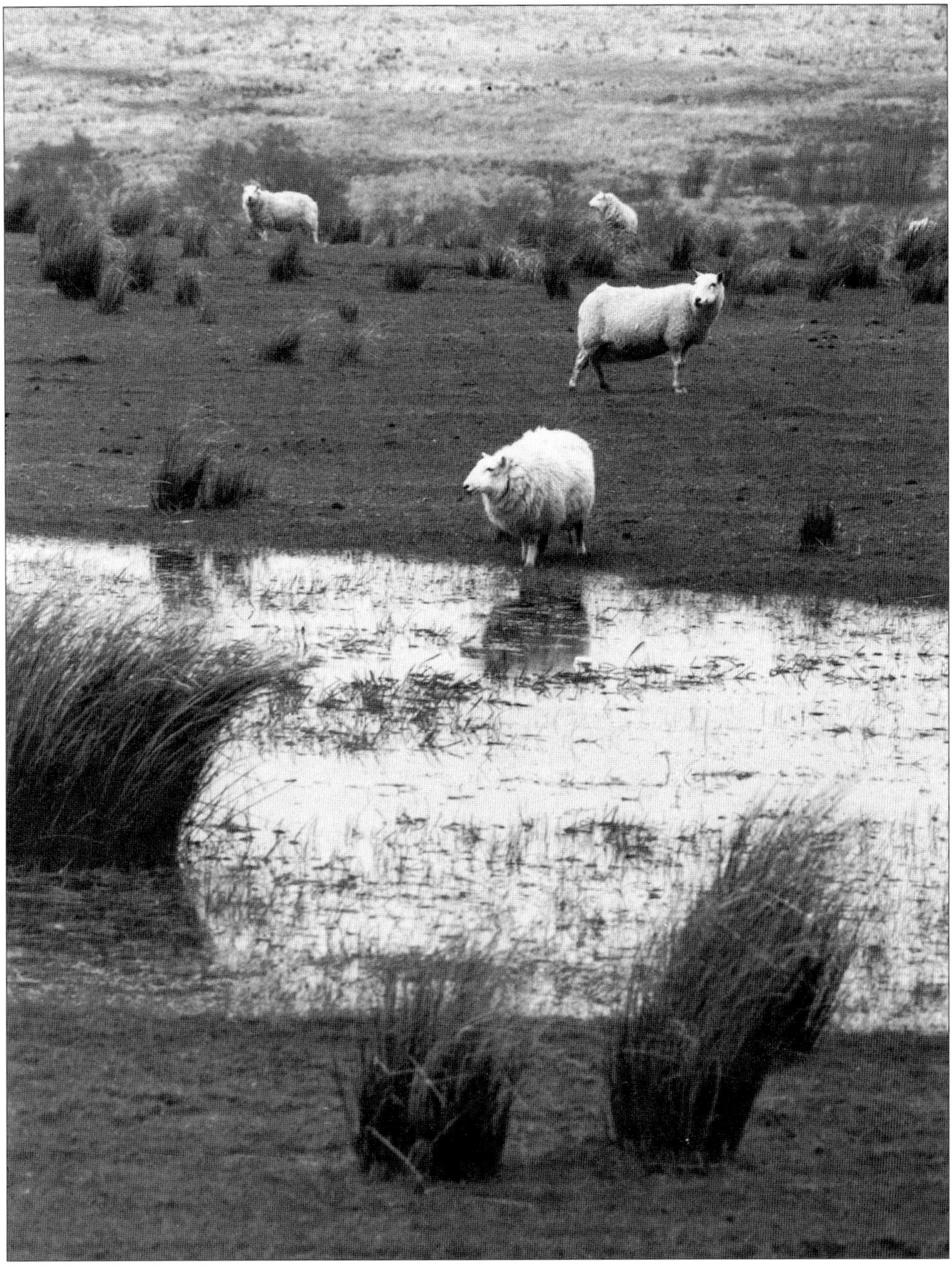

BAE'R TRI CHLOGWYN

Mae nifer o fannau lle y gellir sefyll, cyrcydu neu eistedd i gael llun o'r tri chlogwyn pigfain o galchfaen sy'n rhoi eu henwau i Fae'r Tri Chlogwyn, ond does dim i'w gymharu â'r olygfa o'r ffordd.

Mae'r bae hwn ymhlith y goreuon yng Ngŵyr, ond er ei fod yn ddeniadol o hardd, mae'n fan twyllodrus i nofio ynddo oherwydd cerhyntau grymys y foryd. Yn 1917, ysgubodd y cerhyntau hyn gargo o win Ffrengig i'r tir, er llawenydd i gannoedd o bobl leol a ddaeth ar ras at yr olygfa, y sibrydion ym mrig y morwydd wedi eu deffro i'r digwyddiad. Yn ôl yr hanes, bu nifer o'r bobl leol yn cysgu ymaith eu brwysgedd ar ochr y bryn gerllaw wedi'r digwyddiad. Gyda llaw, digwyddodd hyn i gyd nid nepell o gapel cyntaf y Bedyddwyr yng Nghymru.

THREE CLIFFS BAY

There are any number of places to stand, crouch or sit to get a picture of the three pointed limestone cliffs that give Three Cliffs Bay its name, but the view from the road really is unequalled.

The bay is one of the finest in Gower but although temptingly beautiful, it is a treacherous area in which to bathe, due to the strong estuarine currents. In 1917, these currents swept a cargo of French wine on to the shore to the glee of hundreds of local people who came running to the scene, alerted through the local grapevine. Apparently that evening many of the local people slept off the event on the nearby hillside. All of this happened, incidentally, within a short distance of the first Baptist church in Wales.

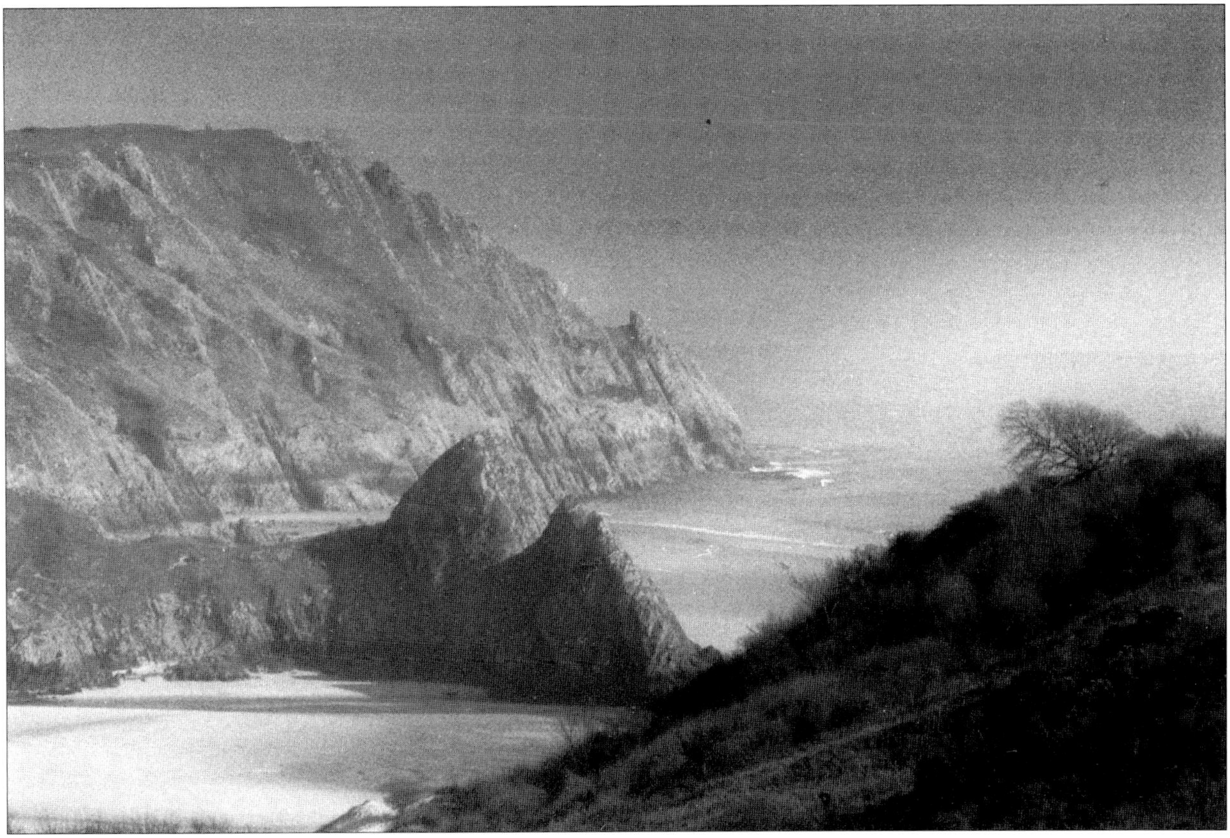

Ystafell Arabaidd, Castell Caerdydd

Pan ddyluniodd y pensaer a'r dylunydd William Burges yr ystafell Arabaidd yn Nhŵr Herbert o'r unfed ganrif ar bymtheg yng Nghastell Caerdydd, creodd ei ddehongliad ef ei hun o ystafell Ddwyrain Canol ganol oesol. Adeiladwyd yr ystafell rhwng 1880 ac 1881, a'i chwblhau ym mlwyddyn marw Burges; hi felly oedd yr ystafell olaf iddo weithio arni.

Efallai mai Ardalydd Bute, y gŵr a gomisiynodd yr ailaddurno, ac un y deuai ei gyfoeth yn bennaf o'r diwydiant glo, oedd noddwr mwyaf y bedwaredd ganrif ar bymtheg. Mae i bob ystafell yng nghastell Caerdydd ei thema, ynghyd â dehongliad Burges ohonyn nhw, ond erys y nenfwd hwn ar ei ben ei hun.

Safai ystafell Arabaidd adnabyddus arall yng nghartref Arglwydd Leighton yn Heol Holland Park yn Llundain. Nid oedd hon nepell o gartref Burges ei hun, ac yn ddiamau, hi a'i hysbrydolodd. Roedd ystafell Leighton fodd bynnag yn gyfansoddiad o nifer o ddarnau amrywiol o gelfyddyd Islamaidd a gaed o sawl ffynhonnell, ond dyluniodd Burges y darnau ar gyfer yr ystafell hon o'r cam cyntaf.

Mae'r holl ystafell, fel y nenfwd, yn enghraifft ardderchog o gymesuredd, oedd mor bwysig ym mhensaernïaeth Islam. Ni chafodd erioed ei hadnewyddu ac mae'r drosgaen o ddail aur, felly, wedi aros fel y mae, a'r gwydr lliw, y mosaig, y marmor cerfiedig, y macwette, y teilio, a hyd yn oed y gwydr toredig, yn cyfrannu at ei unoliaeth.

Pan dynnais i'r llun, atgoffai'r cymesuredd fi o grwybr gwenyn anferth a dyna'r argraff y mynnwn ei chipio.

The Arab Room, Cardiff Castle

When the architect and designer William Burges designed the Arab room in the sixteenth-century Herbert Tower of Cardiff Castle, he created his own interpretation of a medieval Middle Eastern room. The room was built between 1880 and 1881, being completed the year that Burges died, and as such was the last room he worked on.

The Marquess of Bute who commissioned the redecoration was perhaps the greatest patron of the nineteenth century, his wealth made largely from the coal industry. All the rooms in Cardiff Castle have themes, with Burges's own interpretation, but the ceiling of this one stands apart.

Not far from Burges's own home in London stood another well-known Arab room at Frederick, Lord Leighton's residence in Holland Park Road, and no doubt this was an inspiration. The Leighton room, however, was made up of various pieces of Islamic art aquired from many different sources, whereas Burges designed from scratch the pieces for this room.

The whole room, like the ceiling, is a wonderful example of symmetry, so important in Islamic architecture. It has never been restored, the gold leaf overlay remained intact, with stained glass, mosaic, carved marble, marquetry, tiling and even cut glass contributing to its unity.

When I photographed it, the symmetry reminded me of some great honeycomb, and it was this impression that I wanted to capture.

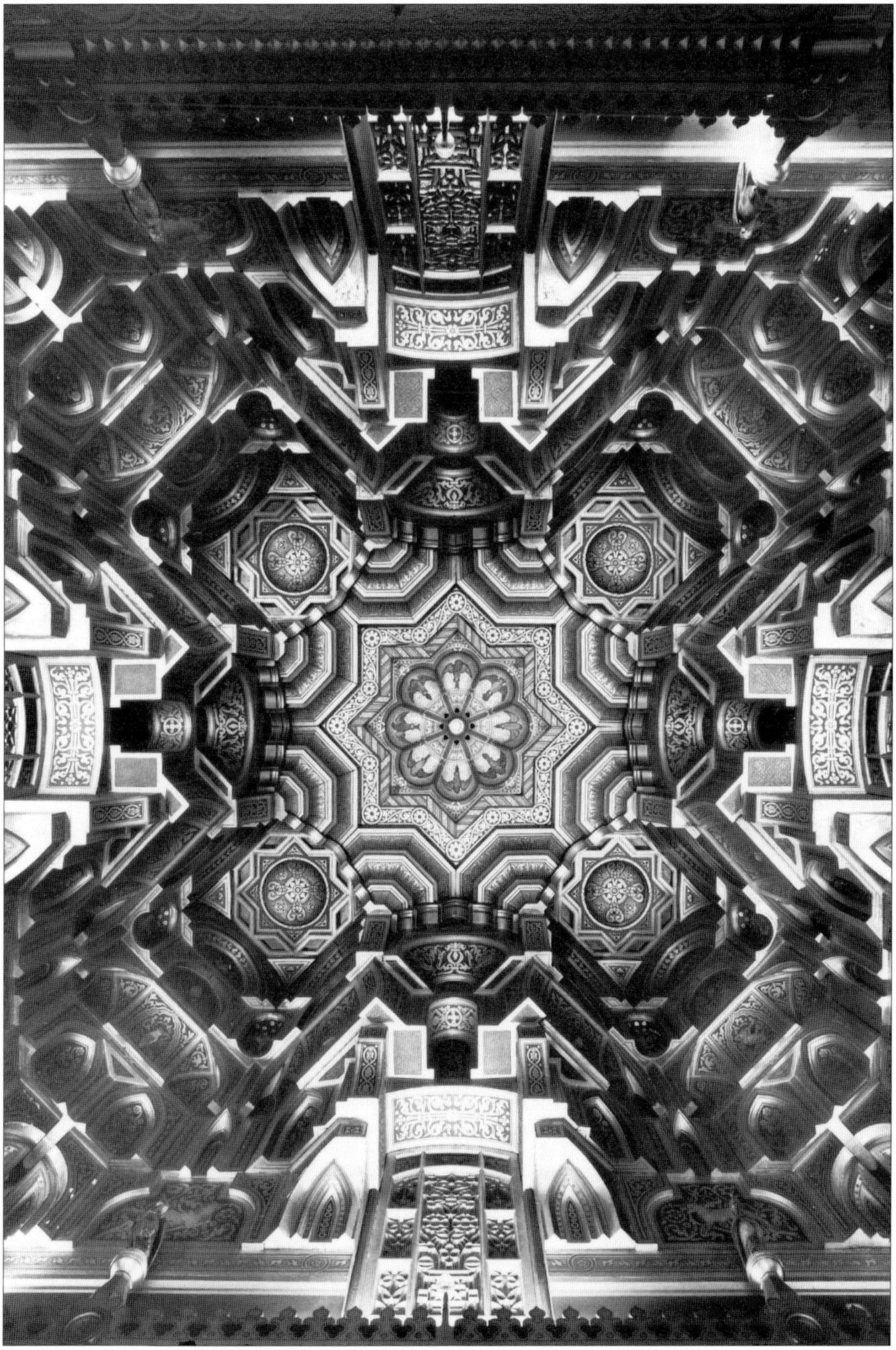

Fflat Holm

Dywedodd y ffotograffydd Ansel Adams unwaith fod hap yn gwenu ar y meddwl parod. Felly, pan gerddwn ar y llwybr troed swyddogol trwy drefedigaeth fridio o wylanod cefnddu, gwyddwn y byddai rhaid i'm camera fod yn barod. Unrhyw funud, byddai'r adar a fu'n tendio'u hwyau yn codi a disgyn o'm cwmpas. Yn 1972 dynododd y Cyngor Gwarchod Natur yr ynys fechan hon ym moryd Afon Hafren yn safle o ddiddordeb gwyddonol arbennig. Mae'r niferoedd o rywogaethau o adar sy'n nythu ac yn mudo yma'n arwain eu cywion i wastadeddau llaid Caerdydd a Bae Bridgwater i chwilio am fwyd. Mae yma ddigonedd o ffawna a fflora gan gynnwys y genhinen wyllt brin, *Allium ampeloprasum*, emblem genedlaethol Cymru.

Mae Fflat Holm yn safle strategol a mordwyol o bwys ac mae nifer o bobl wedi encilio yma dros y canrifoedd. Bu'n feudwyfan i fynaich, ac awgryma'r chwedl ynghylch y cerrig beddau marmor ar yr ynys i ddau o'r dynion a lofruddiodd Thomas à Becket yn 1170 gael eu claddu yma.

Yn y bedwaredd ganrif ar bymtheg defnyddiwyd yr ynys i arwahanu achosion o'r colera a chodwyd ysbyty yno, fel y gwelir yn y llun. Doedd ffermwr lleol y cyfnod hwnnw ddim yn rhy hapus am na fynnai neb brynu ei gwningod a'i lysiau ym marchnad Caerdydd.

Flat Holm

The photographer Ansel Adams once said, 'Chance favours the prepared mind'. So when I was walking on the official pathway through a breeding colony of lesser black-backed gulls, I knew that I had to have my camera ready. At any moment the birds who had been tending their eggs would rise up and swoop around me.

In 1972 the Nature Conservancy Council designated this small island in the Severn estuary a Site of Special Scientific Interest. The many species of birds which nest and migrate here lead chicks to the mud-flats of Cardiff and Bridgewater Bay to find their food. There is an abundance of fauna and flora including the rare wild leek *Allium ampeloprasum*, Wales's national emblem.

Flat Holm is an important strategic and navigational site and many people have retreated here over the centuries. It has been a hermitage for monks, and a legend surrounding marble gravestones on the island suggests that two of the men who murdered the Archbishop of Canterbury, Thomas à Becket in 1170 were buried here.

In the nineteenth century the island was used to isolate cases of cholera, and a hospital was built, as seen in the photograph. The local farmer at the time was not too happy, though, as no one would buy his vegetables or rabbits in the Cardiff market.

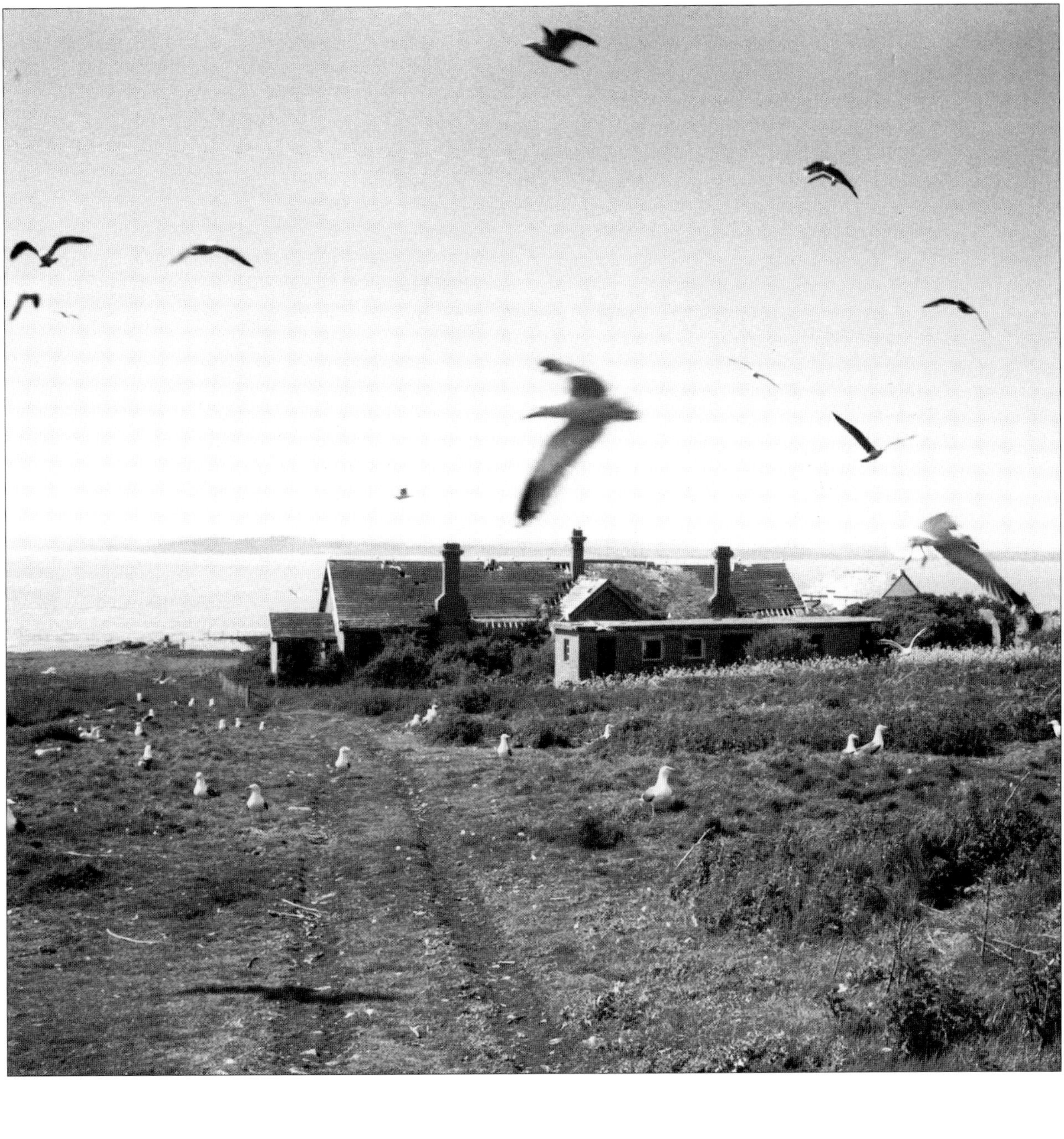

MELIN-CWRT

I rai pobl, mae De Cymru'n dwyn i gof ddelweddau o ddiwydiant ar drai, terasau wedi'u bordio i fyny a ffatrïoedd wedi'u chwalu; ac eto, pan gyrhaeddant Forgannwg darganfyddant sir sydd mor wyrdd ac amrywiol nes eu bod yn ymwrthod â'r fath ddelwedd.

Er bod sawl un o raeadrau Gogledd Cymru'n enwog, does mo'r fath amrywiaeth yn unman yng Nghymru ag yng Nghwm Nedd ar ymylon deheuol Bannau Brycheiniog. Mae rhai o'r rhaeadrau yma'n ysblennydd a'r tro cyntaf imi ymweld â Melin-cwrt, sy'n disgyn am 24 metr, synnais nad oeddwn wedi ymweld ag ef o'r blaen; wedi'r cyfan roedd J.M.W. Turner wedi dod yma'r holl ffordd o Lundain yn 1775 i'w beintio.

Mae'r aer yn drwm gan leithder y coed, nid annhebyg i Indonesia, lle bûm yn byw am dros flwyddyn, ac, fel de-ddwyrain Asia, mae'r fan o'r golwg dan redyn – ceir ugain rhywogaeth yn y fan hon yn unig. Mae'r creigiau'n llithrig ac ymron wedi'u llindagu gan fwsogl llaith, a'r syniad hwn o wlybaniaeth y dymunwn ei gyfleu yn y llun hwn.

MELINCOURT

To some people South Wales conjures up images of declining industry, boarded-up terraces and bulldozed factories, yet when they arrive in Glamorgan they discover a county so green and diverse in landscape that the image is usually and thankfully put to rest.

Although many of the waterfalls of North Wales are famous, nowhere in Wales is there such variety and diversity as in the Vale of Neath, on the southern edge of the Brecon Beacons. Some of the falls here are spectacular and the first time I visited the one at Melincourt, that falls 24 m, I was astonished that I had never visited it before; after all, J.M.W. Turner had come here all the way from London in 1775 and painted it.

The air is heavy with moisture in these woods, not unlike Indonesia where I lived for over a year, and, like south-east Asia, the area is covered with ferns – twenty species are located here alone. The rocks are slippery and almost suffocated with damp mosses, so it was the idea of wetness that I wanted to convey in this picture.

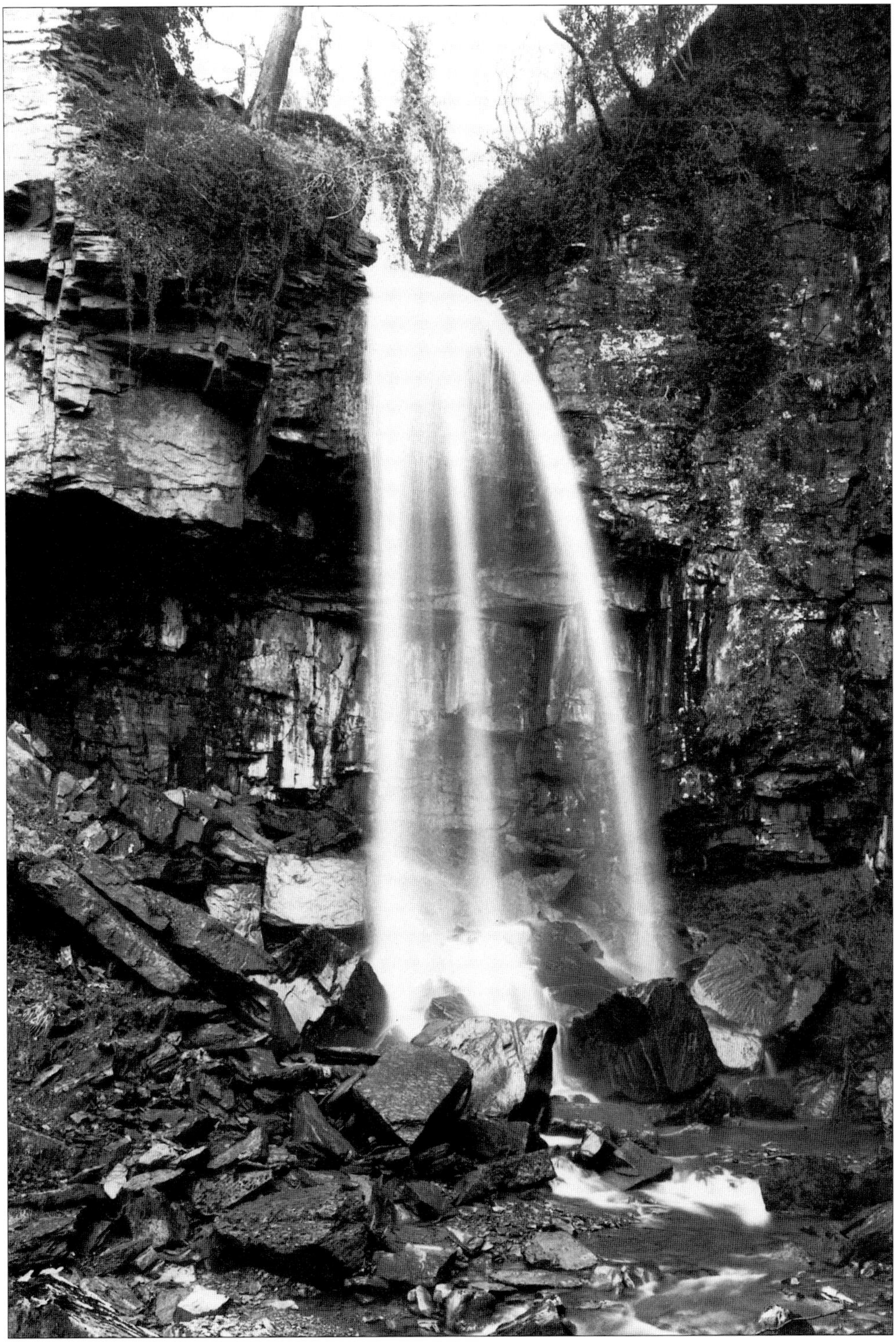

Castell Caerffili

Mae cryn amrywiaeth o fannau lle y gellir gosod trybedd ar ei thraed i gael llun o gastell Caerffili. Rwyf hyd yn oed wedi sefyll yn uchel ar y bryn i'r gogledd o Rydri mewn storm o wynt ac eira i gael ongl newydd ar hwn, un o'r cestyll mwyaf a'r enghraifft orau sy'n bodoli o gastell canol oesol yn Ewrop. Ar un diwrnod rhewllyd o aeaf, cipiais luniau o blant ar ras ar draws yr iâ tenau a chlir ar wyneb ei ffos, fel pe baen nhw'n cerdded ar ddŵr. Ond dro ar ôl tro dychwelaf at yr ongl hon i gael anferthedd y maint a ffurfiau'r tyrau yn erbyn yr awyr.

Fel y rhan fwyaf o gestyll Cymreig, mae Caerffili wedi dioddef yn enbyd drwy'r canrifoedd. Oedwyd yr adeiladu o dan y barwn Normanaidd ac Arglwydd Caerdydd, Gilbert de Clare yn 1268 am i Llywelyn ap Gruffudd, ddwy flynedd yn ddiweddarach, ei warchae. Erbyn 1271 roedd yr adeiladu wedi ailgychwyn. Cymerwyd dros gan mlynedd i'w gwblhau. Efallai i'r ymgyrchu hwn yn gynnar yn ei fywyd arwain at adeiladu un o'r systemau amddiffyn gorau yn unrhyw gastell yn Ynysoedd Prydain. Mae'n ymestyn dros tua 30 erw a'r safle'n wirioneddol anferth.

Bu distrywio diweddarach, fodd bynnag. Ei nodwedd fwyaf nodedig yw'r tŵr goleddfog, sy'n goleddfu mwy na Pisa, yn ôl y sôn. Ar un adeg ymosodiadau milwyr Cromwell a gâi'r bai am yr hyn a ddigwyddodd iddo ond cred pobl heddiw mai ymsuddiant fu'n gyfrifol.

Caerphilly Castle

There are a number of places to set up a tripod and get a picture of Caerphilly Castle. I've even stood high on a hill north of Rudry in a howling blizzard to achieve a new angle on this, one of the largest and best surviving examples of a medieval castle in Europe. On another freezing winter day, I captured shots of children racing across clear thin ice formed on the surface of the moat as if they were walking on water. But time and again I return to this angle to get the immense size and shapes of the towers against the sky.

Like most Welsh castles, Caerphilly has been battered throughout the centuries. Its construction in 1268 under the Norman baron and Lord of Cardiff, Gilbert de Clare, was delayed when two years later the Prince of Wales, Llywelyn ap Gruffudd, besieged it. By 1271 building had started again taking over a hundred years to complete. Perhaps this struggle early in its life led to the building of the best defensive system of any castle in the British Isles. Covering an area of some 30 acres the site really is enormous.

Subsequent damage has been done though. Its most notable characteristic, the leaning tower – which lists, it is said, more than Pisa – was previously blamed on a Cromwellian bombardment, but today people believe it is more likely to be a result of subsidence.

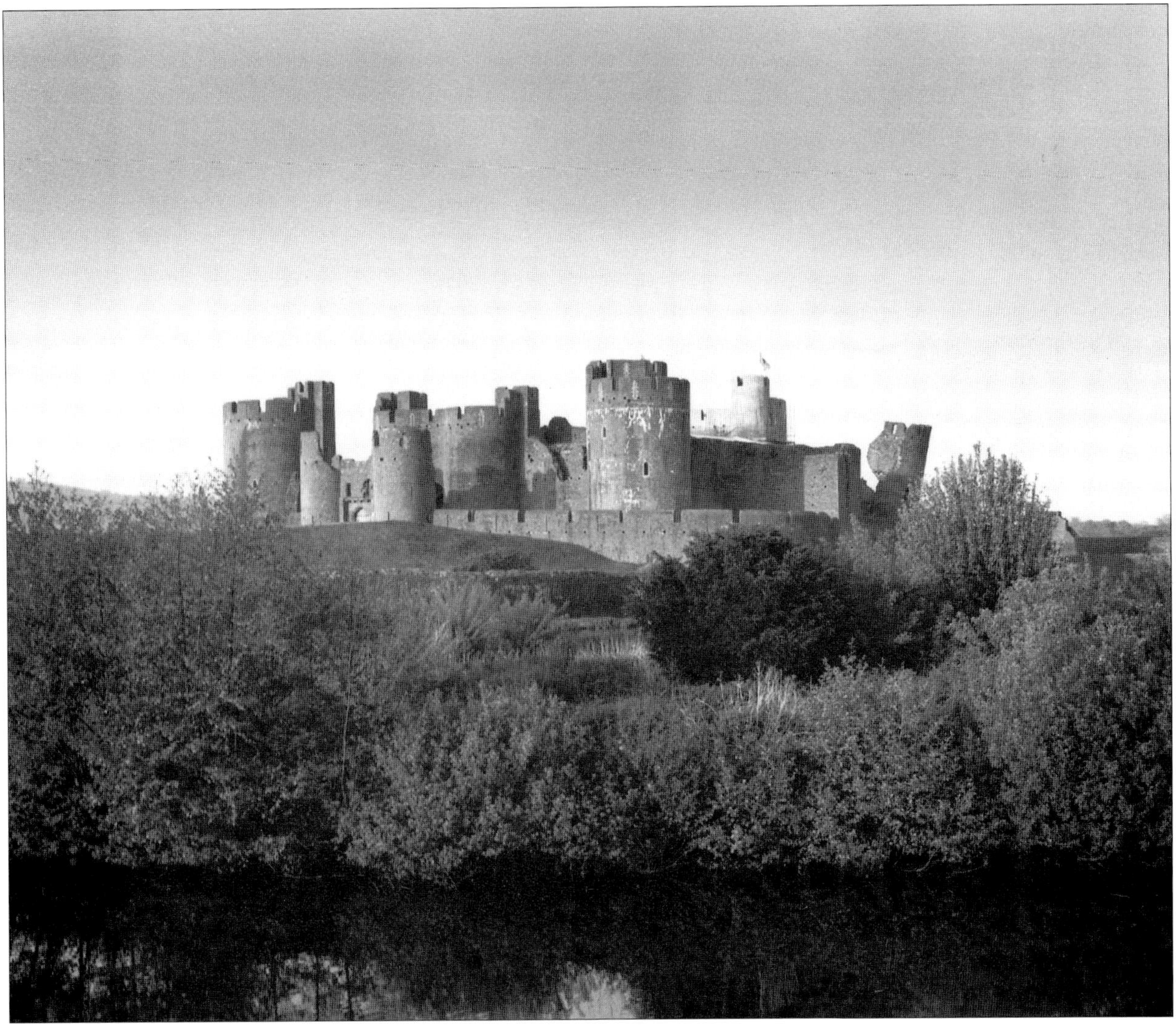

Moryd Llwchwr

Mae'n bosibl dewis o blith digonedd o forydau yng Nghymru ar gyfer llun, ond does yr un sydd mor heriol nac mor ddramatig â Moryd Llwchwr sy'n rhannu siroedd Morgannwg a Dyfed.

Nid yw'r glo'n brigo mor agos at y môr yn unman yn Ne Cymru ag yn y fan hon. Eto, yn wahanol i feysydd glo eraill De Cymru, nid yw gweithio tiroedd isel Llwchwr wedi cael cymaint o ardrawiad trawmatig ar yr amgylchedd a bodola llawer o'r bywyd amaethyddol o hyd.

Wrth ichi sefyll ar y glannau nid yw'n anodd dychmygu'r herwyr o Lychlyn yn hwylio i fyny'r moryd neu alïau Rhufeinig yn cyflenwi eu gwersyll yn *Leucarum* (Llwchwr). Mewn dyddiau diweddarach, byddai llongau masnach wedi hwylio'n isel yn y dŵr, yn llawn o bropiau pyllau a gwinoedd Bordeaux.

Roedd Llwchwr yn un o drefi pwysig Morgannwg yn ystod y Canol Oesoedd ac yn llyfr porthladdoedd Elisabethaidd yr unfed ganrif ar bymtheg, rhestrir y dref yn un o borthladdoedd mwyaf arfordir y de-orllewin.

Cymerais y llun ychydig yn uwch na lefel y môr tra'n cerdded i fyny ar hyd ochr arglawdd y rheilffordd. Mae ffotograffau o fôr-luniau a thirluniau yn wastad â'r tir yn aml yn colli rhyw nodwedd ddiddorol. Yma, medrwn gipio patrymau deniadol y barrau tywod ychydig o dan y gorwel.

The Loughor Estuary

There are plenty of estuaries in Wales to choose to photograph but few are as daunting and dramatic as the Loughor Estuary which divides the counties of Glamorgan and Dyfed.

Nowhere in the South Wales coalfield do the seams of coal outcrop so close to the sea as they do here. Yet unlike many other coal-mining areas in South Wales the Loughor lowlands have had a less traumatic impact on the environment, with much of the rural and agricultural life being preserved.

When you stand on the banks it is not hard to imagine Norse raiders sailing up the estuary or Roman galleys supplying their garrison at *Leucarum* (Loughor). In later times there would have been merchant ships riding low in the water, laden with pit props and wine from Bordeaux.

Loughor was a major town of Glamorgan during the Middle Ages and in the sixteenth-century Elizabethan ports book, the town is listed as one of the major ports of the south-west coast.

I took the photograph a little above sea level walking up the side of the railway embankment. Photographs of seascapes and landscapes at ground level often miss some interesting feature. Here, I was able to capture the intriguing patterns of the sand-bars just below the horizon.

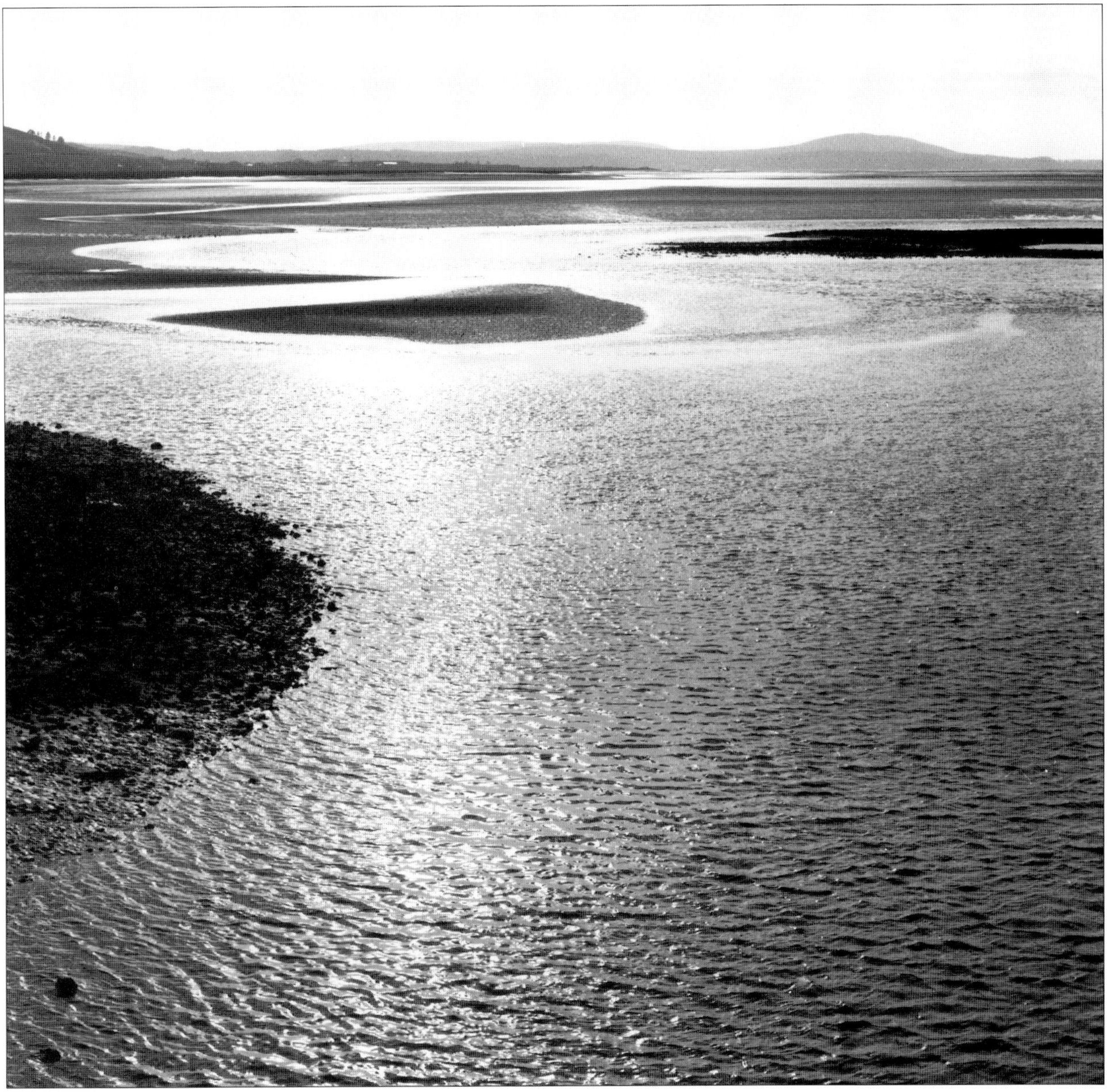

Y Maen Irbig

Am flynyddoedd rwyf wedi gyrru trwy'r ystad dai fodern yn Llandochau heb sylweddoli bod yr ardal yn sefyll ar safle hanesyddol un o brif fynachlogydd Celtaidd Morgannwg. Eglwys Fictoraidd yw eglwys Sant Dochdwy, ond daeth Cristionogaeth yma cyn OC 450. Saif croes Geltaidd fawr o ddiwedd y ddegfed ganrif yn y fynwent. Fe'i cerfiwyd o bedwar bloc o garreg Sutton a daethpwyd â nhw o chwareli Sutton yn Aberogwr, oedd yn enwog yn y canol oesoedd.

Er i'r groes gael ei threulio gan yr hin a'i bod yn awr heb ei phen, mae modd canfod o hyd res o bennau dynol, pen-ddelw o ddyn, ac un arall ar gefn ceffyl, wedi eu cerfio'n gerfwedd. Efallai eu bod yn dynodi'r cehadon cynharaf, er bod rhai haneswyr yn awgrymu mai'r Crist ei hun sy'n marchogaeth y ceffyl. Credir mai enw personol yw'r arysgrif IRBICI ar y groes. Pan fo'r golau'n iawn, argerfir yr holl groes, ac mae'r patrwm rhaffwaith sydd wedi'i gerfio a'i argrystio'n creu cyfres o gysgodion dramatig. Gwrthgyferbynia'r dyluniadau yma sy'n symboleiddio tragwyddoldeb, â gwaith maen syml a llyfn y clwstwr o groesau Celtaidd sy'n gwneud grŵp diddorol o ffurfiau'r tu ôl iddi.

Cynigia taith fer y tu cefn i Eglwys Sant Dochdwy, sy'n uchel uwch Sarn Lecwydd, un o'r golygfeydd mwyaf rhyfeddol a dramatig o Gaerdydd.

The Irbic Stone

For years I have driven through the modern housing estate at Llandough without realizing that the area stands on the historic site of one of six major Celtic monasteries in Glamorgan. The church of St Dochdwy's is Victorian, but Christianity arrived here before AD 450. In the graveyard stands a large Celtic cross of the late tenth century carved from four blocks of Sutton stone, which were brought from the Sutton quarries at Ogmore-by-Sea, famous in the Middle Ages.

Although the cross is weatherbeaten and now without its head, one can still recognize carved in relief a row of human heads, the bust of a man and another on horseback probably denoting early missionaries, although some historians suggest the figure on horseback is Christ himself. The engraved inscription IRBICI on the cross is believed to be a personal name. If the light is right the whole cross comes into relief and the carved and encrusted pattern of ropework creates a series of dramatic shadows. Symbolizing eternity, these complex designs contrast with the smooth simple stonework of the group of Celtic crosses behind making an interesting group of shapes.

A short walk behind St Dochdwy's, which sits high above the Leckwith Causeway, gives you one of the most surprising and dramatic views of Cardiff.

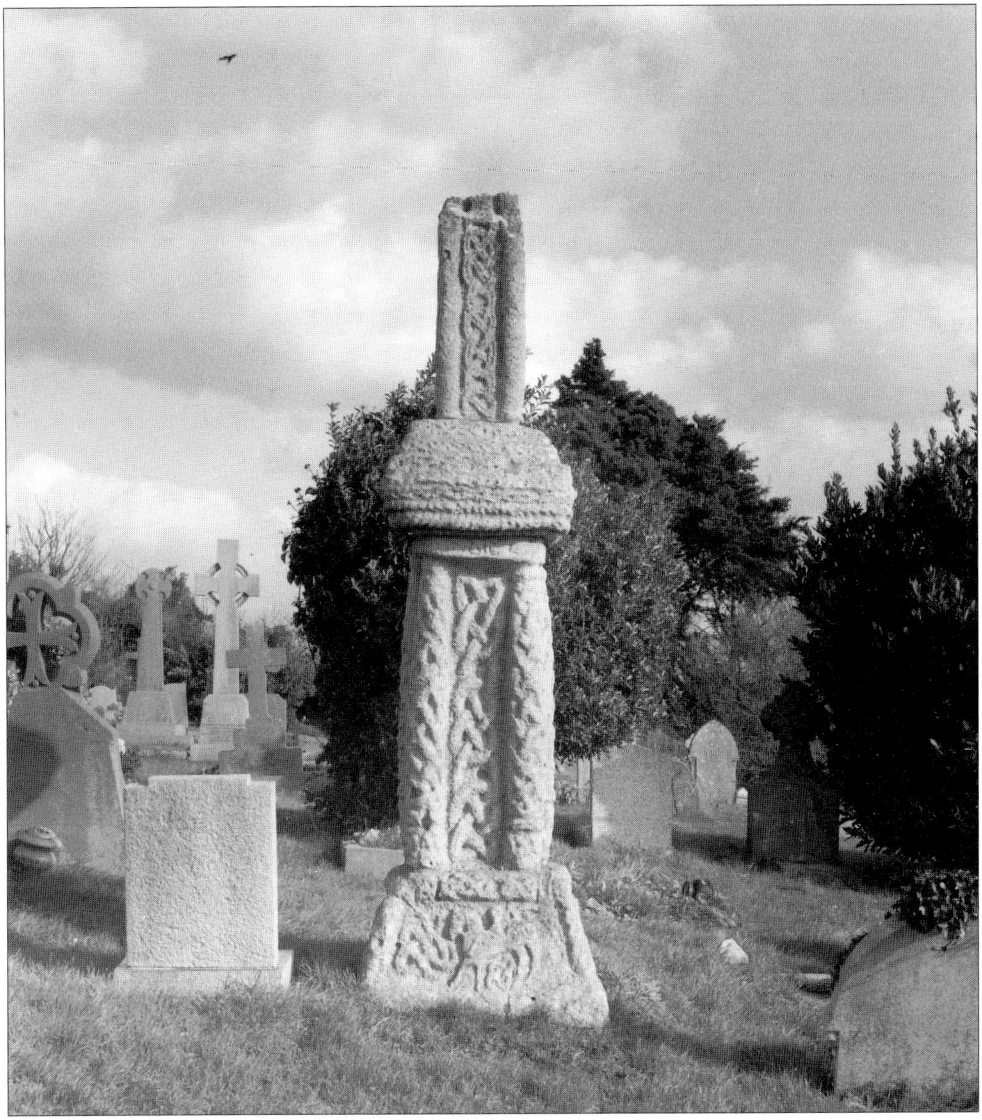

TOMENNI SLAG MERTHYR

Yn y bedwaredd ganrif ar bymtheg ysgrifennodd Thomas Carlisle am Merthyr gan ddweud mai hi oedd y man mwyaf aflan a hagr yn y byd. Yma y cyfunwyd haearn crai a glo am y tro cyntaf i gynhyrchu haearn a dur ar raddfa fasnachol eang, gan ordyrru'r ardal â simneiau brics myglyd a ffwrneisi. Gwnaed y peli cannon a suddodd lynges Napoleon ger Afon Nil yn 1799, ac wedyn yn Nhraffalgar yn 1805 yn y fan hon.

Pan gychwynnais dynnu lluniau yn y 1970au, gorweddai tomenni slag yn ystodau enfawr ar draws yr ardal. Heddiw, fel y pyllau, mae'r rhan fwyaf wedi cael eu clirio, a glaswellt neu goed yn tyfu lle buont, er y gall y llygad craff ganfod eu lleoliad ar fin y llinell goed neu ar ysgwydd bryn dan laswellt.

Mae Merthyr Tudful, a enwyd ar ôl y santes enwog, Tudful, bellach yn eistedd yn falch rhwng y bryniau. Mae'r tomennydd slag yn ildio'u lle i'r heolydd newydd; y fasnach dai a mannau busnes yn newid y dref. Ar ddiwrnod clir cawn olwg ogoneddus ohoni o'r A470, lle y caiff ei choroni'n fynych gan Ben-y-fan yn y pellter a Bannau Brycheiniog.

Daliodd y tomenni slag fy llygaid dan eira. Taniodd y gwrthgyferbyniad o eira a slag a symboleiddiai'r pur a'r amhur, nefoedd ac uffern, fy nychymyg.

SLAG-HEAP, MERTHYR

In the nineteenth century Thomas Carlisle wrote of Merthyr that it was the 'squalidest and ugliest place on earth'. It was here that iron ore and coal were first combined to produce iron and steel on a large commercial scale, congesting the area with fuming brick chimneys and furnaces. The cannon balls that sank Napoleon's fleet in the Nile in 1799, and later at Trafalgar in 1805, were also made here.

When I started photographing in the 1970s many slag-heaps stood in great swathes across the area. Today, like the pits, most have been cleared, grassed over or forested, although a keen eye can spot their location on the edge of a treeline, or beneath a shoulder of grassed hillside.

Merthyr Tydfil, named after the great female saint, Tydfil, now sits proudly between hills. Slag-heaps are making way for new roads; housing and businesses are changing the town. On a clear day it looks superb from the A470, when it is frequently crowned by the distant Pen y Fan and the Brecon Beacons.

This slag-heap caught my eye in the snow. The contrast of snow and slag, symbolically pure and unpure, heaven and hell, fuelled my imagination.

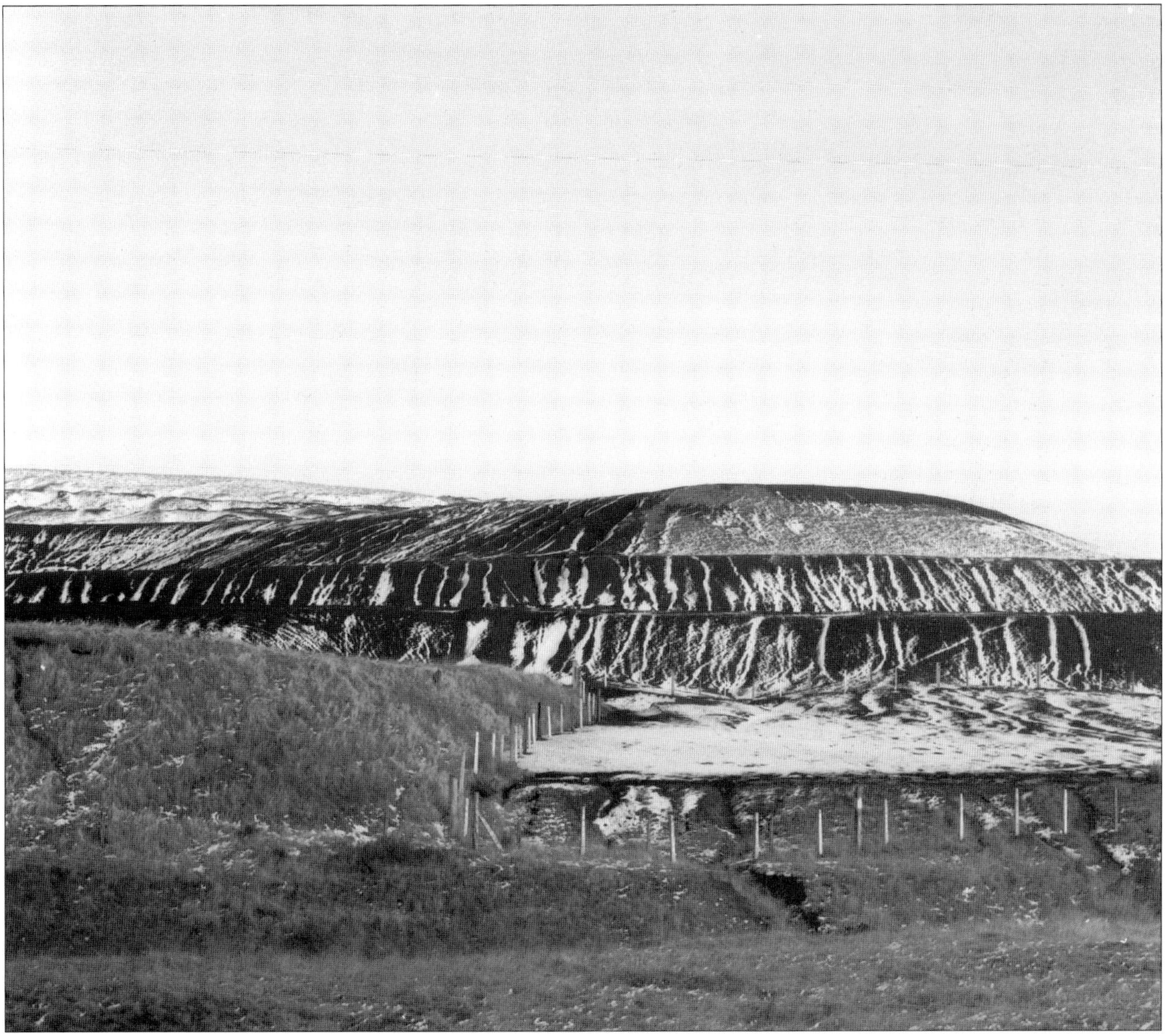

Crist Mewn Gogoniant

Pan godwyd cerflun Jacob Epstein o Grist yng Nghadeirlan Llandaf yn 1957, dywedir i un canon awgrymu y byddai cronfa cyn hir i'w dynnu i lawr.

Eto, er gwaethaf dadlau cyhoeddus, mae wedi sefyll prawf amser, a byddai'r rhan fwyaf o bobl yn cytuno mwyach ei fod yn ddarn gwir nerthol. Mewn llythyr a ysgrifennodd Epstein at y Deon, dywedodd y byddai'n gorffwys yn dawel pe na wnâi unrhyw waith arall ar ôl y Majestas. Dywedodd na chredai y cyflawnai weithred o ffydd debyg iddi byth mwy.

Mae'r cerflun alwminiwm wedi ei gysylltu wrth fwa parabolig a wnaed o goncrit wedi'i lifio i gydweddu â'r gwaith carreg o'i gwmpas a gynlluniwyd mewn cas hirgrwn gan George Pace a weithiai gydag Epstein ar y prosiect. Pan oeddwn yn blentyn, cofiaf wrthod cerdded odano rhag ofn i'r cyfan syrthio arnaf a gellwch weld imi gadw'n ddigon clir oddi wrtho ar gyfer y llun hwn.

Ymarferwyd gweithredoedd o ffydd yn Llandaf o'r dyddiau cynharaf oll a saif y gadeirlan ar safle un o gymunedau crefyddol cynharaf Prydain. Fe'i sefydlwyd gan Sant Teilo yn y chweched ganrif, ac fe'i hadeiladwyd mewn hafn, fel nifer o eglwysi eraill Dyffryn Morgannwg, i'w harbed rhag y Llychlynwyr anrheithiol a hwyliai i fyny'r Môr Hafren.

Christ in Majesty

When Jacob Epstein's sculpture of Christ was erected in Llandaff Cathedral in 1957, one canon is reputed to have said, 'There will soon be a fund to get it down.'

Yet, despite the public controversy, it has stood the test of time, and most people would now agree that it is a tremendously powerful piece. In fact Epstein wrote in a letter to the Dean, 'If the Majestas were the last work I were ever to make, I would rest content. I do not believe that I will ever make another "act of faith" similar to it.'

The aluminium sculpture is attached to a parabolic arch made of dyed concrete to match the surrounding stonework which, with its oval case, was designed by the architect George Pace who worked with Epstein on the project. I remember as a child refusing to walk under it in case the whole lot fell on top of me, and you can see that for this photograph I made sure I stood well clear.

Acts of faith have been practised in Llandaff from the earliest of times and the cathedral is the site of one of the first religious communities in Britain. Founded by St Teilo in the sixth century, its position low in a hollow, like that of so many of the Vale of Glamorgan churches, was to shield it from marauding Vikings sailing up the Bristol Channel.

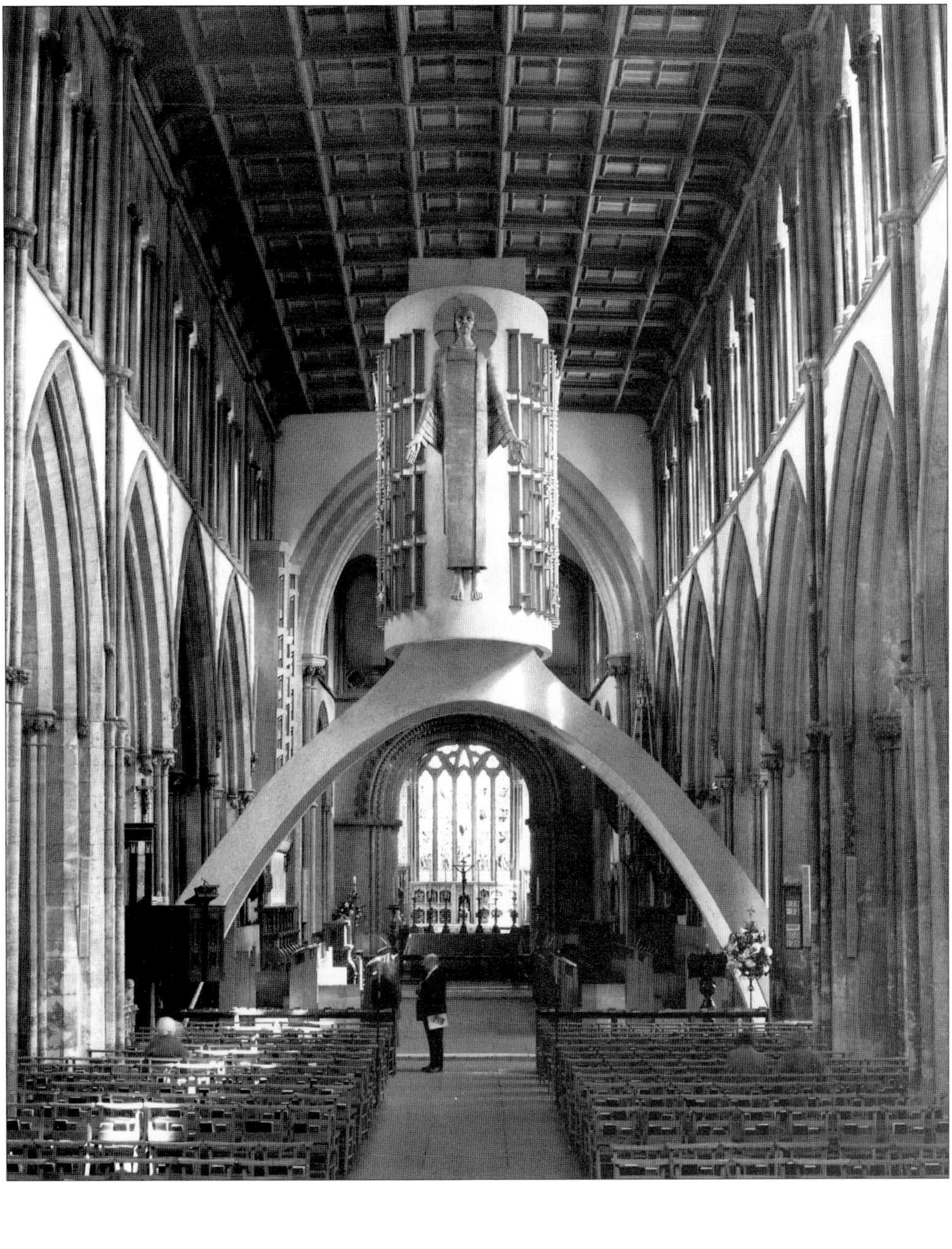

Bae Rhosili

Mewn llythyr yn 1933 ysgrifennodd Dylan Thomas mai Rhosili oedd y bae gwylltaf, llymaf a moelaf y gwyddai amdano. Fe'i disgrifiodd fel pedair neu bum milltir o oerni melyn yn mynd ymaith i bellter y môr.

Pan gymerais i'r llun hwn roedd y golau'n edwino'n gyflym, yr awyr yn iasol a'r gwynt yn fy chwythu at fin y clogwyn. Wrth imi sefyll yn gadarn ar y glaswellt, fy llaw yn dal y camera ar amseriad amlygu o ddegfed rhan ar hugain o eiliad, roeddwn yn benderfynol o gipio'r hen reithordy a'r tonnau a edrychai fel pe baent wedi dal yr olwg olaf o olau dydd wrth i'r haul fynd i'w orllewin. Mae'n edrych yn lle rhyfedd ar gyfer rheithordy, ond gan fod galw ar y rheithor i wasanaethu Rhosili a Llangennith, penderfynwyd adeiladu ei gartref rhwng y ddau blwyf.

Pan fo'r gwynt yn chwythu yn Rhosili, ni cheir golygfa sy'n hafal iddi yn unman. Mae'r tonnau sy'n rowlio ac yn torri, un ar ôl y llall, wrth hyrddio ymlaen at y tir, yn fy atgoffa o batrwm chwyrlïol ar gimono Japaneaidd neu linellau torlun pren.

Mae'r ardal fel pe bai mor bell o bobman ac rwyf bob amser mor ymwybodol o'r tywydd yma, fel ei fod yn le cymwys ar gyfer y plac o farmor gwyn i gofio am yr Is-swyddog Edgar Evans yn eglwys leol y Santes Fair. Roedd yn aelod o'r plwyf hwn ac yn ail i Gapten Scott ar y daith i Begwn y De. Bu farw mewn amgylchiadau eithafol mewn man pellennig, fel yr edrydd yr engrafiad ar y gofeb.

Rhosili Bay

In a letter of 1933 Dylan Thomas wrote of Rhosili, 'The bay is the wildest, bleakest and barrenest I know – 4 or 5 miles of yellow coldness going away into the distance of the sea.'

When I took this photograph the light was fading fast, the air was eerie and the wind was pushing me towards the cliff's edge. As I stood firmly on the grass, hand holding the camera on one-thirtieth of a second, I was determined to catch the old rectory and waves that seemed to have kidnapped the last glimpse of daylight as the sun went west. It seems a strange place for a rectory but as the rector had to serve the parishes of Rhosili and Llangennith it was decided to build his home between the two.

When the wind blows at Rhosili the spectacle of rolling waves is unparalleled to anywhere I have ever seen. The rollers breaking one after another, pushing forward into the shore, remind me of a swirling pattern on a Japanese kimono or the lines of a woodcut.

The area seems very remote and I am always aware of the weather here, so it is an apt place for the white marble plaque in memory of Petty Officer Edgar Evans in the local church of St Mary's. A member of this parish and second-in-command on Captain Scott's journey from the South Pole, he died in remote and extreme conditions, as the engraving on the memorial describes.

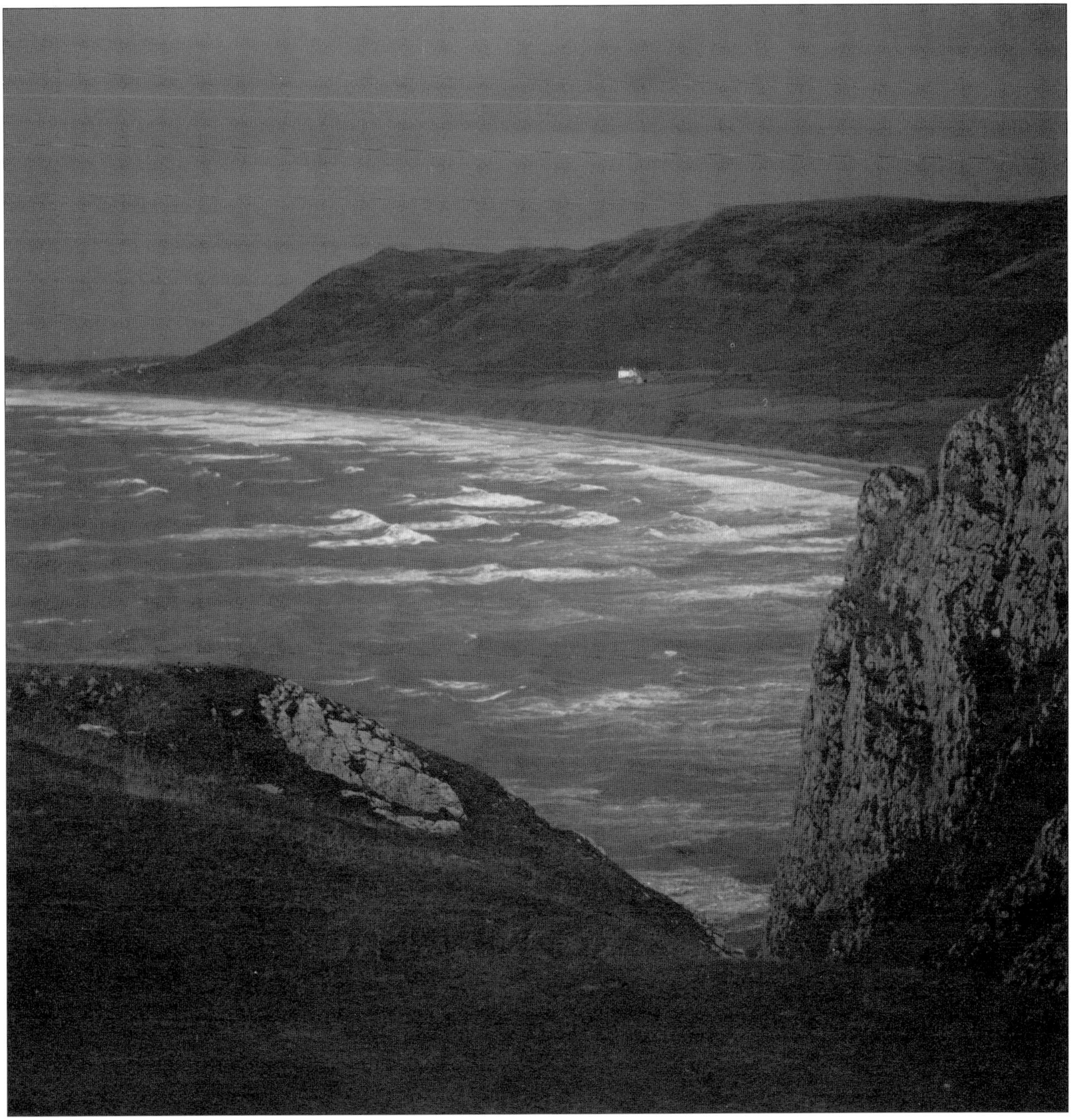

YR HEN BONT, PONTYPRIDD

Codwyd y bont 140tr hon dros Afon Taf gan y pensaer a'r gweinidog anghydffurfiol William Edwards yn 1756. Credid ar y pryd mai hon oedd â'r sban-sengl mwyaf yn Ewrop. Cwympodd y ddwy bont gyntaf, ac un arall cyn iddi gael ei chwblhau, ond gyda hon, ei gynnig olaf, creodd dyllau i leihau pwysau'r ochrau. Mae gan ei chymar modern, a saif heddiw yn ei hymyl, dri phier.

Mae'n well gen i o hyd edrych ar hen engrafiadau o'r bont a'r cefn gwlad o'i hamgylch a roes hygrededd i'w ffurf; felly dewisais dynnu llun oddi ar y bont gan ddefnyddio lens ongl lydan i ddangos ei chamber eithafol. O'r fan hon mae'r bont fel pe bai'n hofran uwch Afon Taf.

Cafodd mam ei magu nid nepell o'r fan hon, ac fel nifer o bobl eraill, nid oedd yn anghyffredin iddi ddewis cerdded i fyny'r ochrau serth yn hytrach na dilyn yr opsiwn haws ar lefel daear. Nid yw'r ymdrech byth yn siomi ac mae nifer o bobl yn gwyro drosodd tuag at yr afon gan edrych i'r gogledd at y capel, sy'n feddygfa mwyach, a'r bryn. Mae'n crynhoi i mi y llu o heriau y mae pobl y cymoedd wedi gorfod eu goresgyn i roi cychwyn i'r diwydiannau glo a haearn ac i gludo mwynau o'r cymoedd. Mae'r bont felly'n symbol o lawer y mae'r cymoedd wedi'i gyflawni. Nodaf wrth basio mai'r enw ar y dref mewn hen lyfrau yw Newbridge; newidiwyd yr enw'n ôl i'r Pontypridd gwreiddiol gan Charles Bassett, y postfeistr, yn 1843.

PONTYPRIDD BRIDGE

Erected in 1756 by the architect and nonconformist minister William Edwards, the 140 ft Pontypridd Bridge over the River Taff was at the time believed to be the largest single-span bridge in Europe. The first two bridges fell down, another fell before completion, but with this, the final attempt, the overall bearing weight was reduced by creating holes in the structure. Today its modern counterpart which stands close by has three piers.

I still prefer to look at old engravings of the bridge surrounded by the countryside, which gave credence to its form, and therefore chose to photograph on the bridge, using a wide-angle lens to show its extreme camber. From this view the bridge appears to be hovering over the River Taff.

My mother grew up near here, and like many other people it was not unusual for her to choose walking up its steep sides rather than take the easier option at ground level. The effort is never disappointing, and many people lean over towards the river, looking north to the chapel, now a doctor's surgery, and the hill. It epitomizes to me the many challenges the people of the valleys have overcome to get the coal and iron industry off the ground, and to transport the minerals out of the valleys. The bridge is therefore symbolic of so much that the valleys have achieved. Incidentally in old books the town is called Newbridge; the name was changed back to its original name of Pontypridd by Charles Bassett, the postmaster, in 1843.

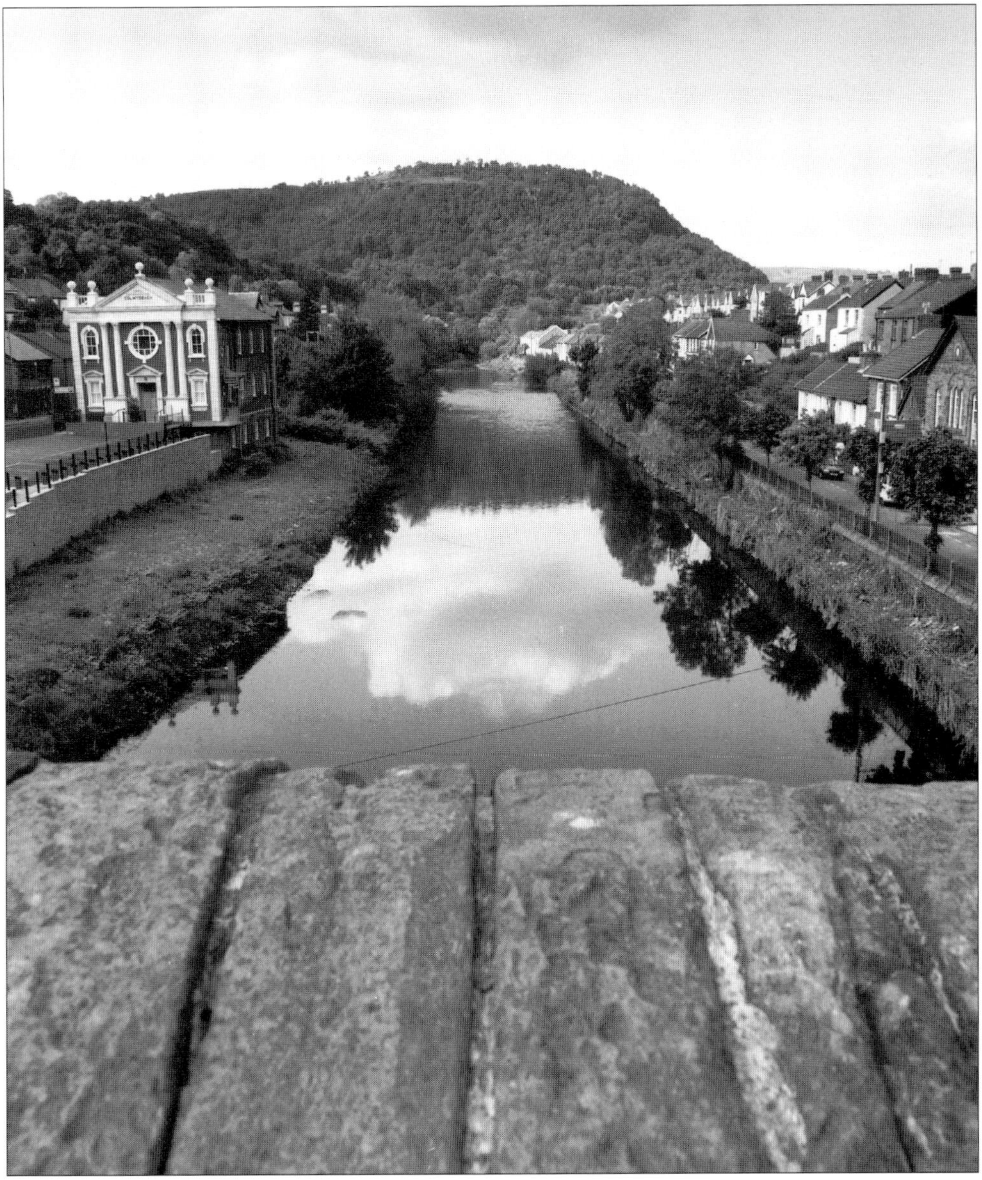

Lle fel neclis hynafol, wedi'i gordeddu o gwmpas y mynydd, yw Blaengwynfi yng Nghwmafan. Yr enw lleol ar y fan yw 'Swistir Fach' oherwydd y golygfeydd syfrdanol.

Gellir cyrraedd y gem hwn o'r M4, naill ai o Aberafan neu Ben-y-bont ar Ogwr; neu gellwch fynd i fewn o'r Rhondda i Gwmafan ar yr A4061, ac uwch Treorci borthi'r defaid sy'n ymgasglu o gwmpas y feniau hufen iâ teithiol, ac yn estyn croeso brwdfrydig i'r ymwelwyr wrth iddynt adael eu bysiau, y cyfan er mwyn brechdan.

Efallai mai'r mynediad o Aberafan sydd orau gen i; pasio trwy Bont-rhyd-y-fen, cartref Richard Burton, mynd dros bontydd a thaphontydd a thrwy drefi pellennig o dai teras.

Bu William Tsui, ffotograffydd sydd wedi ymsefydlu yn Aberafan, yn tynnu lluniau o bobl Blaengwynfi'n ddiweddar fel rhan o 'Brosiect y Dyffrynnoedd'. Maent wedi'u harddangos a'u harchifo gan Ffotogallery, yr unig oriel yng Nghymru sydd wedi ymrwymo i gelfyddyd ffotograffiaeth yn unig. Mae delweddau William yn ein hatgoffa'n llym o fywydau'r bobl yn y gymuned lofaol sydd â'i phoblogaeth ar drai.

Like an antique necklace strung around the mountain, Blaengwynfi, in the Afan Valley, is locally called 'Little Switzerland', because of its breathtaking views.

This gem can be reached from the M4, from either Port Talbot or Bridgend. Or from the Rhondda you can enter the Afan by the A4061, and, above Treorchy, feed the sheep that congregate around mobile ice-cream vans, enthusiastically greeting visitors leaving their coaches, all for the sake of a sandwich.

The entry from Port Talbot is perhaps my favourite, passing Pontrhydyfen, the home of Richard Burton, over bridges and viaducts through remote towns of terraced houses.

The people of Blaengwynfi have recently been captured by William Tsui, a Port Talbot-based photographer, as part of the 'Valleys Project', exhibited and archived by Ffotogallery, Wales's only gallery committed solely to the photographic arts. William's images are a poignant reminder of the lives of the people in this mining community whose population is diminishing.

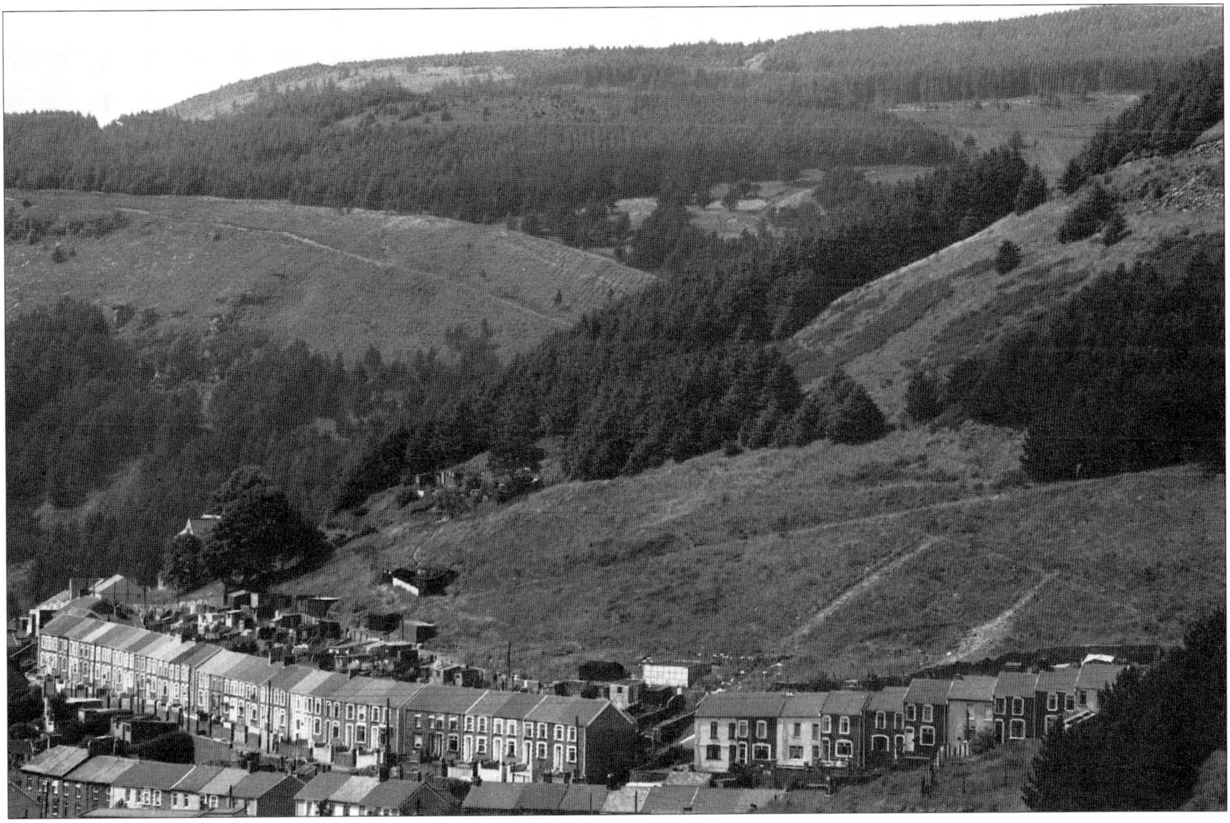

Y Pwll, Y Bont-Faen

Ceir sawl stori ynghylch sut y cafodd y Bont-faen ei henw. Dywed hen chwedl i'r enw Saesneg ddod ar ôl i bont gael ei chodi dros Afon Thaw. Un diwrnod câi buwch ei hymlid gan gŵn, rhedodd o dan y bont a chael ei dal wrth ei chyrn. Eglurhad arall yw iddo ddod o'r *Bovium* Rhufeinig, neu farchnad wartheg (*bos* a *bovis* yw'r Lladin am fuwch, tarw neu ych) a gâi ei chynnal yma. Hyd yn oed heddiw mae nifer o ffermydd da stôr a llaeth yn yr ardal a marchnad wartheg wythnosol yn y dref. Fodd bynnag, yr hen enw arni oedd 'Y Dref Hir yn y Waun', a hwn hwyrach sydd fwyaf addas, gan ei fod yn dwyn i gof y tiroedd pori gwyrdd a ffrwythlon o'i chwmpas.

Câi'r dref ei galw unwaith yn 'Brifddinas y Fro' ac ar ddiwedd y drydedd ganrif ar ddeg câi'r fwrdeistref ei hystyried yn ail i Gaerdydd yn unig. Ynddi hi oedd gwasg argraffu gyntaf Morgannwg ac mae ei threftadaeth bensaernïol yn ysblennydd. Ni fu fawr ddim ymyrryd arni, yn rhannol oherwydd ymgyrchwyr lleol. Nhw a lwyddodd i achub (ymhlith mannau eraill) yr Hen Neuadd y Dref hanesyddol rhag cael ei dymchwel gan yr hen Gyngor Sir Morgannwg yn 1974.

Y tu mewn i'r hen ardd a furiwyd rhwng y neuadd hanesyddol a'r ganolfan iechyd fodern mae un o'm hoff byllau. Daeth i gymryd lle'r ardd suddedig a'i rhagflaenai. Dyddiai honno'n ôl i'r ddeunawfed ganrif a dywed trigolion y Bont-faen wrthyf ei bod yn nodedig o hardd. Rwy'n dal i gredu fod y pwll lilïau yma'n drawiadol yn y gwanwyn a'r haf, hyd yn oed os yw'n fychan. Er ei bod yn fan cyhoeddus, cewch deimlad o breifatrwydd yno.

The Pond, Cowbridge

There are several stories about how Cowbridge came by its name. An old tale says that the English name came after the building of a bridge over the River Thaw. One day a cow chased by some dogs ran under the bridge and became stuck by its horns. Another explanation is that it derived from the Roman *Bovium*, or cattle market (*bos* and *bovis* being the Latin for cow, bull or ox), which was held here. Even today there many stock and dairy farms in the area and a weekly cattle market in the town. However, its old name *Y Dref Hir yn y Waun* – the Long Town in the Meadow – is perhaps the most appropriate, evocative of the lush green pastures surrounding it.

The town was once called the 'Capital of the Vale', and at the end of the thirteenth century the borough was considered second in importance only to Cardiff. It had the first printing press in Glamorgan, and its architectural heritage is superb. It is relatively untouched partly due to local campaigners, who among their achievements saved the historic old town hall from demolition in 1974 by the then Glamorgan County Council.

Within the old walled garden between this historic hall and the modern health centre is one of my favorite ponds. It replaced a previous sunken garden dating back to the eighteenth century. Although I am told, by residents of Cowbridge, that the previous garden was very beautiful, I still think that in the spring and summer this lily pond is striking, if small. Although a public place the garden has a feeling of privacy.

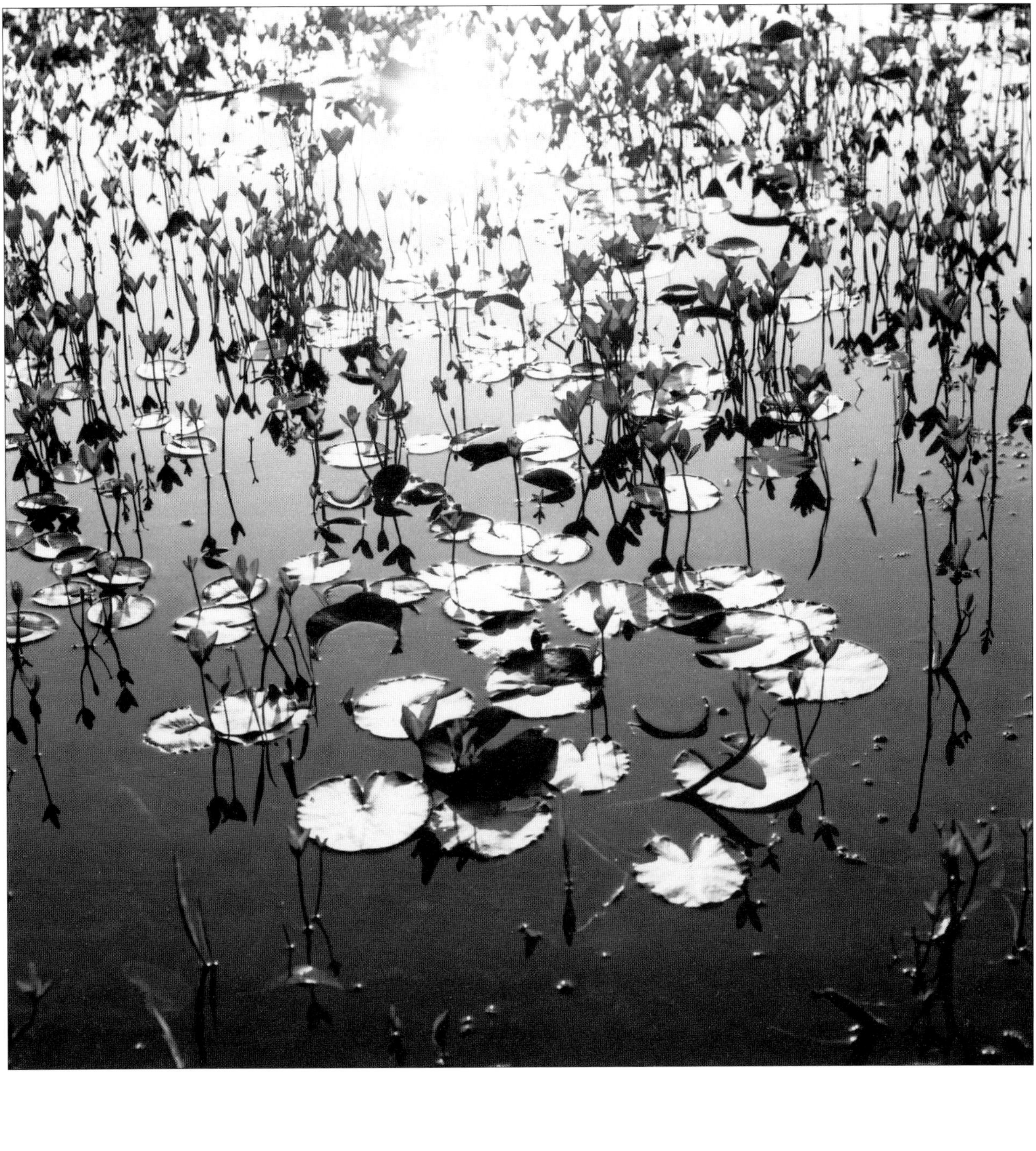

BWTHYN UWCH TREHAFOD

Pur ychydig o ardaloedd diwydiannol Prydain a all hawlio'r fath harddwch â chymoedd De Cymru. Bydd mynd am dro i fyny'r mynyddoedd sy'n codi uwch Trehafod yn mygu unrhyw ragsyniadau y gall bobl o'r tu allan eu coleddu ynghylch natur ddiwydiannol y fan hon. Ymdroella ffyrdd heibio i furiau cerrig sychion, ac mae ffermydd sy'n dwyn i gof y Gymru fwy gwledig yn goron ar y cyfan. Felly, pan ddywedodd y ffotograffydd Elliot Erwitt nad yw holl dechnegau'r byd yn gwneud iawn dros yr anallu i sylwi, gallai fod yn cyfeirio at fwy na'r ddelwedd ffotograffig yn unig.

Gyrrai cymylau ar ffo ar draws yr awyr a disgwyliais am y tameidiau o oleuni a ddeuai drwy'r bylchau yn y cymylau cyn imi roi bys ar y botwm. Trwy lwc i mi, yr union foment y tywynnodd y golau ar y bryn, amlygodd bwlch arall yn y cymylau gan oleuo'r bwthyn gwyn.

COTTAGE ABOVE TREHAFOD

Few industrial areas of Britain can claim such beauty as the valleys of South Wales. A walk or drive up on to the mountains rising above Trehafod will quash any preconcieved views that outsiders may have of the industrial nature of this area. Roads wind past drystone walls, and farms that are reminiscent of a more rural Wales crown the edifice. So when the photographer Elliot Erwitt said that, 'All the technique in the world doesn't compensate for the inability to notice', he could have been referring to more than just the photographic image.

Clouds were quickly crossing the sky, and I waited for these patches of light caused by the break in the clouds before I closed down the shutter. Luckily at the same moment as light fell on the hill, another break in the clouds highlighted the white cottage.

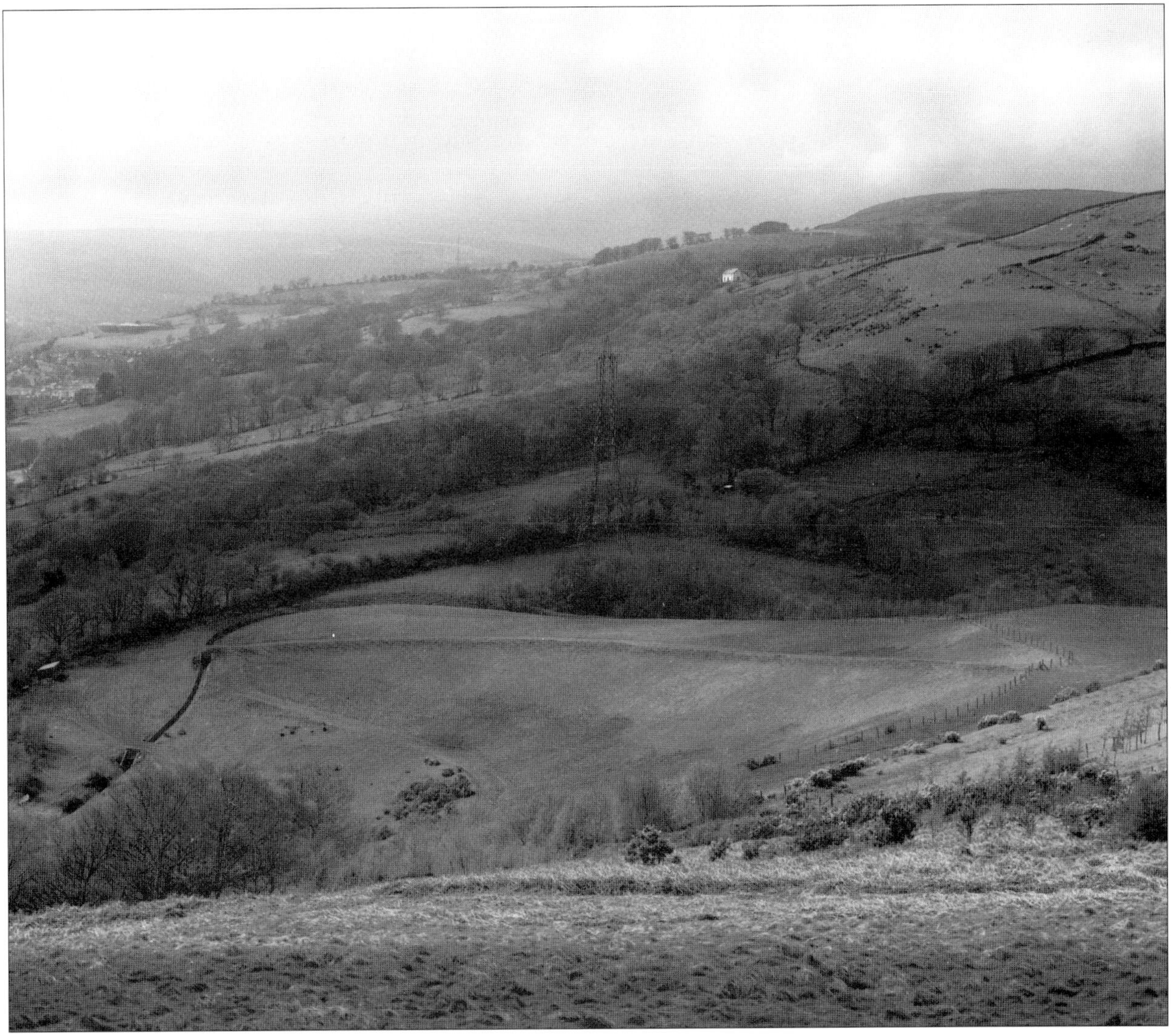

Carreg Arthur

Dri chwarter milltir i'r gogledd-ddwyrain o Reynoldston, ar lethr gogleddol Cefn-bryn, erys beddrod megalithig siambr dwbl. Myn chwedl fod y Brenin Arthur yn mynd am dro unwaith ger Llanelli pan deimlodd garreg fechan yn ei esgid. Tynodd hi oddi yno a'i hyrddio i'r awyr. Syrthiodd ar un o'r arsyllfannau gorau sy'n edrych dros Benrhyn Gŵyr.

Mae o hen amryfeini Tywodfaen Coch ac iddo faen copa enfawr sydd dros 4 metr o hyd. Cofnoda triad o'r unfed ganrif ar bymtheg ei godi fel un o dri phrif gamp Ynysoedd Prydain. Côr y Cewri a Bryn Silbury yw'r ddau arall. Mae rhan o'r maen copa wedi torri a syrthio i'r tir corsiog. Dywed rhai mai Dewi Sant a'i holltodd â'i gleddyf gan orchymyn i ddŵr lifo ohono, gymaint oedd ei bryder ynghylch y braw addoliadol a achosai. Llifodd y dŵr a daeth y bobl leol i gyd yn Gristionogion.

Fodd bynnag, rhaid ichi fod yn ofalus os fyddwch yn cerdded yma ar Noswyl Ganol Haf gan y myn traddodiad fod Carreg Arthur yn mynd am dro i lawr at y môr am ddiferyn i'w yfed.

Arthur's Stone

Three-quarters of a mile north-east of Reynoldston, on the northern slope of Cefn Bryn, sits a double-chambered megalithic tomb. Legend has it that one day King Arthur was taking a walk near Llanelli, when he felt a pebble in his shoe. He pulled it out and flung it into the air. It fell on one of the best viewpoints overlooking Gower Peninsula.

Composed of Old Red sandstone conglomerate, it has a very large capstone which is over 4 m long. A triad of the sixteenth century lists its raising as one of the three mighty achievements of the British Isles, the others being Stonehenge and Silbury Hill. Part of the capstone is broken and has fallen onto the boggy ground. Some say that St David split it with a sword, and commanded water to spring from it, so concerned was he by the idolatrous awe given to it. The water came and the local people all became Christians.

However, you must take care if you walk out here on Midsummer's Eve as many say Arthur's Stone takes a walk down to the sea for a drink.

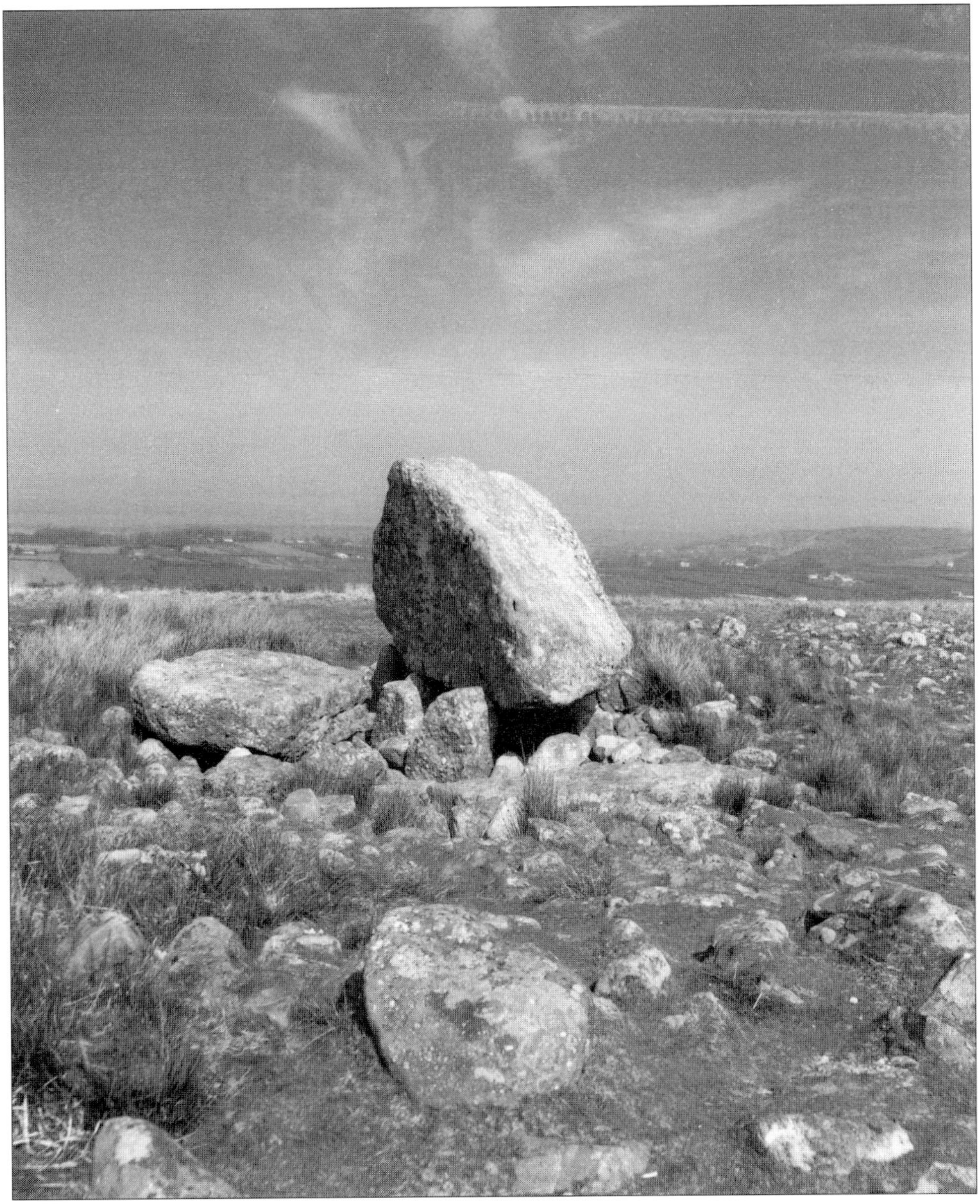

Tywod Whitford

Mae'r profiad a ddaeth imi'r diwrnod y cymerais y llun hwn yn un y mae ffotograffwyr yn arswydo rhagddo, nid oherwydd unrhyw siomiant, ond yn hytrach oherwydd y byddai'r cyffro o gerdded trwy'r twyni ac ymlaen at wyneb caled a hallt y tywod ei hun a'r gwynt yn storm yn glynu gymaint yn y cof fel y byddai tynnu lluniau o'r lle'n ddibwys. Eto dywedodd rhywun unwaith, ni chofiaf pwy, fod ffotograff mor dda'n unig â pha mor llawn o gyffro oedd y ffotograffydd pan wasgodd y botwm.

Roedd y tywod dan fy nhraed yn gadarn ac ychydig yn llaith a'r tywod gwyn, sych a gâi ei gipio o'r twyni gan y gwynt yn llifo heibio, 6 modfedd uwch yr wyneb, fel storm dywod Arabaidd. Roedd mor ddramatig nes yr ymddangosai fe pe bai'r gorwel pell yn sugno'r tirlun i'w grombil.

Gosodais y camera ar drybedd a gwasgu'r botwm â'r maes dyfnaf y gallwn ei gael. Ar tua degfed rhan ar hugain o eiliad, llwyddais i gipio'r tywod yn symud ac eto gadw popeth mewn canolbwynt.

Mae i'r lle awyrgylch dirgel mewn tywydd garw ac mae'r amrwywiaeth o fywyd môr a olchwyd i dir dros y blynyddoedd wedi bod yn syfrdanol. Felly'r oedd hi'r diwrnod y cymerais y llun hwn. Bu yma amgylchiadau gwir ddramatig: yn y 1700au, cafodd morfil ei adael ar dir, ac mor ddiweddar ag 1934, digwyddodd yr un dynged i ysgol o ddwsin o forfilod bychain.

Whitford Sands

The experience of the day I took this picture was one of those dreaded by photographers, not because of any disappointment, but rather that the excitement of walking through dunes and on to the sand's firm salted surface in a galing wind was so memorable that taking pictures of the place seemed inconsequential. Yet somebody, I forget who, once said that a photograph is only as good as how excited the photographer was when he or she took the picture.

The sand below my feet was firm and slightly wet and the dry white sand picked up by the wind from the dunes streamed past 6 in above the surface, like an Arabian sandstorm. It was so dramatic that it seemed as if the far horizon was sucking the landscape into it.

I put the camera on the tripod and shot with the greatest depth of field I could get. At about a thirtieth of a second I managed to capture the sand moving and yet keep everything in focus.

The place has a mysterious atmosphere in rough weathers and the variety of sea life washed ashore over the years has been quite staggering, and was so even on the day I took this picture. There have been points of high drama: in the 1700s a whale was marooned here, and even as recently as 1934 the same fate befell a school of twelve small whales.

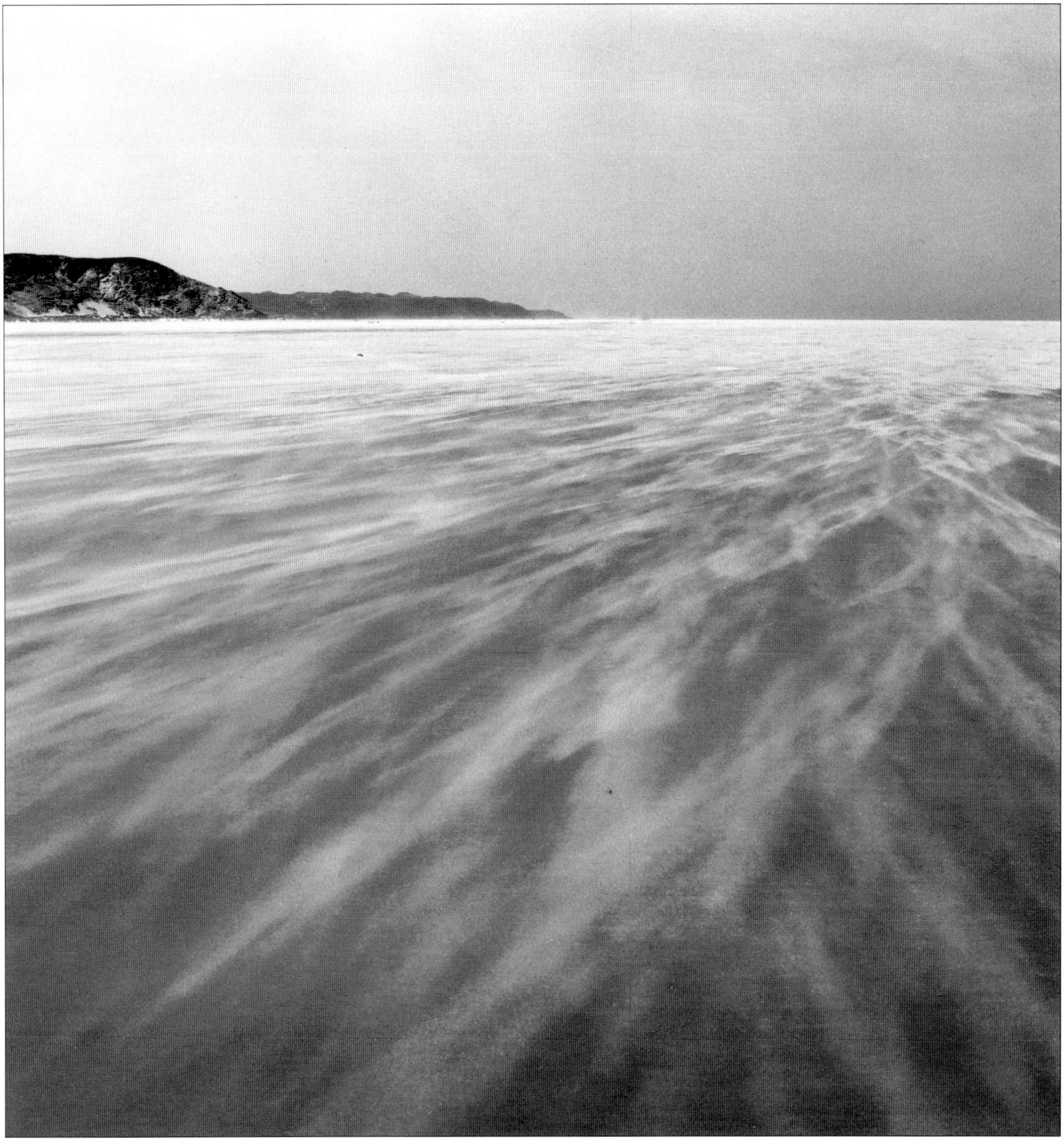

Blaendulais

Gan Morgannwg y mae'r ddwysedd fwyaf o goedwig i'r de o'r Alban – ffaith sy'n peri syndod i amryw. Fel defaid, mae'r fforestydd wedi dod yn gymaint rhan o'n hamgylchfyd fel na sylwn arnynt mwyach (yn wahanol i'r Alban, sydd â'r goedwig faestrefol fwyaf ym Mhrydain). Yn 1989, pan unwyd hen ardaloedd fforestydd Afan, Llanwynno, Rheola a rhannau Coed Taf o Frycheiniog, golygai fod arwyneb llawer mwy o 35,000 hectar (87,000 erw) dan goed.

Pefrwydd Sitka yw 50 y cant anferth o'r fforest. Oherwydd y pridd mawnog, yr hinsawdd a'r uchder, plannodd y Comisiwn Coedwigaeth, sy'n edrych ar ôl y tir, larwydd a rhywogaethau llydan eu dail – un rheswm pam y gwelir y wiwer goch brin o hyd yn yr ardaloedd hyn. Gynt, y coed yma a ddarparai bropiau pwll ar gyfer y gweithfeydd glo – ond heddiw, fe'u defnyddir fwyaf ar gyfer diwydiannau, gwneud papur, gronynfyrddau a'r galw am goed wedi'u llifio.

Seven Sisters

Glamorgan has the highest density of forest south of Scotland – yes, it surprised me too. Like sheep the forests have become so much a part of our environment that we just don't notice them anymore (unlike Scotland, Glamorgan has the largest urban forest in Britain). In 1989 an amalgamation of the old forest districts of Afan, Llanwynno, Rheola, and the Coed Taf part of Brecon meant that a much larger area was created, covering 35,000 hectares (87,000 acres).

A massive 50 per cent of the forest is Sitka Spruce. Due to the peaty soils, climate and altitude the forestry commission who look after the land also plant larch and broadleaved species – one reason that rare red squirrels can still be seen in this area. The trees previously supplied pit props for the collieries – today they are mostly used for modern industries, for paper, particle board, and sawn wood requirements.

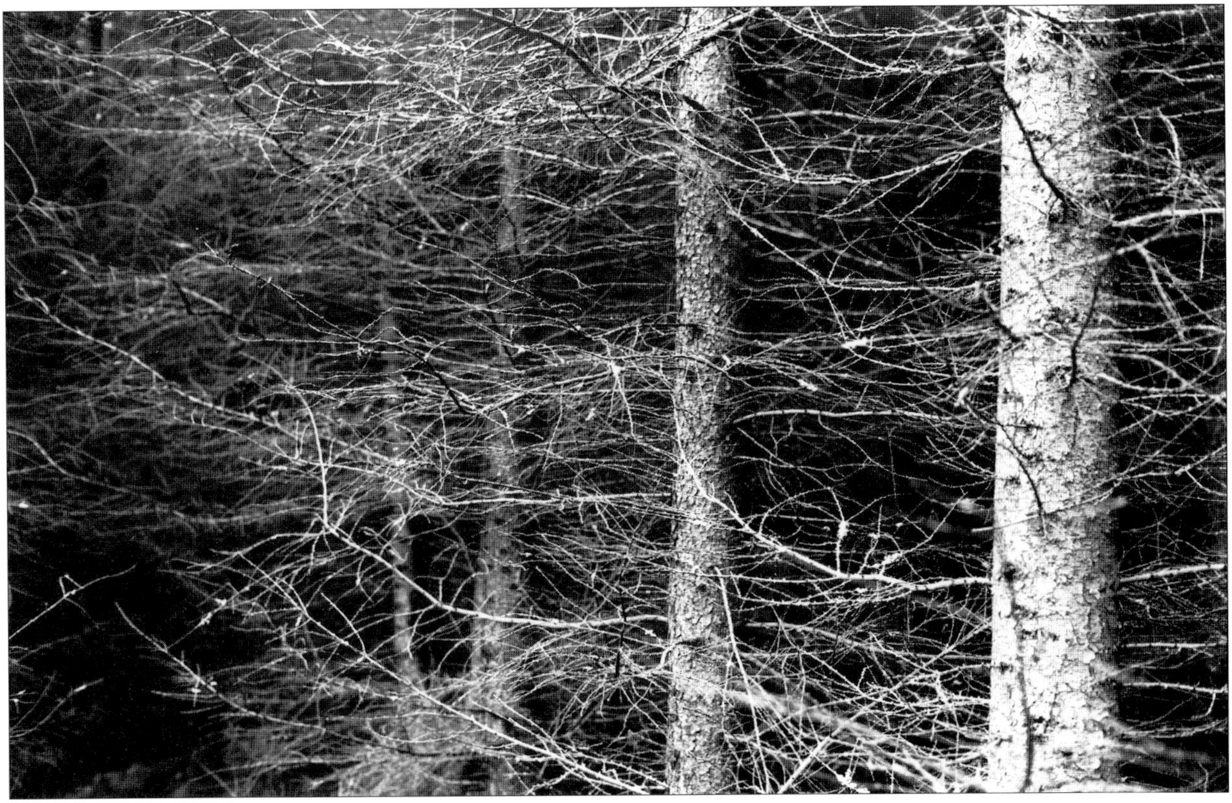

Mynachlog Nedd

Cyrcyda adfeilion adeiladau Mynachlog Nedd yn anghydweddol ger tir corsiog, o dan y drosffordd fawr i Gwmtawe. Unwaith fe'i disgrifid fel y 'Tecaf o Fynachlogydd Cymru' ac roedd o fewn tafliad carreg i'r baeau a oedd, cyn y Chwyldro Diwydiannol, ymhlith yr harddaf ym Mhrydain a chanmolai beirdd ef am ei ardderchowgrwydd.

Sefydlwyd y fynachlog tua 1129 ac yn 1291 gwyddom fod gan y mynaich ymron 5,000 o ddefaid, ceffylau a gwartheg. Gweithient y melinau a'r pysgodfeydd; hyd yn oed y pyllau glo, ac roedden nhw'n berchenogion ar longau a glanfeydd gerllaw i ddosbarthu'r cynnyrch, pe mynnent. Fodd bynnag, yn y 1530au, pan roddwyd y fynachlog i Syr Richard Williams (gor-hendaid Cymreig Oliver Cromwell) yn ystod dadwaddoli'r mynachlogydd, dim ond wyth mynach oedd ar ôl yno.

Mae'n briodol i dref Castell-nedd, a oedd unwaith mor heddychlon, ddod yn gartref i Joseph Tregelles Price. Roedd yn ffowndrydd haearn ac ar ôl Brwydr Waterloo, dywedir iddo sefydlu'r Gymdeithas Heddwch mewn swyddfa fechan ger Stryd y Fflyd, Llundain.

Neath Abbey

Incongruously crouched near marshy ground, below the major flyover to the Swansea Valley, are the remaining buildings of Neath Abbey. Once called the 'Fairest Abbey of all Wales', it was situated within a stone's throw of what were, before the Industrial Revolution, some of the most beautiful bays in Britain, and Welsh poets praised it for its grandeur.

The abbey was founded in about 1129, and in 1291 we know the monks had almost 5,000 sheep, horses and cattle. They worked mills, fisheries, even coal-mines, and owned a ship and landing-place nearby to disperse the produce if they wished. However, in the 1530s when the abbey was granted to Sir Richard Williams (the Welsh great-grandfather of Oliver Cromwell) at the time of the dissolution of the monasteries, there were only eight monks left.

It is fitting that the once peaceful town of Neath later became the home of Joseph Tregelles Price. He was an ironfounder who, after the Battle of Waterloo, is believed to have founded the first Peace Society in a small office off Fleet Street, London.

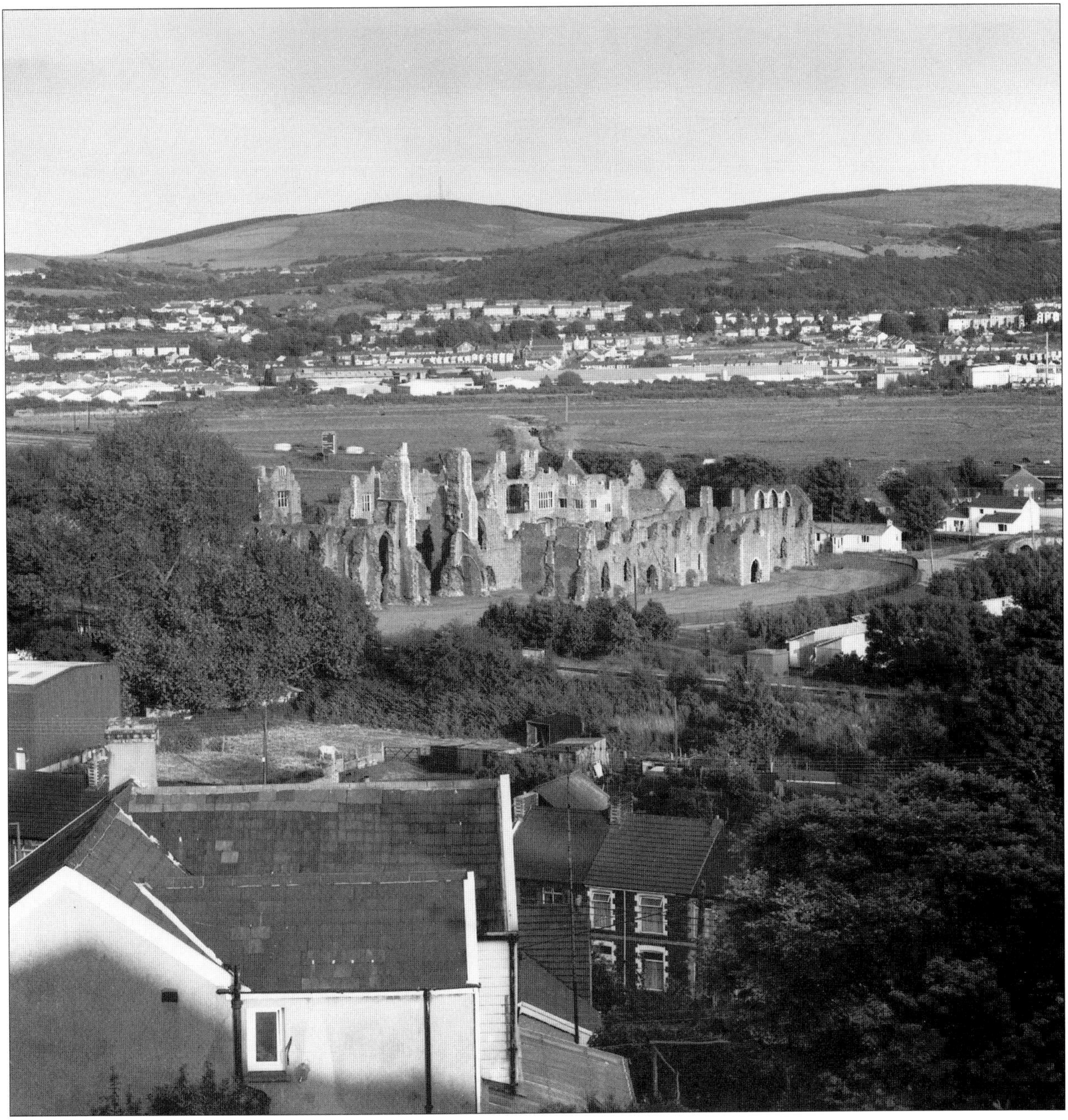

Goleudy Coffa Scott

Ychydig o bobl sy'n sylweddoli i alldaith olaf Capten Scott i'r Antarctig adael ar y *Terra Nova* o ddociau Bute, Caerdydd ym Mehefin 1910.

Trigolion Caerdydd a gyfrannodd y swm mwyaf o arian at y prosiect, yn rhannol oherwydd y gefnogaeth a'r cyhoeddusrwydd a roddwyd i'r alldaith gan W.D. Davies, golygydd y *Western Mail.* Roedd yn aelod anrhydeddus o Siambr Fasnach Caerdydd a chyflwynodd dîm Scott i allforwyr glo a gŵyr busnes. Yn y diwedd parodd pwysau ar Lloyd George, Canghellor y Trysorlys ar y pryd, iddo gyfrannu swm sylweddol o arian y llywodraeth at y prosiect, a rhoes docwyr lleol o'u harbenigaeth a glo ar gyfer y daith hir.

O ganlyniad addawodd Scott y byddai'r *Terra Nova*, nid yn unig yn hwylio o Gaerdydd ond hefyd yn dychwelyd i'r ddinas. Dyna a wnaeth dair blynedd yn ddiweddarach, er gwaethaf y colli bywyd erchyll. Gorffennodd y Brodyr Bowring dalu am y llong, ac addawsant godi cofeb i gofio am lwyddiannau Scott a chyfraniad y ddinas. Fe'i codwyd yn 1915.

Rwyf wedi tynnu lluniau ohono nifer o weithiau, ac ym mhob tywydd. Y dyddiau gorau yw'r rheiny pan fo storm yn ymgasglu a'r haul yn cael ei ryddhau'n sydyn o'r tu ôl i len o gymylau i daro'r gofeb â goleuni llachar.

The Scott Memorial Lighthouse

Few people realize that Captain Scott's final expedition to the Antarctic left on the *Terra Nova* from Cardiff's Bute Docks in June 1910.

The people of Cardiff donated the largest sum of money for the project, partly due to the support and publicity given to the expedition by W.D. Davies, the editor of the *Western Mail.* An honorary member of the Cardiff Chamber of Commerce he gave Scott's team introductions to coal exporters and business men. Pressure from Cardiff eventually led Lloyd George, then Chancellor of the Exchequer, to donate a substantial amount of government money to the project, while local docksmen gave their expertise and coal to make the long trip.

As a result Scott promised the *Terra Nova* would not only sail from Cardiff but also return to the city, which it did, three years later, despite the tragic loss of life. The ship was paid off by the ship owners, Bowring Brothers, who promised to build a monument in remembrance of Scott's achievements and the city's contribution. It was built in 1915.

I have photographed the monument many times, in all kinds of weather conditions. The best days are when a storm is brewing, and suddenly the sun is released from behind a bank of clouds and strikes the monument with intense light.

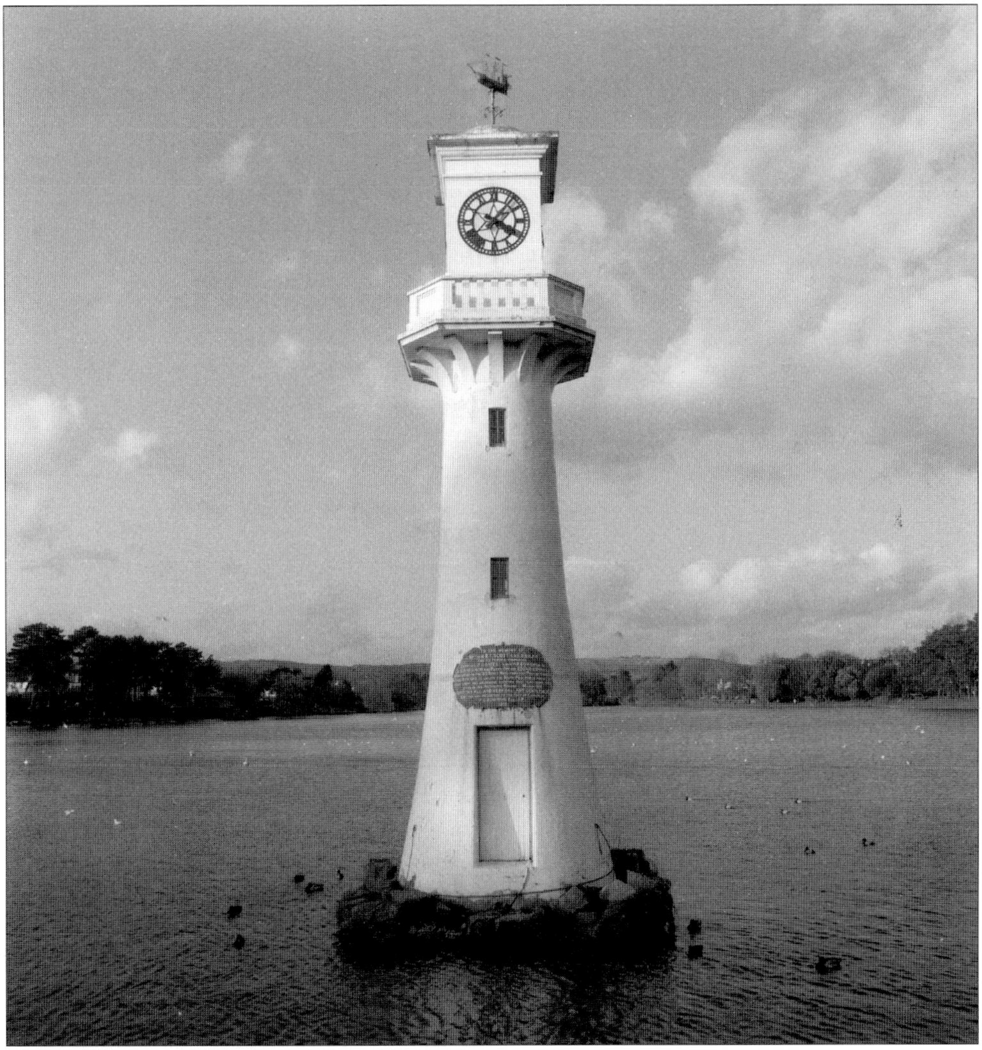

Comin Pontypridd

Pan gyrhaeddais Gomin Pontypridd, roeddwn yn gwrando ar gôr meibion ar y radio ac yn cael fy rhwygo rhwng yr awydd i fynd allan ar ras o'r car gyda thrybedd a chamera neu eistedd i wrando ar y lleisiau. Cyfaddawdais trwy ruthro allan ac yn ôl drachefn.

Wrth imi osod y camera i fyny, ymrwygodd pelydryn cryf o haul drwy'r cymylau gan hofran am ychydig eiliadau dros y dref tu ôl i'r cofeb i'r rhai a gollodd eu bywydau yn y Rhyfel Byd Cyntaf. Cipiodd y llwyni eithin y goleuni tanbaid wrth iddo ruthro drwyddyn nhw fel fflam yn y tywyllwch. Llwyddais i ddal y ddelwedd y dymunwn ei chael a dychwelais wedi fy modloni i eistedd yn ôl unwaith yn rhagor i wrando ar y côr.

Pontypridd Common

When I arrived at Pontypridd Common I was listening to a male voice choir on the radio and was torn between racing out of the car with the tripod and camera, and sitting listening to the voices. I compromised by rushing out and back again.

As I set up the camera a ray of strong light burst through the clouds and hovered for a few seconds over the town behind the memorial to the men who lost their lives in the First World War. The gorse shrubs picked up the strong light as it rushed through them like a torch in the dark. I managed to capture the image I wanted and returned satisfied that I could once again settle down and listen to the choir.

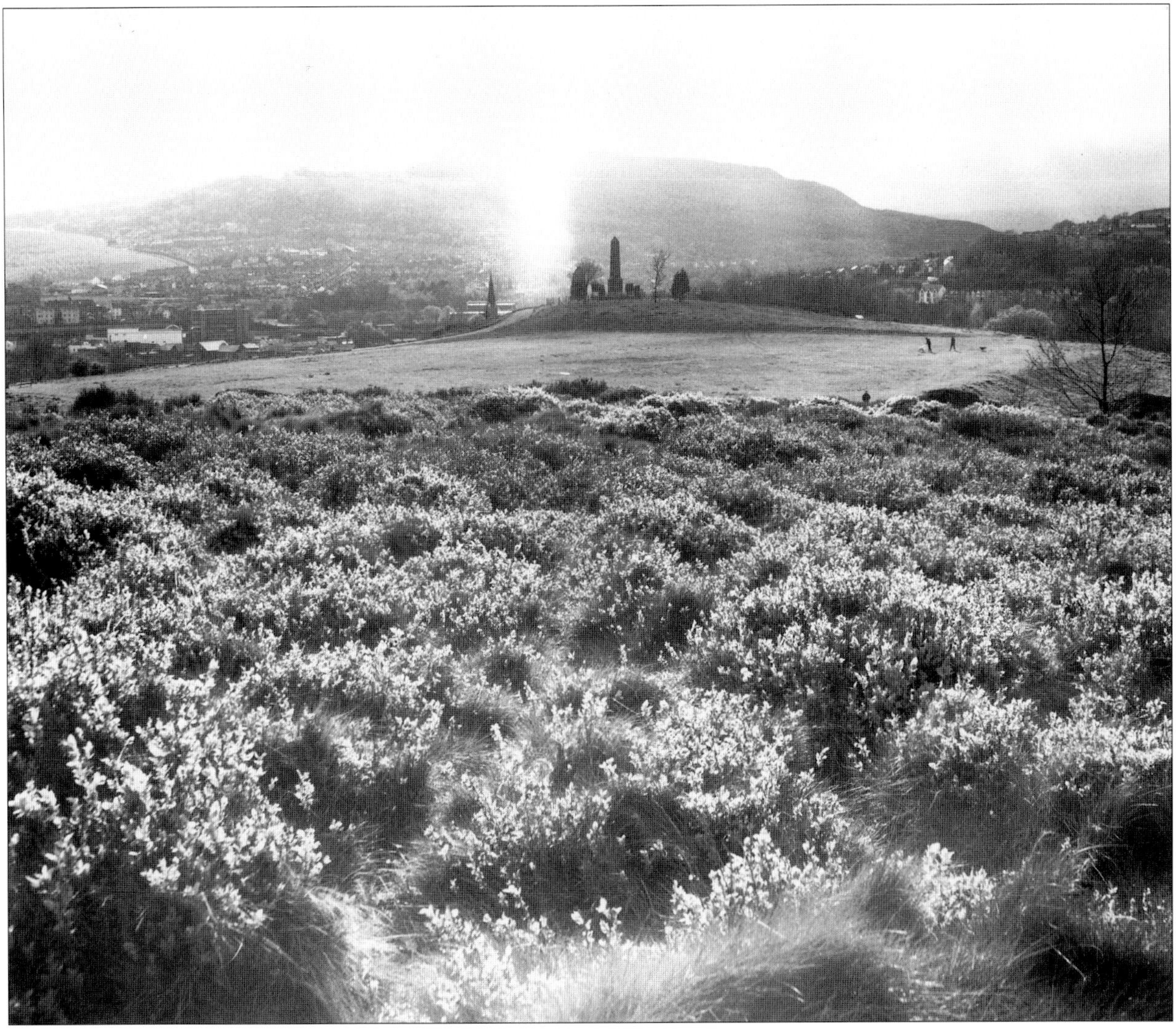

Dros Gefnen Sedger

Pan gymerais y llun hwn, roeddwn newydd ddringo ar draws cyfres o binaclau craig pigfain, fel rasal o finiog, ac yn crafangu wrth graig. Mae'r creigiau hyn yn bur ddanheddog gan nag ydynt wedi'u treulio gan ddringwyr a theithwyr brwdfrydig.

Nid oeddwn ond prin wedi llwyddo i fynd dros gefnen Sedger, a gwneud hynny'n groeniach, pan groesodd gwiber fy llwybr. Teimlais yn barod wynebu her arall eto. Ag ychydig gymorth gan fy nhrybedd (a weithredai fel trydedd coes i'm cydbwyso) euthum ar draws min wyneb y clogwyn ysgithrog. Rhuthrai'r llanw i mewn a dechreuais deimlo nad oedd lwc o'm plaid wrth i ewyn ffrydio o'm cwmpas. Crymwn dan bwysau'r cyfarpar camera ac roeddwn yn mentro'r cyfan pan estynnais am fy lens sŵm i gipio'r ddelwedd.

Bodola sawl rhywogaeth o ffurf bywyd yn, ac o gwmpas, y creigiau hyn. Glyna'r llygaid myheryn bychain wrth y creigiau, gan ymddangos fel pe na bai'r trochion yn menu dim arnyn nhw, ond roedd y gwichiaid lleol fel pe baen nhw'n fwy darbodus, ac wedi dringo'n bur uchel i fyny'r creigiau – arwydd sicr bod môr garw o gwmpas.

Over Sedgers Bank

When I took this photograph I was clinging to a rock, having climbed across a series of pointed, razor-sharp rock pinnacles. These rocks are especially jagged as they have not been worn down by eager climbers or enthusiastic tourists.

I'd just negotiated Sedgers Bank when an adder crossed my path and, having survived that incident, I was in the mood for more challenges. With a little help from my tripod (acting as a third leg to balance me), I made my way across the edge of this rugged cliff face. The tide was rushing in and I began to think my luck was running out as spume rushed up around me. I was weighed down with camera equipment, and I was risking the lot when I reached for my zoom lens to catch this image.

In and around these rocks, numerous species of life form exist. The tiny limpets clinging to the rocks seemed unperturbed by the spray, but the local periwinkles seemed more cautious, ascending quite high on these rocks – a sure sign that there was a rough sea in the area.

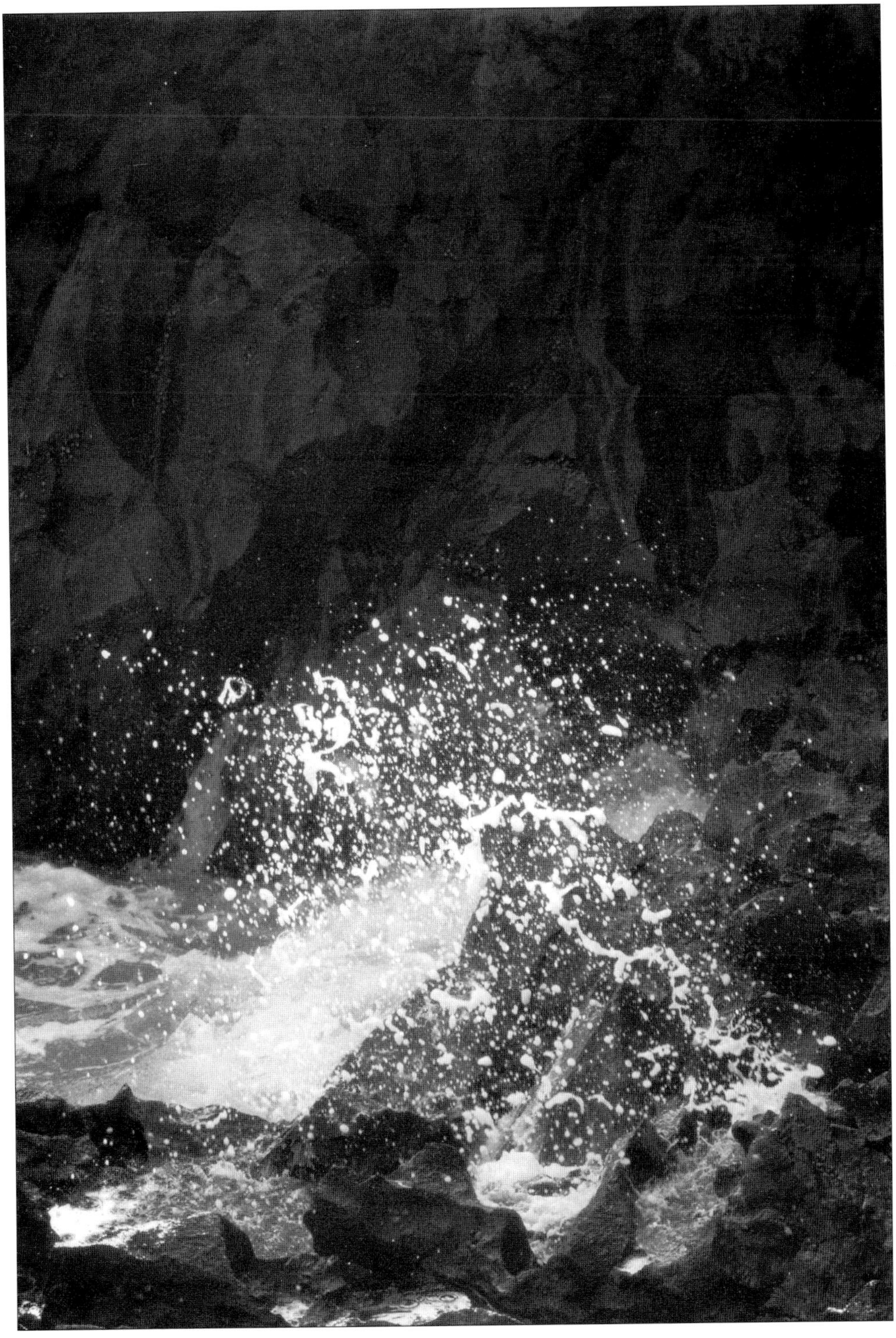

HIRWAUN

Yn 1803, ysgrifennodd y teithiwr Benjamin Heath Malkin am y rhan yma o flaen y Rhondda Fawr Uchaf gan ddweud ei bod mor anwar wyllt ag unrhyw beth y gallai feddwl amdano. Dywedodd fod yr ychydig sydd wedi ymdrafferthu i fforio godidowgrwydd gwasgaredig De Cymru yn gytûn dros argymell y llwybr hwn nas profwyd i'r teithiwr o Sais fel un o'r rhai mwyaf trawiadol ac un sy'n ennyn y chwilfrydedd mwyaf yn y dywysogaeth.

Mae'r olygfa, wrth edrych i gyfeiriad ffiniau gogleddol Morgannwg, ac ymlaen i Fannau Brycheiniog, mor drawiadol nes i blac anghyffredin, modern gael ei osod yn y ddaear, ag arno ddyfyniad Beiblaidd o Salm 104, adnod 24: 'Mor lluosog yw dy weithredoedd, O Arglwydd! gwnaethost hwynt oll mewn doethineb : llawn yw y ddaear o'th gyfoeth'.

Dydy hi ddim yn hawdd tynnu llun tirluniau eang, wrth i'n llygaid sganio, ac adeiladu yn y meddwl, y darlun panoramig di-dor. Gall niwlen bell feddalu'r manylion a chyfrannu at golli unrhyw nodwedd i ganolbwyntio arni. Y diwrnod hwn, gadawai cyfres o gymylau a ysgubai heibio eu holion ar y ddaear gan dynnu sylw at y mannau rhwng y cysgodion.

HIRWAUN

In 1803, the traveller Benjamin Heath Malkin wrote of this area at the head of the Upper Rhondda Fawr that it was 'as untameably wild as anything that can be conceived; and the few who have taken the pains to explore the scattered magnificence of South Wales agree in recommending this untried route to the English traveller as one of the most curious and striking in the principality'.

So impressive is the view looking towards the northern border of Glamorgan and beyond to the Brecon Beacons, that an unusual modern plaque has been mounted in the ground, with a biblical quote from Psalm 104, verse 24: 'O Lord, How manifold are thy works. In wisdom has thou made them all, the earth is full of thy riches'.

To photograph expansive landscapes effectively is not easy, as our eyes scan and mentally contruct a continuous panoramic picture. Distant haze can soften detail and contribute to the loss of focal interest. On this day a series of clouds sweeping past left their mark on the ground below drawing attention to the areas between the shadows.

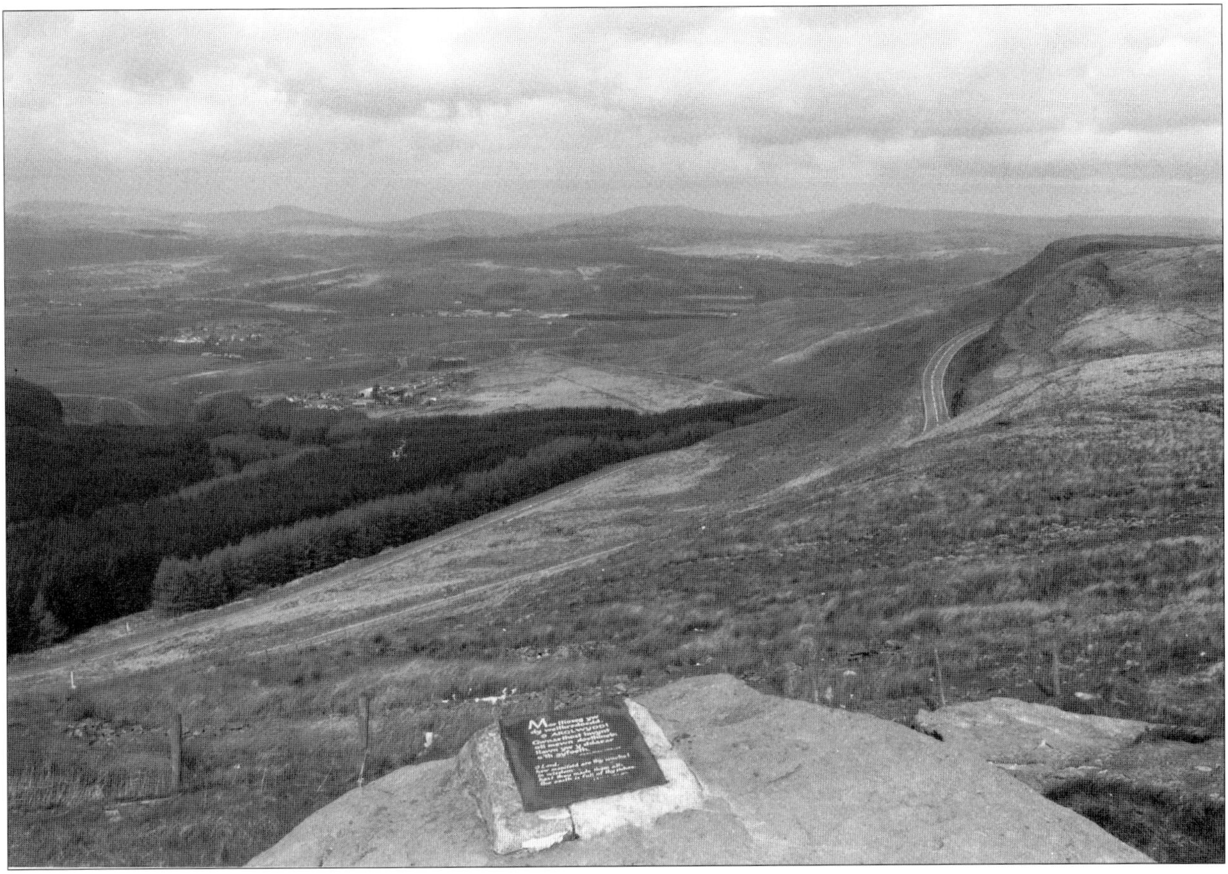

Yr Eglwys Norwyaidd

Adeiladwyd eglwys Norwyaidd Caerdydd yn 1868, y genhadaeth forwrol Norwyaidd gyntaf i gael ei hadeiladu dramor. Fe'i sefydlwyd gan Herman Lunde o Oslo ar gyfer morwyr Sgandinafia a gludai bropiau pyllau glo i feysydd glo De Cymru ac a weithiai ar longau masnach Prydeinig. Roedd yr eglwys i gael ei dymchwel yn y 1980au ond ffurfiwyd Ymddiriedolaeth Cadw'r Eglwys Norwyaidd i'w hachub. Roald Dahl oedd yr arlywydd cyntaf. Cafodd yr awdur llyfrau plant aml eu gwerthiant hwn ei fedyddio yma a'i addysgu yn y ddinas. Gadawsai ei dad, Harald, Oslo rai blynyddoedd cyn geni Roald. Daethai hwnnw i Gymru i wneud ei ffortiwn yn y fasnach longau.

Diolch byth, pan ddaethpwyd o hyd i gyllid, ac wedi i'r eglwys gael ei datgymalu, cafodd unrhyw ddarnau y gellid eu hailddefnyddio eu storio a'u hymgorffori'n ddiweddarach yn yr adeilad newydd. Mae hwnnw wedi ei gwblhau erbyn hyn ac mae iddo le diogel a dyfodol fel amgueddfa a chanolfan ddiwylliannol. Ar gyfer y llun hwn, canolbwyntais ar y tŵr a'r slatiau pren. Er mai manylyn ydy hwn, dywed rywbeth arbennig am yr adeilad.

The Norwegian Church

The Norwegian Church in Cardiff, built in 1868, was the first Norwegian seaman's mission to be built abroad. It was founded by Herman Lunde of Oslo for the Scandanavian sailors who brought pit props for the South Wales coalfields, and staffed British Merchant Navy ships. The church was due to be demolished in the 1980s when the Norwegian Church Preservation Trust was formed to save it, with Roald Dahl as its first president. This Cardiff-born best-selling children's author was christened here and educated in the city. His father, Harald, had left Oslo some years before Roald's birth and had come to Wales to make his wealth in the shipping business.

Thankfully, when the funds were found and the church was dismantled, any reusable parts were stored and later incorporated into the new building. Now rebuilt, it has secured a future as a museum and cultural centre. For this photograph I concentrated on the spire and wooden slats. Although a detail, it expresses something particular about the building.

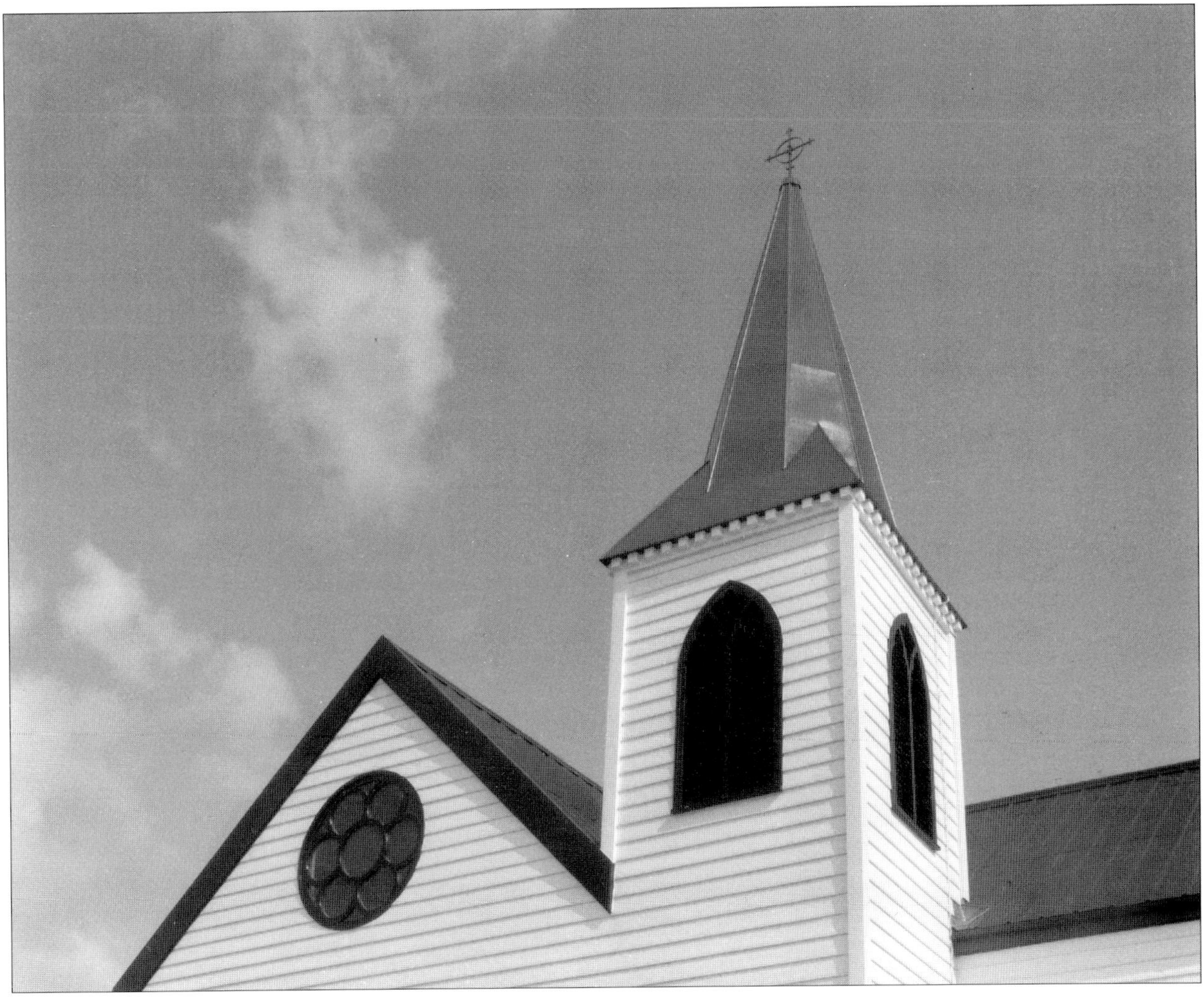

Y Troedfeini

Ychydig o'r troedffyrdd yn Ne Cymru a wnaed gan ddyn sy'n medru cymharu â'r troedfeini sy'n croesi Afon Ewenni yn Ogwr. Nid wyf erioed wedi ymweld â'r safle heb weld pobl yn ceisio cydbwyso, neidio, hercio neu gario eraill i'r fan honno ym Merthyr Mawr y cyfeirir ati yn *Llyfr Llandaf* a gwblhawyd rhwng 1120 ac 1140.

Aeth tarddiad y meini o gof gyda'r blynyddoedd. Dywed rhai mai Hawys, aeres Castell Ogwr a'u gosododd i fyny, efallai am yr ofnai y byddai awch serch ei chariad ati'n pylu o orfod rhydio'r afon. Dywed chwedloniaeth wrthym mai nhw'u hunain a symudodd i'r man tawel hwn o ddyfroedd mwy garw yn uwch i fyny'r afon. Dywed eraill eto mai mynaich o'r canol oesoedd a'u gosododd yno. Mewn rhai rhannau o Gymru credid mai gorymdeithiau angladdol fyddai'n defnyddio troedfeini, a chan fod eglwys yn sefyll ar gefnen gyfagos gall hyn fod yn wir.

Y diwrnod y cymerais y llun hwn, rhedai'r afon yn uchel gan ymron orchuddio'r cerrig. Dewisais ffrâm gyda phlentyn yn brasgamu arnynt, oherwydd, er gwaethaf ei hyder ymddangosiadol, roedd ei gamau'n sigledig, a sut bynnag, pur anaml y mae'r fan hon heb ei phobl.

The Stepping-Stones

Few man-made walkways in South Wales rival the stepping-stones that cross the Ewenny at Ogmore. I have never visited the site without seeing people trying to balance, jump, hop or carry others on to the area of Merthyr Mawr, mentioned in *The Book of Llan Dav* which was compiled between 1120 and 1140.

The origin of the stones has long been forgotten. Some say that Haweis, the heiress of Ogmore Castle, set them up, perhaps in fear that her lover's wading of the river might dampen his love for her. Folklore tells that they moved themselves to this quiet spot from rougher waters further up the river. Still others suggest that medieval monks put them here. In some parts of Wales stepping-stones were believed to have been used by funeral processions, and as a church lies on the opposite bank this seems plausible.

The day I took this photograph the river was in full spate and almost covered the stones. I chose a frame with a child striding because, despite his outward confidence, his steps were tentative, and anyway this spot is rarely without people.

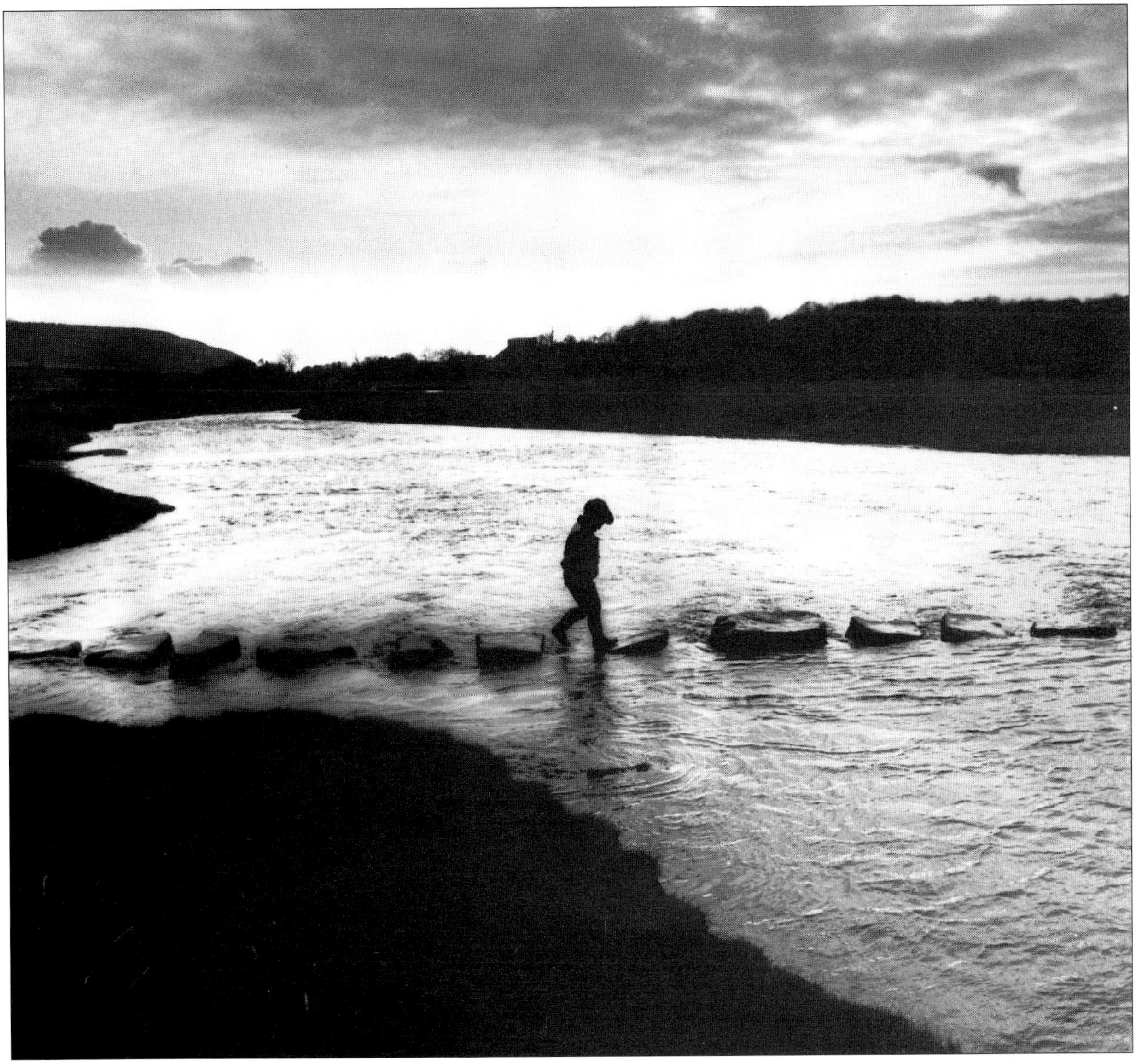

Yr Heti

Enw hoff y glowyr ar y pen-pwll a'r tŷ weindio hynaf sy'n bodoli ym Morgannwg oedd 'Heti'. Adeiladwyd ef yn 1875 yn Nhrehopcyn ac enw swyddogol y pwll yw '*Great Western Colliery*', Tŷ Mawr yn Gymraeg. Mae gwraidd yr enw'n ddirgelwch, ond doedd hi ddim yn anghyffredin i wahanol rannau o waith glo gael eu galw ar ôl merched neu feibion perchenogion gweithiau glo. Neu gall fod a wnelo'r enw rywbeth â'r injan ager sydd yn y tŷ o hyd – daeth ei silindrau o hen stemar badl a groesai Gefnfor Iwerydd un tro.

Dywedwyd wrthyf nad oedd y daith drwy siafft y gwaith yma fymryn yn llai anturus na thaith ar y cefnfor agored – yn sicr, roedd yn fwy clawstroffobig. Ni châi taith yng nghawell 'Heti' ei hystyried yn un o'r rhau mwyaf dymunol gan y glowyr, ac roedd yn well gan nifer gerdded, cripian ac ymysgwyd ddwy filltir i'r gwaith glo i lawr y ffordd na dod i fyny'r siafft hon.

Mae'r tŷ weindio'n anghyffredin am ei fod mor agos at y ffordd, felly penderfynais dynnu llun i ddangos y berthynas hon.

The Hetty

This, the oldest surviving pit head and winding house in Glamorgan, was affectionately called 'Hetty' by the colliers. Built in 1875 in Hopkinstown, the pit's official name is the 'Great Western Colliery' (also known as Tŷ Mawr). The origin of the name is a mystery, but it was not unusual for various parts of a coal-mine to be named after the daughters, or sons, of colliery owners. Or it may have something to do with the steam-engine that still sits inside – its cylinders came off an old paddle-steamer that once crossed the Atlantic.

I've been told that the journey through the mine shaft here, was no less an adventure than the open ocean – even if more claustrophobic. Travelling in the cage at 'Hetty' was not considered the most enjoyable of journeys by the colliers and many preferred to walk, crawl and shuffle 2 miles to the colliery down the road rather than come up this shaft.

The winding house is unusual for being so very close to the road, so I decided to take a shot to show this relationship.

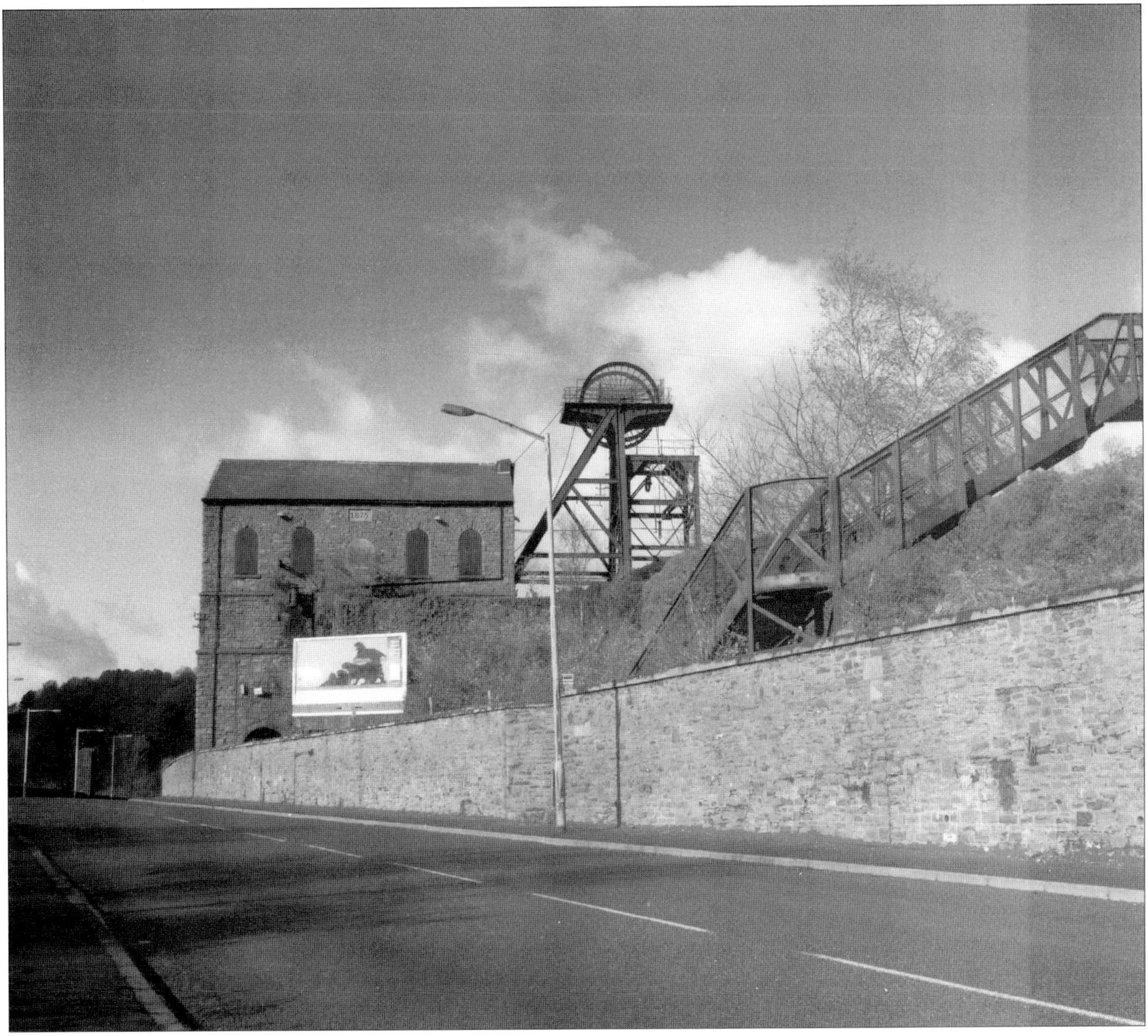

Piod y Môr

Mae'r tywod o gwmpas Whitford Burrows yn gartref i haid enfawr o biod môr sy'n bwydo ar y gwelyau cregyn glas i'r tir o oleudy Tywod Whitford. Pan aflonyddir arnynt, perfformiant yr acrobatwaith awyr clòs mwyaf rhyfeddol.

Nid y casglwyr dynol fu'n cynaeafu cocos yma er yr oes haearn a fu'n gyfrifol am yr holl dwmpathau cocos sydd ar hyd y darn hwn o arfordir. Wrth gerdded ar ei hyd rwyf wedi gweld sawl pentwr o gregyn cocos ac yn y gorffennol wedi penderfynu mai rhai wedi cael eu gwaredu gan gasglwyr dynol oedden nhw, ond mae'r piod môr hefyd yn codi'r cocos i'w gollwng o uchderau i lawr i'r twyni i ryddhau eu bwyd cudd. Wedi hyn mae'r bronfreithiau'n defnyddio'r union gregyn fel eingionau at gasglu malwod.

Roedd yn bwysig cael llun o'r adar ar ongl arbennig, i ddangos eu marciau duon, gan eu bod, nawr ac yn y man, ymron ymdoddi i'r cefndir.

Oyster-catchers

The sands around Whitford Burrows are home to huge flocks of oyster-catchers, which feed on the mussel beds inshore from Whitford Sands' lighthouse. When startled they perform the most spectacular tight-packed aerial acrobatics.

Not all cockle middens along this coast are made by human gatherers, who have harvested the cockles since the Iron Age. Walking along this coast I have seen many piles of cockle shells and in the past I often discounted them as having been discarded by people. Yet the oyster-catchers also pick up the cockles and drop them from heights onto the dunes to release their hidden food. Song thrushes subsequently use the shells as anvils for obtaining snails.

It was important to capture the birds at a certain angle, showing their black markings, as sometimes they almost blend into the background.

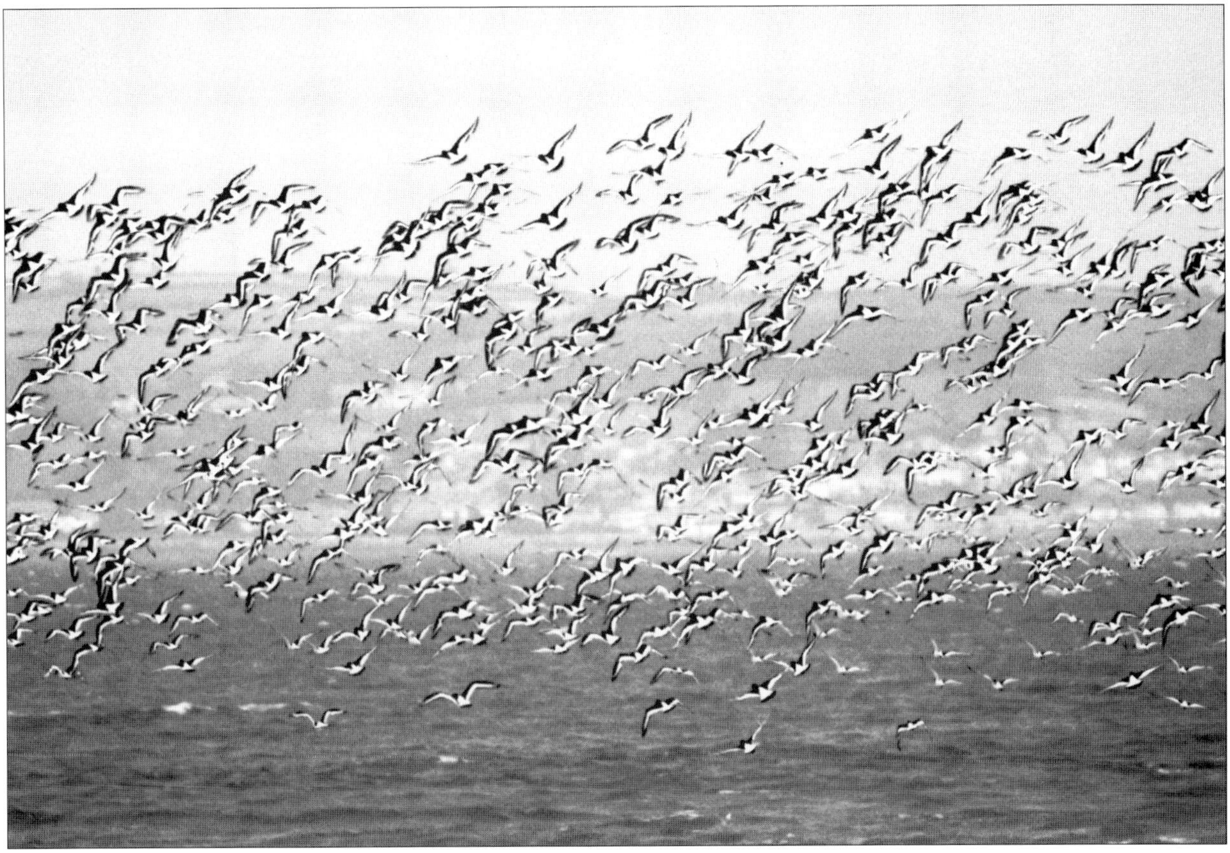

Y Croesau Cerrig yn Llanilltud Fawr

Mae'r casgliad o feini addurnedig cerfiedig sydd yn Eglwys Sant Illtud yn ein hatgoffa am y gymuned grefyddol lewyrchus a fodolai yn Llanilltud Fawr, safle un o fynachlogydd cynnar Morgannwg ac yn ddiweddarach brifysgol gyntaf Prydain. Cafodd nifer o arweinwyr y genedl eu haddysg yma, gan gynnwys Dewi Sant.

Dywed chwedl i sedd dysg Gristionogol ac addolfan sydd hyd yn oed yn gynharach gael eu sefydlu yma gan Eurgain, merch Caradog a ddaeth â Christionogaeth yn ôl o Rufain. Cafodd ei thad ei garcharu yno a dywed rhai iddi hi gyfarfod â Sant Paul. Cred eraill i'r Rhufeiniaid eu hunain ddod â chrefydd i Gymru. Dangosodd cloddio yn y fila Rufeinig yn Llanilltud Fawr gladdfeydd wedi'u gosod ar aliniaid dwyrain–gorllewin, sy'n awgrymu addoli Cristionogol, ac yn cefnogi'r fath ddamcaniaeth.

Ar wahân i fod yn symbolau claddu nodweddiadol, mae'r meini'n enghreifftiau ardderchog o safon soffistigedig y crefftwaith a gyflawnwyd yn Llanilltud. Tynnais luniau'r croesau'n cael eu goleuo o'r ochr gan ffenestr ddeheuol i greu cysgodion fyddai'n pwysleisio'r marciau ar groes Illtud: *SAMSON POSUIT HANC CRUCEM PRO ANIMA EIUS* (Gosododd Samson y groes hon i'w enaid).

The Stone Crosses at Llantwit Major

The collection of ornate engraved stones inside St Illtyd's is a reminder of the thriving religious community that existed in Llantwit Major, the site of one of Glamorgan's early monasteries and later the first university in Britain. Many leading Welsh figures were educated here, including St David.

Legend suggests that an even earlier seat of Christian learning and worship was set up here by Euragin, the daughter of Caradog (Caractacus) who brought back Christianity from Rome. Her father was imprisoned there and some say she met St Paul. Others believe the Romans brought Christianity to Wales themselves. Excavations at the Roman villa in Llantwit Major show burials in the east–west alignment, indicating Christian worship, thus supporting this theory.

Apart from being significant symbols of burial, the stones are excellent examples of the sophisticated level of craftmanship that was achieved at Llantwit. I photographed the crosses side-lit by a southern window to create shadows that would emphasize the marks on the Illtyd cross: *SAMSON POSUIT HANC CRUCEM PRO ANIMA EIUS* (Samson placed this cross for his soul).

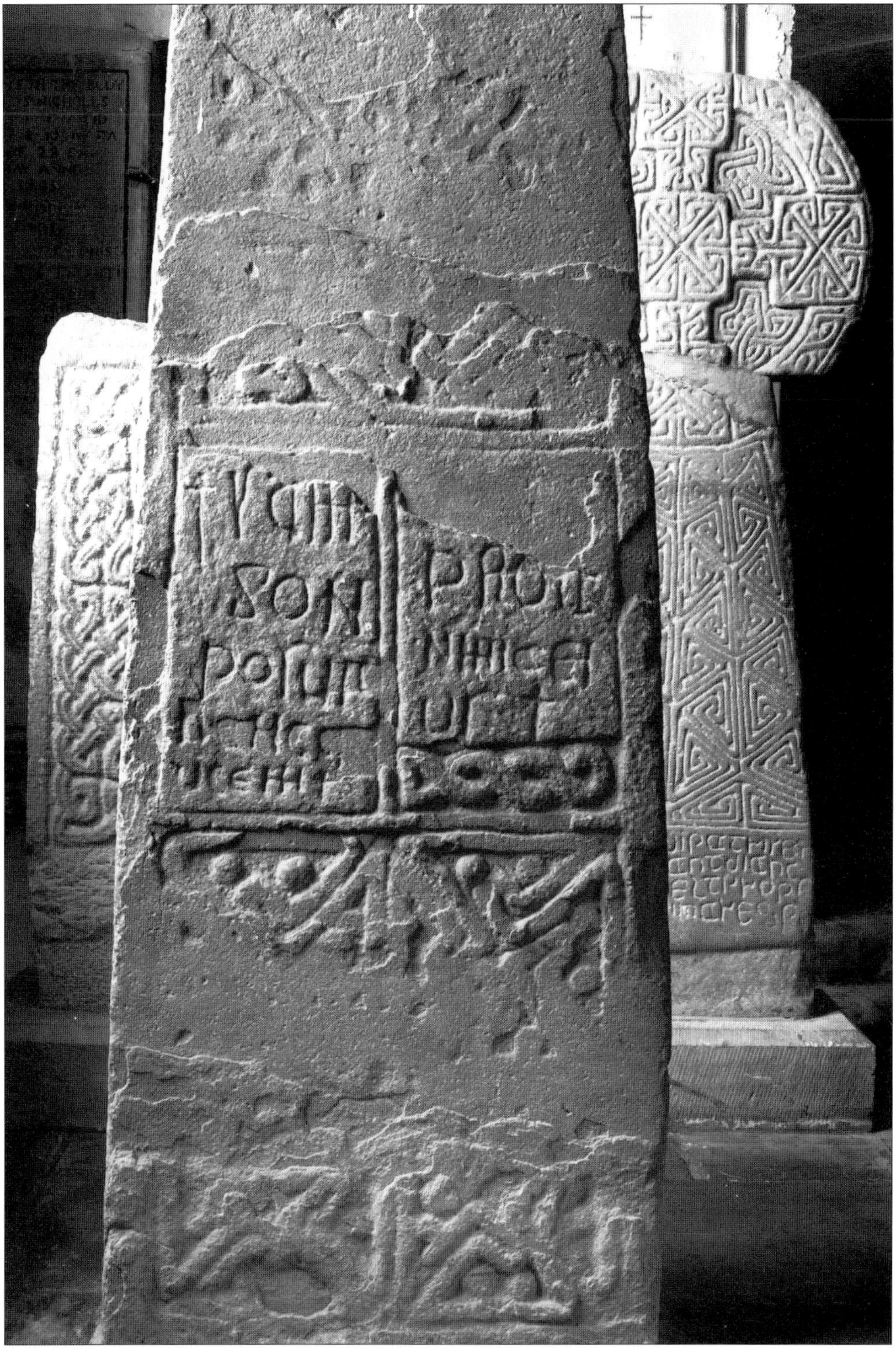

Trwyn Larnog

Ym Mai 1897, i'r pwynt hwn yr anfonodd Guglielmo Marconi neges radio gyntaf y byd ar draws y môr o Ynys Fflat Holm. Arweiniodd canlyniadai'r arbrofion hyn yn y pen draw at drawsnewid y byd modern trwy roi inni delegraffi di-wifr, ac yn ddiweddarach, radio a theledu.

Cyn hyn, roedd Marconi wedi methu diddori llywodraeth yr Eidal yn ei syniadau ac o'r herwydd daeth i Brydain. Cafodd nawdd gan Swyddfa'r Post a daeth yn gyfaill i'r prif beiriannydd William Preece. Aeth i Fôr Hafren lle bu Preece yn cynnal arbrofion ers cryn amser. Gyda'i gynorthwydd, George Kemp ar Larnog a Marconi ar yr ynys, adeilasant bâr o fastiau 110tr o uchder a thrawsyrru'r signal Mors, '*Are you ready*?'. Mae plac ar y wal tu allan i'r eglwys yn Larnog i goffáu'r amgylchiad hwn a chofeb ar yr ynys.

Pan fo'r môr ar drai, daw platfform tywodfaen Lias, sydd wedi'i erydu gan dywod, i'r golwg a deuthum i dynnu llun y patrymau sig-sag rhyfeddol a grëir gan y gwelyau hyn.

Lavernock Point

It was to this point in May 1897 that Guglielmo Marconi transmitted the world's first wireless message across the sea from Flat Holm Island. The results of these experiments eventually led to a transformation of the modern world by giving us wireless telegraphy, and later radio and television.

Marconi had earlier failed to interest the Italian government in his ideas, and so arrived in Britain. Sponsored by the British Post Office and befriended by its chief engineer William Preece, he came to the Bristol Channel where Preece had been conducting experiments for some time. With his assistant, George Kemp, at Lavernock and Marconi on the island they built a pair of masts 110 ft high and transmitted the morse signal 'Are you ready?'. There is a plaque on a wall outside the church at Lavernock to commemorate this event and a memorial on the island.

At low tide the wave-cut platform of Lias limestone is exposed and I came to photograph the amazing zig-zag patterns created by the beds.

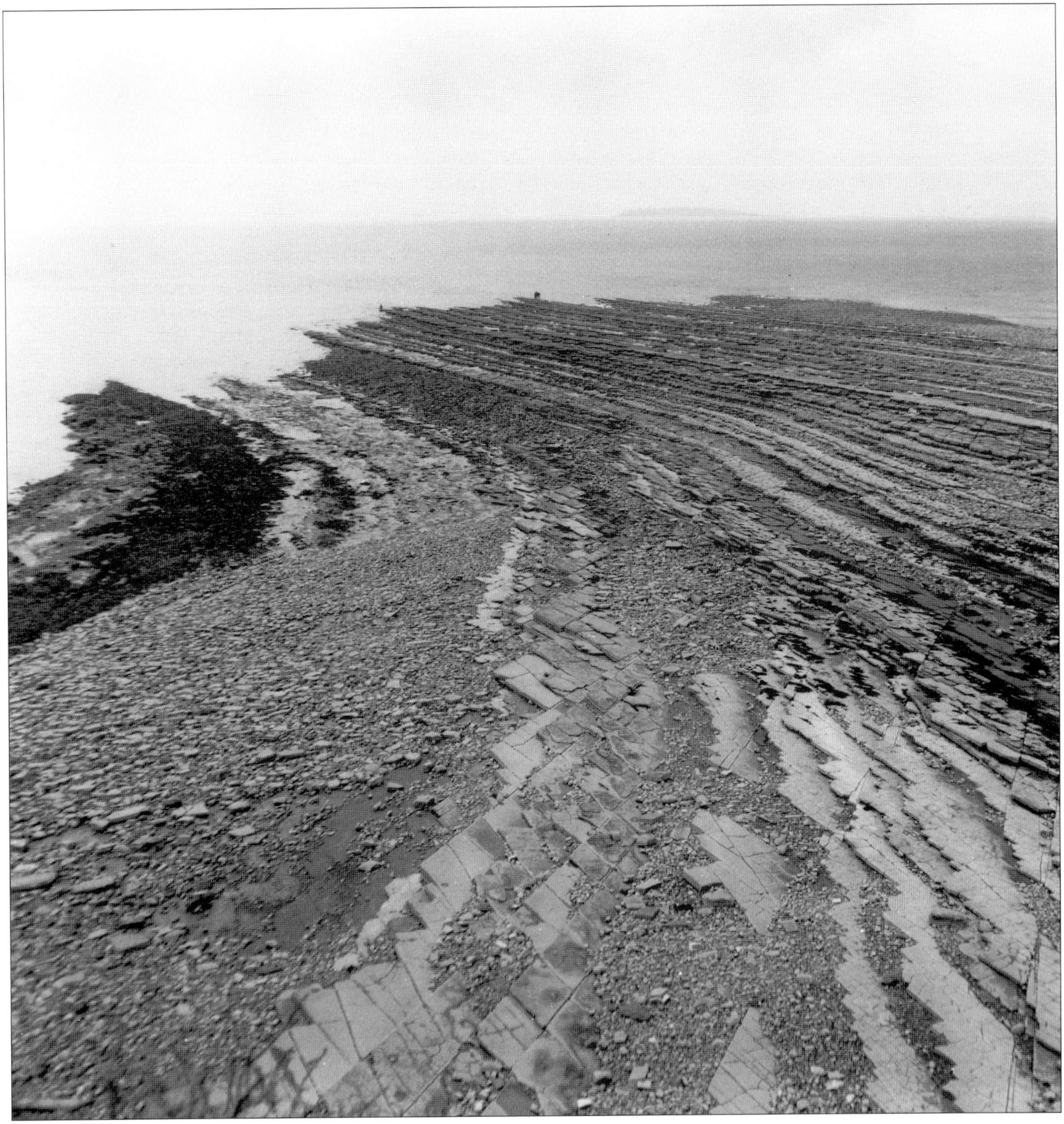

Llantrisant

Erys Llantrisant ar grib bryn. Daw'r enw o'r eglwys leol sy'n golygu 'llan y tri sant' ar ôl y seintiau Illtud, Gwynno a Dyfodwg. Saif y Bathdy Brenhinol wrth droed y bryn. Agorwyd ef yma yn 1968 ar ôl bathu ar Fryn y Tŵr, Llundain am chwe chan mlynedd. Mae dwy ran o dair o'r coiniau a fathir ar y safle hwn yn mynd tramor i dros gant o wledydd, gan gynnwys Gwledydd Arabia, Kuwait, Angola, Tseicoslofacia, Jamaica a Hong Kong. Mae hefyd yn bathu anrhydeddau milwrol ac oherwydd hyn efallai ei bod yn briodol mai yn Llantrisant y mae'r bathdy.

Dywed chwedl i wŷr saeth enwog y dref gael eu hanfon i frwydr Crecy yn y bedwaredd ganrif ar ddeg ac ennill un o'r brwydrau mwyaf yn hanes Cymru/Lloegr pan gafodd 30,000 o ddynion y trechaf ar 120,000 o filwyr Ffrainc. Gallai'r saethyddion hyn saethu i fyny at ddeg saeth y funud. Er eu bod hwyrach o dan awdurdod rhyw iarll lleol, ymladdasant ochr yn ochr â'r Tywysog Du, Tywysog Cymru ar y pryd. Yn ystod y frwydr hon y cymerwyd y Brenin John o Bohemia'n garcharor a byth oddi ar hynny mae'r crest o dair pluen estrys a'r arwyddair *Ich Dien* (Gwasanaethaf) wedi bod yn arwydd y tywysog.

Llantrisant

Llantrisant stands on the summit of a hill. The name derives from the local church meaning 'place of three saints', after St Illtyd, St Gwynno and St Dyfodwg. Below the hill sits the Royal Mint, opened here in 1968 after 600 years of minting in London's Tower Hill. Two-thirds of the coins minted on this site go abroad to over one hundred countries including the United Arab Emirates, Kuwait, Angola, Czechoslovakia, Jamaica and Hong Kong. Also striking military medals and honours, it is perhaps fitting that the mint should be sited at Llantrisant.

Legend has it that the famed bowmen of the town were sent to the fourteenth-century battle of Crecy, and won one of the greatest victories in Welsh/English history when 30,000 men routed an army of 120,000 French soldiers. These archers could fire up to ten arrows a minute. Although probably under the command of a local earl, they fought alongside the Black Prince, then the Prince of Wales. It was in this battle that King John of Bohemia was taken prisoner, and since then his crest of three ostrich feathers and motto *Ich Dien* (I serve) has always been the Prince of Wales's insignia.

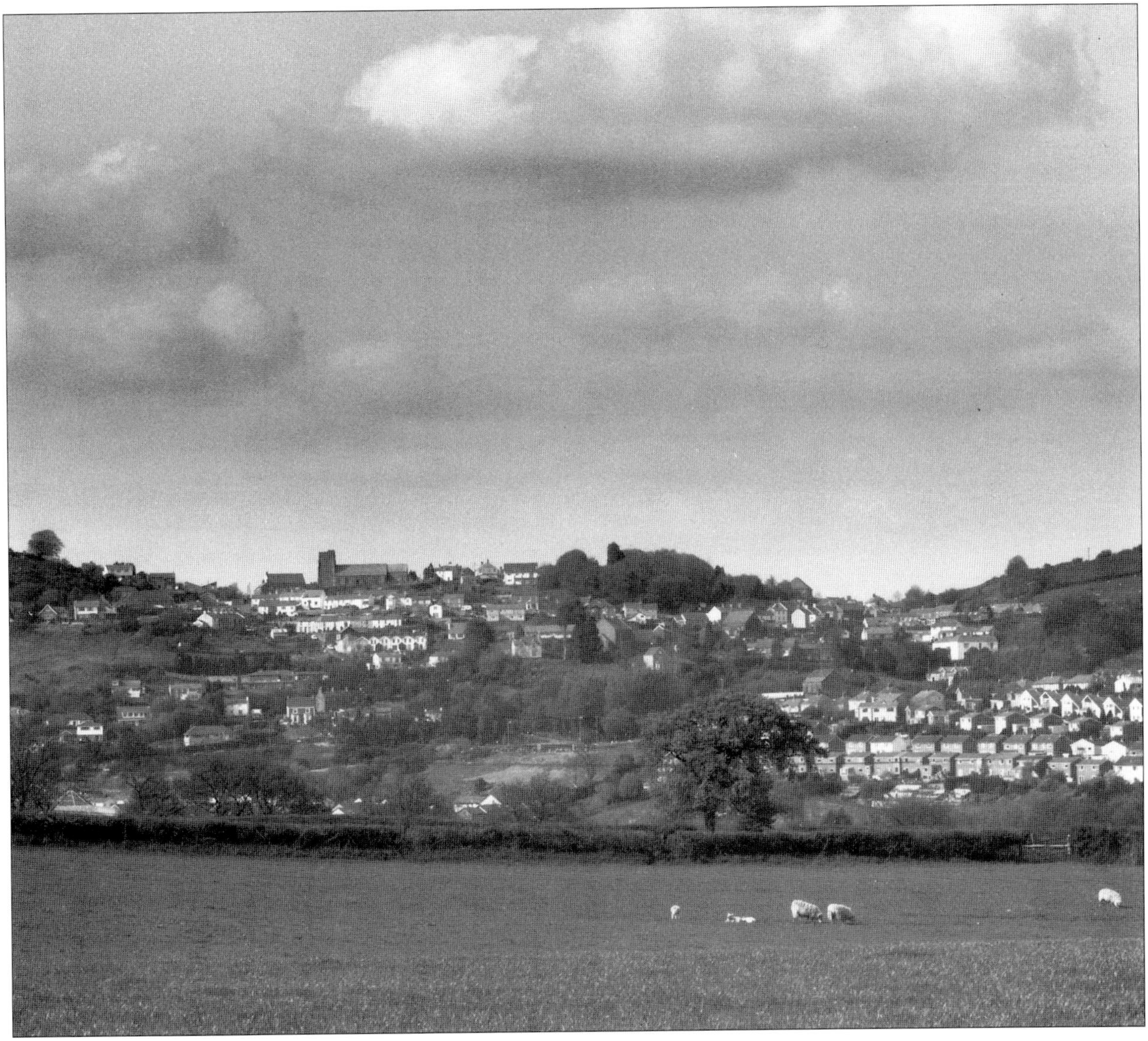

Pen Pyrod

Rwyf wedi tynnu llun y brig hwn o graig sawl gwaith ac ni chefais erioed olwg eiddil arno; i'r gwrthwyneb, saif Pen Pyrod yn urddasol, gan herio unrhyw beth y gall y tonnau eu taflu ato.

Mae'r argraff weledol yma'n atgyfnerthu chwedloniaeth leol mai sarff enfawr ydyw, neu ddraig yn codi o'r môr, ei hisian yn cael ei achosi gan y dŵr ar ruthr trwy'r chwyth-dwll yn ei phen. Nawr ac yn y man, pan fo'r môr yn arw, try'r hisian yn chwibaniad nerthol y gellir ei glywed am filltiroedd, a'i ddefnyddio fel arwydd fod storm yn crynhoi. Roedd gan yr hen bysgotwyr air a ddywedai fod yr hen Ben Pyrod yn dweud fod yr amser wedi dod i gwch gael ei ollwng.

Mae'r llanw'n gwahanu Pen Pyrod a'r tir mawr ddwywaith y dydd, ac mae nifer wedi cael eu marwnio yma, gan gynnwys Dylan Thomas a syrthiodd i gysgu un prynhawn heb ddim ond llyfr a bag o fwyd ganddo. Ar ôl deffro gyda'r cyfnos, eisteddodd i aros am drai'r môr, a dywedodd ei fod yn ofni mynd ymhellach i mewn oherwydd y llygod mawr a phethau a godai gywilydd arno.

Bu llawer mwy na llygod mawr yn byw yma. Daethpwyd o hyd i ogof esgyrn ac ynddi olion rhinoseros, arth ogof, carw Llychlyn a mamoth. Ar fannau eraill yng Ngŵyr daethpwyd o hyd i olion ych anferth, llew a hyd yn oed udfil. Roedd anferthedd hanes y graig yma yng nghefn fy meddwl wrth i mi dynnu'r llun.

Worm's Head

Of the many times I have photographed this outcrop of rock, I have never seen it looking weak; rather the Worm sits proud, and braves whatever is thrown at it.

This visual impact supports the local mythology that the Worm is some great serpent, or else a dragon, rising from the sea, its hiss made by water rushing through the blow-hole at its head. Sometimes in a heavy sea, the hiss becomes a booming whistle which can be heard for miles, and is used as an indicator of a gathering storm. 'The old worm's blowing, time for a boat to be going', was one old saying of the local fishermen.

The tide cuts Worm's Head from the mainland twice a day, and many have been temporarily marooned here, including Dylan Thomas who fell asleep one afternoon, with a book and a bag of food. On awakening in the evening he sat out the turn of the tide where he had slept, 'frightened to go further in because of the rats and because of things I am ashamed of'.

Far more than rats have lived here. A cave containing ancient bones discovered here yielded the remains of rhinoceros, cave bear, reindeer and mammoth. On other parts of Gower evidence of the giant ox, the lion and even the hyena have been found. It was with the immense history of this rock in mind that I took the photograph.

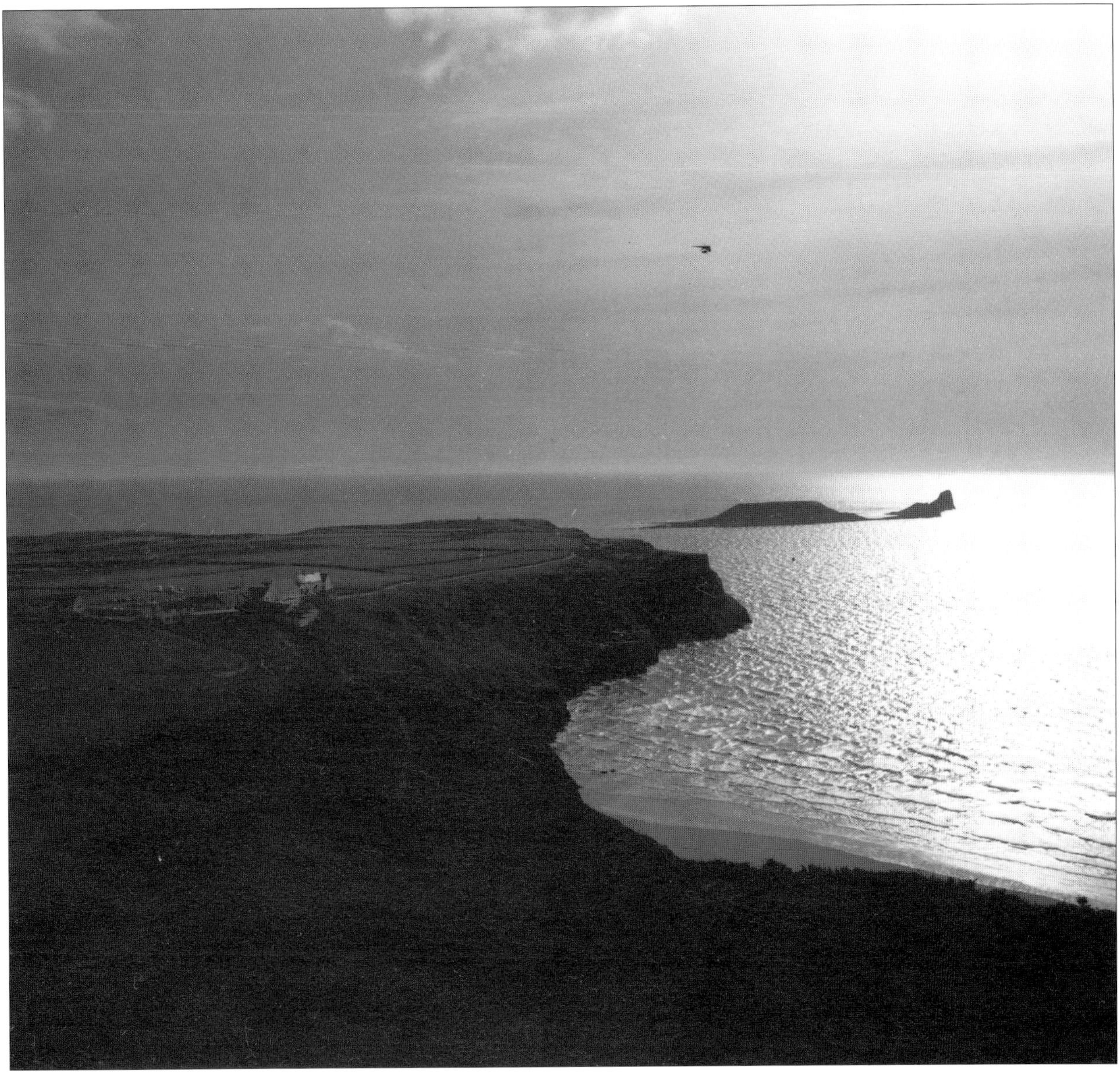

Neuadd y Ddinas, Abertawe

Agorwydd y mynediad newydd-glasurol hwn i hen Lys y Goron, Neuadd y Ddinas, Abertawe ar 23 Hydref 1934. Fe'i hadeiladwyd o ganlyniad i gystadleuaeth, dyluniad gan y pensaer Percy Thomas, un a gafodd ei ddewis o blith dwy ar bymtheg a thrigain o geisiadau. Erys heddiw'n enghraifft glasurol o bensaernïaeth y tridegau.

Mae'n strwythur o garreg Portland sy'n gorwedd yn isel, ac mae hyn yn rhannol oherwydd bod y llawr isaf wedi'i suddo 1½ metr i'r ddaear; tra mae'r cloc enfawr, sy'n codi i fyny'n ganolbwynt trwy'r ddinas, fel y gellwch weld at dudalen 10.

Mae yn Neuadd y Ddinas rai o'r enghreifftiau mwyaf ysblennydd o fanylwaith addurniadol ac arddulliadol sy'n cyfeirio at hanes Cymru. Trwy lwc, ychydig iawn a ddifrodwyd arno yn ystod y rhyfel. Dengys yr adeilad ddychymyg mewn mwy nag arddull a'r defnydd o ofod. Bu ynddo unwaith system gyflyru aer a system ganolog glanhau gwactod nas defnyddir mwyach. Bu ynddo hyd yn oed system fecanyddol fewnol gywrain i roi sbring i lawr coed y brif neuadd ar gyfer dawnsio.

Fodd bynnag, newidiwyd un wedd ar ei ddylunio mewnol. Roedd peintiadau Frank Brangwyn, 'Panelau'r Ymerodraeth Brydeinig', a gymerodd saith mlynedd i'w cwblhau, yn rhy fawr ar gyfer y brif neuadd a bu rhaid codi'r nenfwd droedfedd i wneud lle iddyn nhw.

Nawr, clwyda colomennod uwch y fynedfa gan ehedeg i lawr i Barc Victoria i chwilio am damaid, a thaflu cysgodion sy'n gwrthgyferbynnu â'r meini gwyn.

The Guildhall, Swansea

This splendid neo-classical entrance to the old Crown Court of Swansea's Guildhall was opened on 23 October 1934. Built as a result of a competition, the design of the architect Sir Percy Thomas was chosen from seventy-seven submissions, and today stands as a classic example of 1930s architecture.

Its low-lying structure, clad in Portland stone, is partly due to the sinking of the lower floor level 1½ m into the ground, while the great clock tower that stretches up is a focal point throughout the city, as you can see on p. 10.

The Guildhall has some of the most superb examples of decorative and stylized details relating to Welsh history, which luckily suffered only minimal war damage. The building is imaginative in more than style and use of space. It included an air-conditioning system and a central vacuum cleaning system which is now disused. There was even an ingenious internal mechanism to give spring to the main hall's timber floor for dancing.

One aspect of its interior design was altered though. Sir Frank Brangwyn's paintings *The British Empire Panels*, which took seven years to complete, were too large for the main hall and the ceiling had to be raised by 12 in to accommodate them.

Pigeons now roost above the entrance and fly down to Victoria Park opposite to feed, casting shadows and contrasting with the white stone.

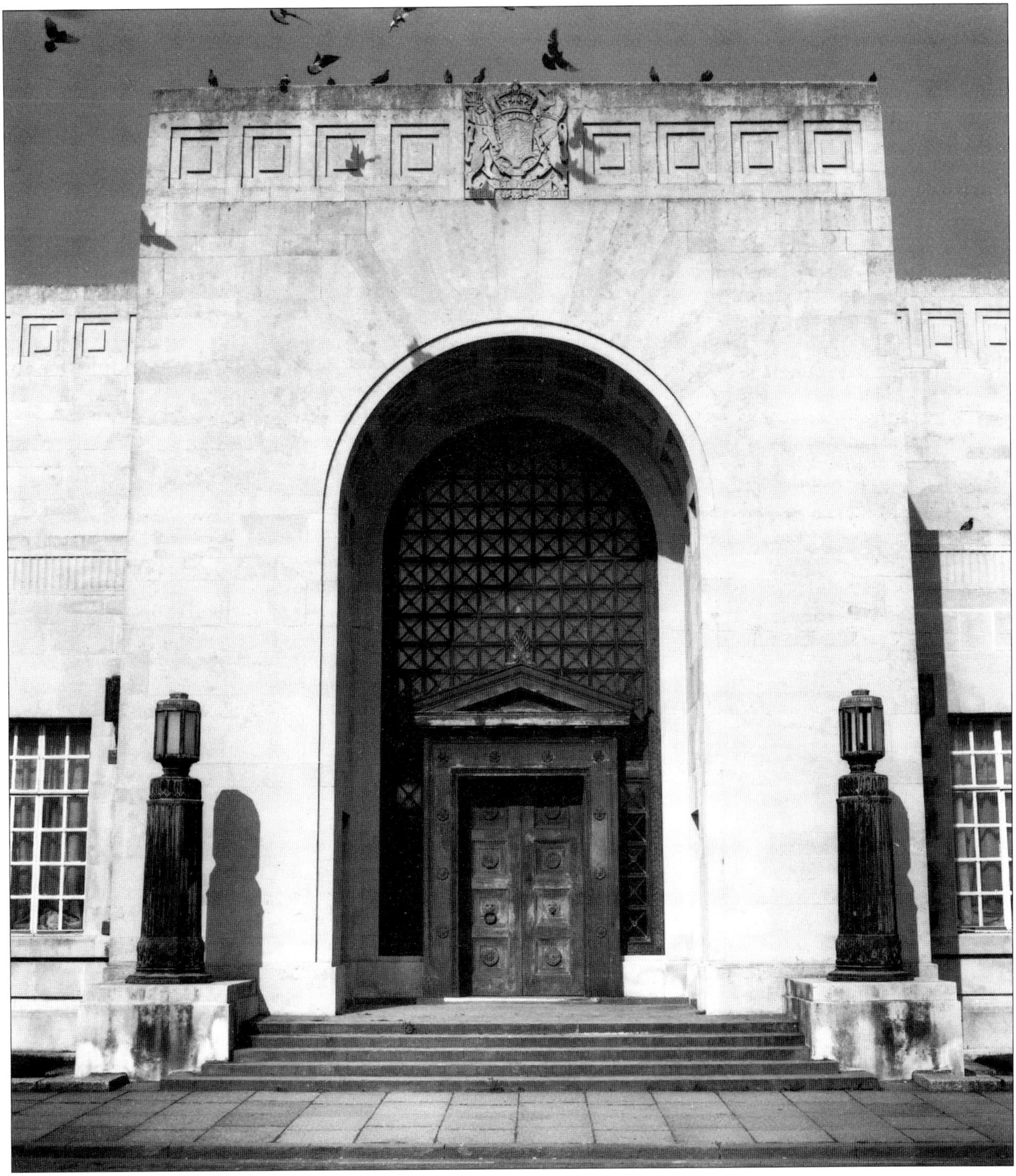

ABERDÂR

Cofir yn bennaf am Aberdâr, mae'n debyg, am gynhyrchu ychydig o'r glo rhydd gorau sydd wedi cael ei ddefnyddio dros y byd i gyd. Yn nyddiau ager, gwnâi ansawdd y glo gryn wahaniaeth i gyflymdra llong, a'r swm o waith y gofynnid i'r stocyddion, y peirianwyr a'r morwyr ei wneud. Dim ond rhan o'r gwaith oedd stocio; rhan arall oedd rhedeg i fyny i'r dec a thaflu'r lludw dros y bwrdd. Mynnai un cyn-stocydd o'r Yemen y deuthum ar ei draws ym Mae Caerdydd na fyddai'r glo rhydd gorau byth yn rhoi lludw. Mynnai fod digonedd o ludw mewn glo Seisnig a bod glo De Affrica hyd yn oed yn waeth. Dywedodd mai glo Cymreig oedd orau, ei fod yn llosgi, a chwithau'n cyrraedd pen eich taith. Dyna'r rheswm, mae'n siŵr, pam i forlys Prydain benderfynu defnyddio glo Cymreig yng nghynifer o'i llongau.

Roedd Aberdâr yn enwog hefyd am gyhoeddi yn y bedwaredd ganrif ar bymtheg. Cyhoeddodd lyfrau pwysig am Gymru a châi dau o'r papurau newydd cyntaf i gylchredeg yn y cymunedau glofaol, yr *Aberdare Leader* a *Tarian y Gweithiwr* eu hargraffu yma. Deuai nifer o weinidogion ac athrawon y cymoedd o Aberdâr.

Yn y gorffennol, edrychid yn eiddigeddus ar Aberdâr fel tref i ymddeol ynddi, ac o edrych arni o'r fan hon, yn eistedd yn ysblander y cwm, ynghyd â llennyrch o dderw a phinwydd a thiroedd glas, a Phen-y-fan yn y pellter, mae'n hawdd gweld pam.

ABERDARE

Aberdare is perhaps best known for producing some of the finest steam coal, which has been used all over the world. In the days of steam the quality of coal made all the difference to the speed of a ship, and to the amount of work that stokers, engineers and sailors consequently had to do. Stoking was one aspect of the job; another was running up on to the deck and throwing ash overboard. 'The best coal never gave us ash', said a Yemeni ex-stoker from Aden who I met in Cardiff Bay. 'English coal had plenty of ash; South African even worse. But Welsh coal was the best. It burnt and you were there.' This, no doubt, was the reason that the British admiralty decided to use Welsh coal on so many of their ships.

Aberdare was also well known for publishing in the nineteenth century: both important books about Wales, and two of the first newspapers to circulate in the mining communities – the *Aberdare Leader* and *Tarian y Gweithiwr* – were printed here. Many of the ministers and school teachers of the valleys also came from Aberdare.

In the past Aberdare was seen as an enviable place for retirement and, seeing the town from here, sitting in a superb valley with groves of oak and firs, green pastures, and Pen y Fan in the distance, one can see why.

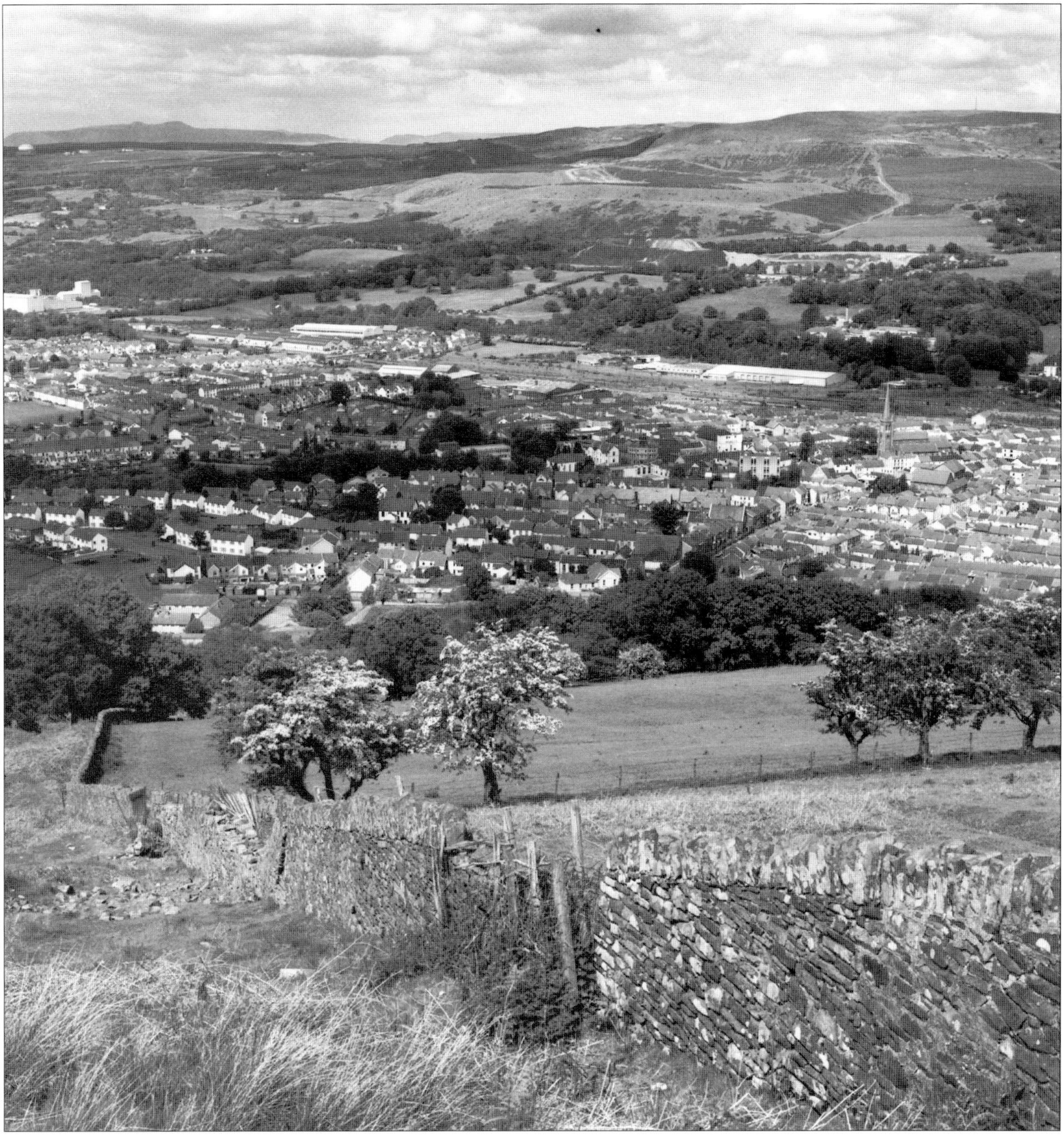

Goleudy Pwynt Whitford

Bu'r goleudy yn Whitford yn demtasiwn i mi ers amser. Gellir cael cip arno o sawl man yng ngogledd Gŵyr yn sefyll ar dafod fechan ar benrhyn Whitford Burrows, 2 filltir i mewn i foryd Porth Tywyn. Cefais rybudd gan hyd yn oed gasglwr cocos gwydn o Ben-clawdd ei bod yn dipyn o daith ac awgrymodd na ddylwn roi cynnig ar ochr ddwyreiniol y tyrchfeydd oherwydd y llanw. Cyfarwyddodd fi ar hyd y traeth i Gwm Ivy. Roeddwn yn falch o'i gyngor gan i'r daith o gwmpas gymryd pedair awr, gan gynnwys hoe nawr ac yn y man.

Codwyd y goleudy yn 1865 ac ef yw'r unig brif dŵr haearn bwrw a olchir gan donnau yn Ynysoedd Prydain. Dywedir i'w adeiladwaith sylfaenol o haearn bwrw gael ei wneud gan ffowndrydd haearn na ddilynodd yr arfer forwrol o gyflwyno wyneb allanol llyfn i'r môr. Eto, mae iddo falcon haearn sydd gyda'r mwyaf gosgeiddig mewn unrhyw oleudy i'r de o'r Alban. Mae hanner isaf y tŵr yma sy'n 13½ metr o uchder yn llawn o falast cerrig, a chafodd ei atgyfnerthu'n gynnar yn ei fywyd gan gyfresi o fandiau haearn bwrw.

Peidiwyd â'i ddefnyddio yn 1933 a daeth goleuadau awtomatig Burry Holms i gymryd ei le.

Whitford Point Lighthouse

The lighthouse at Whitford had been tempting me for some time. It can be seen from much of north Gower sitting out on a small spit on the peninsula of Whitford Burrows, 2 miles into the Burry Estuary. Even a hardy cockle-gatherer from Penclawdd warned that it was quite a trek, suggesting that I did not try the east side of the Burrows for fear of the tide. He directed me along the beach from Cwm Ivy. I was glad of the advice as the round trip took me four hours, including a few breaks.

The lighthouse, erected in 1865, is the only major wave-swept cast-iron tower in the British Isles. It has been suggested that its unusual and basic construction was made by an iron founder who did not follow the usual maritime practice of presenting a smooth external face to the sea. Yet it has one of the most elegant iron balconies of any lighthouse south of Scotland. The lower part of this 13½ m high tower is filled with stone ballast and was strengthened early in its life by a series of wrought-iron bands.

Its use discontinued in 1933, the Whitford lighthouse has been replaced by an automatic light at Burry Holms.

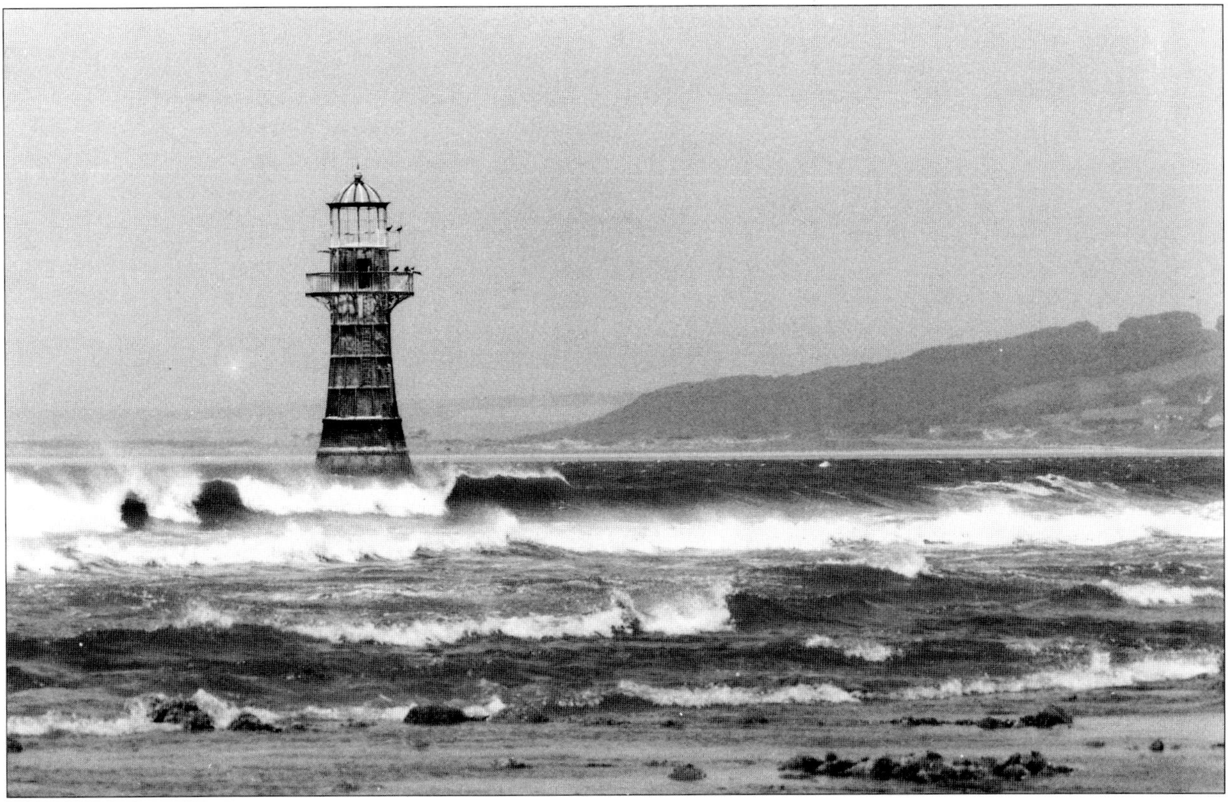

Gwaith Glo Brig, Llanhari

Cymerais y llun hwn tra'n cerdded ar hyd llwybr cyhoeddus ger Llanhari; trwy un o'r gweithiau glo brig mwyaf ym Morgannwg. Edrychai'r ychydig goed yng nghanol y tomenni glo fel totemau o'r gorffennol, ond diolch byth, mae Glo Prydain yn ymdrechu i ymarfer ei ddychymyg i adfer safleoedd diffaith. Mae Parc Natur Parc Slip gerllaw'n enghraifft lle y mae Glo Prydain yn gweithio gydag Ymddiriedolaeth Bywyd Gwyllt Morgannwg, i adfer hen safle.

Mae safleoedd glo brig fel hwn, man a fyddai wedi bod yn gors drofannol tri chan miliwn o flynyddoedd yn ôl, wedi fy nghyfareddu er pan oeddwn yn blentyn. Mannau llwm yw'r safleoedd yma'n aml, mannau heb fod iddynt enaid, nac ychwaith unrhyw arwydd o fywyd; felly roeddwn wrth fy modd gweld ychydig goed. Maen nhw'n bodoli yn yr hyn sy'n ymddangos yn amgylchedd gelyniaethus ac nid ydynt ond rhan fechan o'r cefn gwlad o gwmpas ag iddo laswelltir, perthi, dyfr-ffyrdd a choedlannau coed collddail, cartrefi i foch daear a llwynogod y cylch.

Lliw llwyd, lludwaidd y glo'n cael ei oleuo gan yr haul a chysgodion yn creu patrymau a lifai fel afon a ddaliodd fy sylw.

Opencast Coal-mine, Llanharry

I took this photograph while walking along a public footpath through one of the largest opencast mines in Glamorgan, near Llanharry. The few trees left surrounded by coal stood like totems to the past, yet thankfully today British Coal is making efforts with imaginative restoration of derelict sites. Parc Slip Nature Reserve nearby is one such example, where British Coal is working with Glamorgan Wildlife Trust to restore an old site.

Opencast sites like this, which three hundred million years ago would have been a tropical swamp, have fascinated me since I was a child. These sites are often barren places lacking in soul or any evidence of life, so it was with relief that I spotted these trees. Surviving in what appears to be a hostile environment, they are only a small part of the surrounding countryside which has grasslands, hedgerows, waterways and broadleaved woodlands, home to the badgers and foxes of the area.

It was the grey ashen colour of the coal highlighted by the sun and shadows creating patterns flowing like a river that caught my attention.

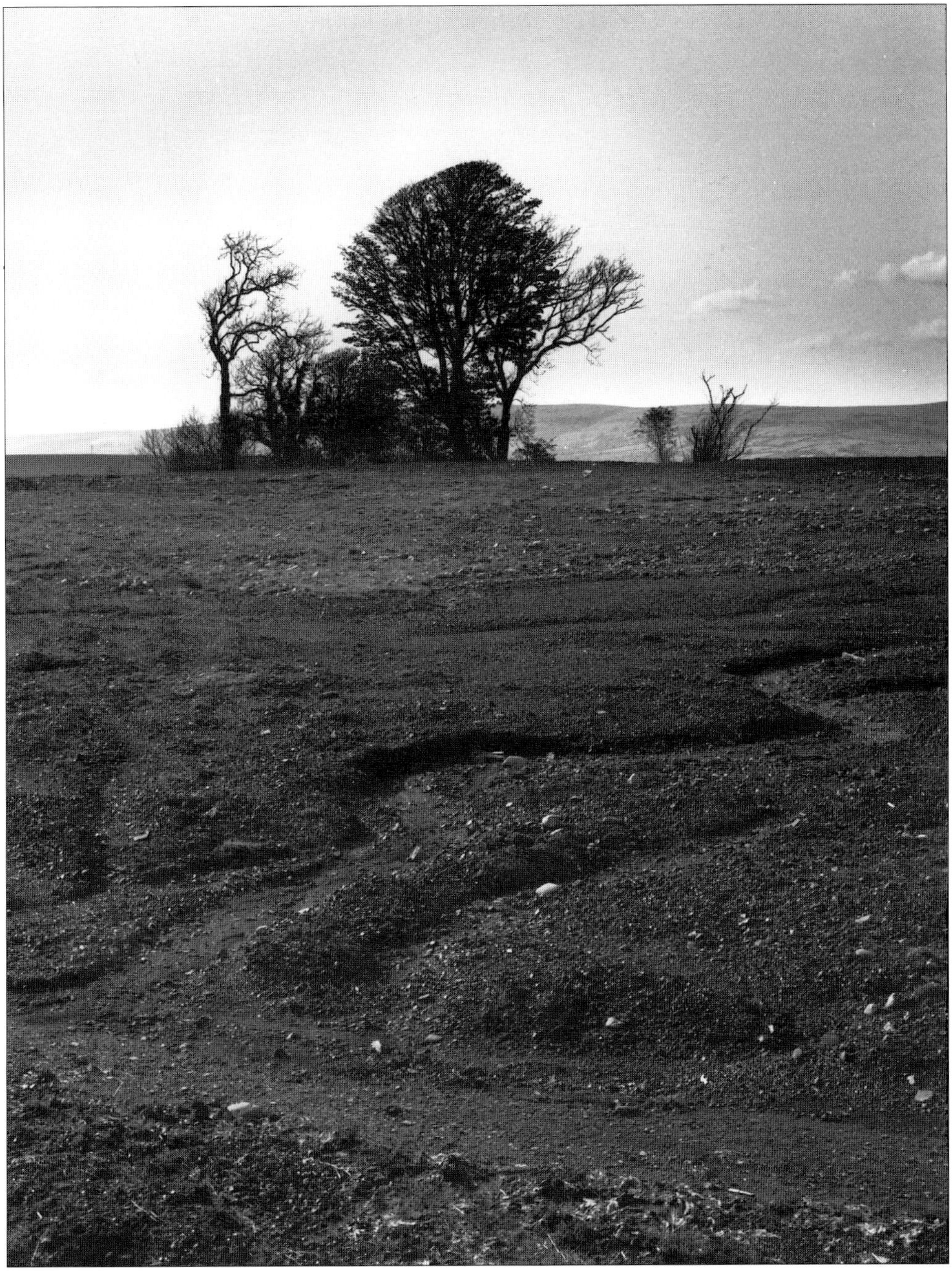

Castell Coch

Pan oeddwn yn ifanc, treuliais lawer wythnos i fyny ger Castell Coch yng nghwmni 'nhad. Byddai ef yn eistedd gyda'i fwrdd arlunio mawr, yn tynnu llun rhannau allanol y castell mewn inc. Nodai ei lygaid lluniadydd bob manylyn a chyfrifai bod rhigol a bricsen. Ar ôl y sesiynau arlunio yma byddem yn aml yn cerdded o gwmpas y mannau mewnol sydd wedi'u haddurno'n gyfoethog ac o ganlyniad teimlaf fel pe bawn yn adnabod y castell tu chwith allan.

Codwyd y castell gwreiddiol gan y Norman Gilbert de Clare yn y drydedd ganrif ar ddeg ond yn y bedwaredd ganrif ar bymtheg gofynnodd Ardalydd Bute i'r pensaer a'r dylunydd William Burges ei ailadeiladu a'i addurno mewn arddull ganol oesol.

Plannwyd gwinllannau yno hefyd a gofynnodd yr Ardalydd i ryw Mr Pettigrew chwilio am y gwinwydd mwyaf addas i'w tyfu yno. Dywed Mr Pettigrew iddo fynd i Ffrainc i ymweld â'r prif winllannau ym Medoc a mannau eraill a chasglu'r holl wybodaeth a allai. Cymeradwyodd y rhai a dyfai winwydd o gwmpas Paris ef i roi cynnig ar y rhywogaethau Gammy Noir a Mille Blanche sy'n cael eu tyfu'n helaeth o gwmpas Paris, ym Mwrgwyn ac yn yr ardaloedd oerach na'i gilydd lle y tyfir gwinwydd yn Ffrainc.

Plannwyd y gwinwydd ar y llethrau o gwmpas Castell Coch yng ngwanwyn 1875; ddwy flynedd yn ddiweddarach, cynhyrchwyd 40 galwyn o win yno. Er na wneir gwin yma mwyach, mae nifer o winllannau llai wedi cychwyn ym Morgannwg.

Castell Coch

When I was young I spent many weekends up at Castell Coch with my father. He would sit with a large drawing board and draw the castle's exterior in ink. Every detail was noted by his draughtsman's eye; each crevice and brick was counted. After these drawing sessions, we would often walk around the richly decorated interior, and as a result, I feel I know this castle inside out.

The original castle was built by Gilbert de Clare, a Norman, in the thirteenth century, but in the nineteenth century the Marquess of Bute asked the architect and designer William Burges to rebuild and decorate it in a medieval style.

Vineyards were also planned and the marquess asked a Mr Pettigrew to find the most suitable vine to grow. Mr Pettigrew said, 'I was accordingly instructed to go to France myself to visit the principal vineyards in the Medoc and elsewhere and pick up all the information I could. Strongly recommended by the vine growers in the vicinity of Paris to try the varieties of Gammy Noir and Mille Blanche which are extensively grown about Paris, in Burgundy and in the colder wine-producing districts of France.'

The vineyard was planted on the slopes surrounding Castell Coch in the spring of 1875; two years later 40 gallons of wine were produced. Although wine is no longer made here, a number of small vineyards have started in Glamorgan.

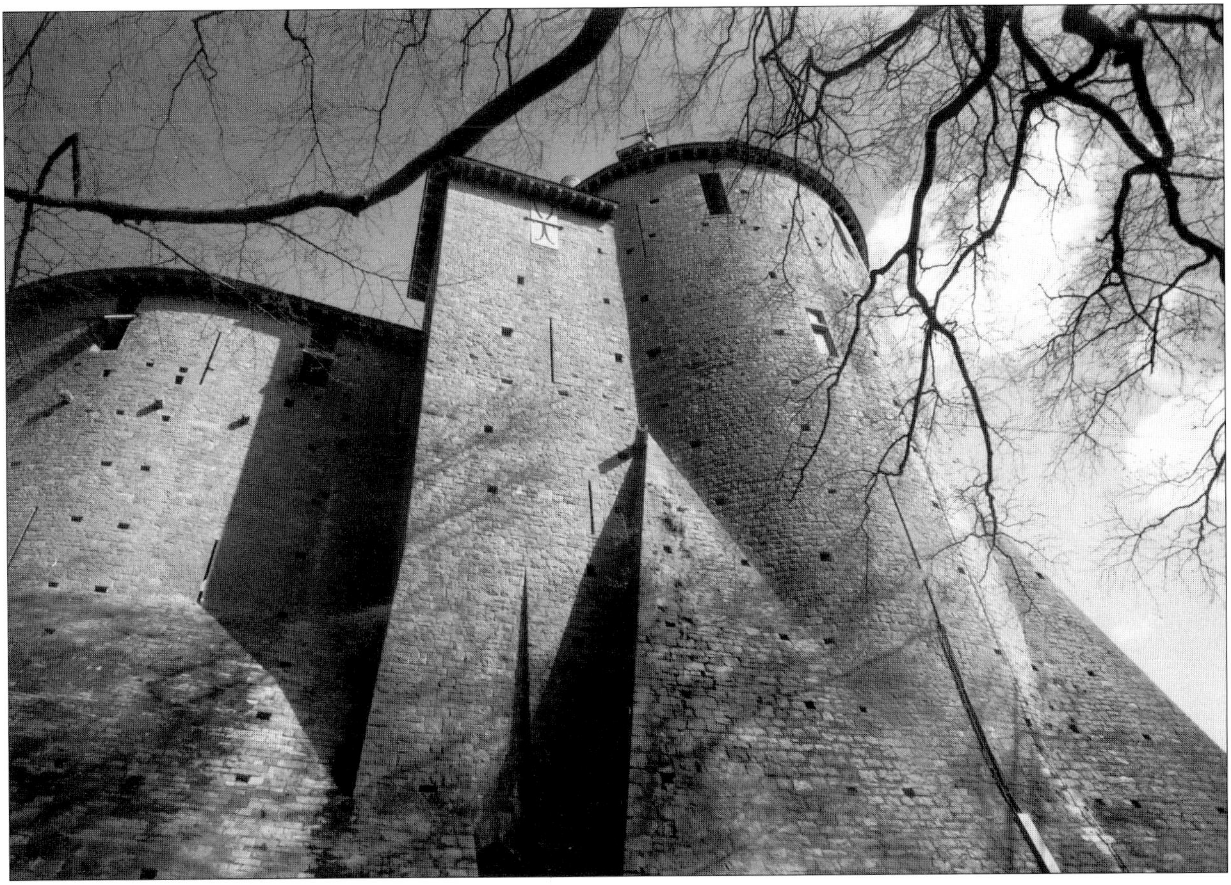

Tylorstown

Ychydig o olygfedd yn y Rhondda sy'n rhagori ar yr un o gopa'r bryn uwch Tylorstown, i'r de o Lynrhedyn. Gellir gweld Afon Rhondda, sy'n ffrydio o Fannau Brycheiniog, yn nadreddu fel sarff ar hyd llawr y cwm.

Os ydych yn lwcus a'r diwrnod yn glir gellwch weld ar draws Môr Hafren i Wlad-yr-haf. Slawer dydd, byddai glowyr yn dringo i fyny yma ar eu dyddiau rhydd ac yn craffu i'r pellter i weld y llongau'n gadael porthladd Caerdydd yn cludo'r 'aur du' y buont yn treulio misoedd yn ei gloddio dan y ddaear.

Erbyn heddiw, tyf glaswellt dros lawer o'r twmpathau slag; gwelir defaid yn pori a choed newydd eu plannu'n troi'r cwm yn wyrdd unwaith eto.

Cymerais y llun hwn a hithau'n hwyr ar bnawn o hydref. Mae pelydrau'r haul sy'n disgyn ar letraws yr adeg hon o'r dydd yn aml yn amlygu'r gwrthrychau sy tu draw i'r cwm, ac yn rhoi ffurf i'r manylyn lleiaf.

Tylorstown

There are few views in Glamorgan that surpass the one from the northern hilltop above Tylorstown, south of Ferndale. The meandering River Rhondda, which issues from the Black Mountains and the Brecon Beacons, can be seen snaking its way along the valley floor.

If you are lucky and the day is clear you can see across the Bristol Channel to Somerset. In the past, miners would climb up here on their days off and search into the distance to see the ships leaving Cardiff docks with the 'black gold' that they had spent months mining underground.

Today many of the grey slag-heaps are grassed over, sheep are grazing and newly planted trees are making the valley green once again.

I took this photograph late on an autumn afternoon. The sun cast obliquely at that time of day often highlights objects across the valley, giving shape to the smallest detail.

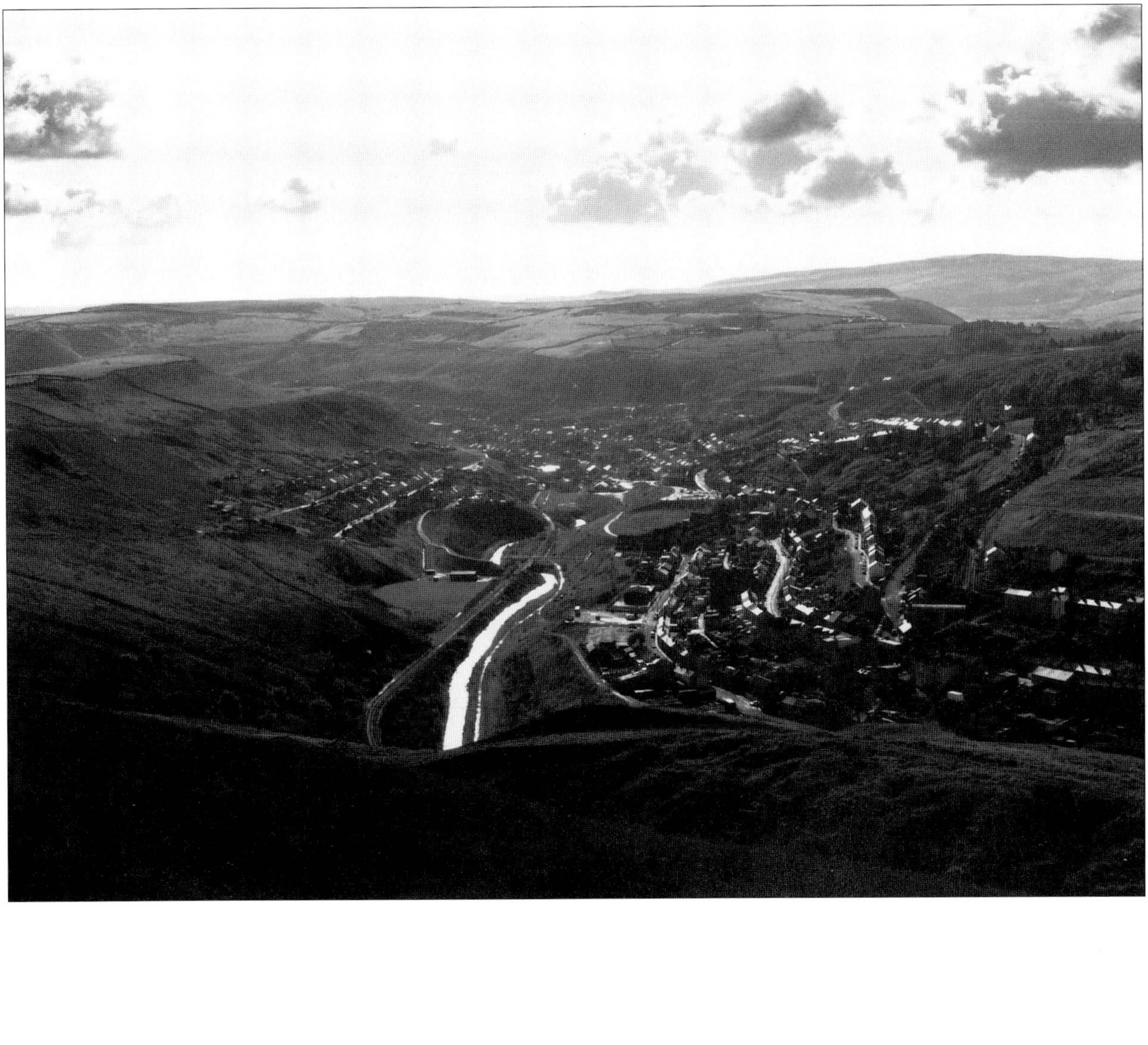

Bae Baglan

Un tro, roedd 228 o erwau o dir o gwmpas Baglan ac Aberafan yn eiddo i Richard Dodridge Blackmore, awdur *Lorna Doone*, ac roedd y Parchedig Charles Kingsley, crëwr *The Waterbabies* yn ymwelydd cyson. Pe baent yn dychwelyd heddiw, bron ddwy ganrif yn ddiweddarach, go brin y byddent yn adnabod y lle.

Yn 1961 daeth peiriannu cloddio yma a symud 1 miliwn o lathenni ciwbig o dywod a phrysgwydd a ymestynnai dros 100 erw wrth i'r gwaith pertrogemegau ym Mae Baglan gael ei eni. Fe'i hagorwyd y pryd hwnnw i gefnogi prif burfa olew BP yn Llandarcy ac i arbenigo mewn petrogemegau. Defnyddir ei gynhyrchion mewn nifer o wahanol ffyrdd: mewn paent, colur wyneb. moddion, teiars, gludyddion a phetrol.

Ychwanegwyd at y burfa yn 1968. Dyluniwyd ei dyrau oeri anferth i oeri pedwar miliwn galwyn o ddŵr yr awr a heddiw mae ei orsaf bŵer gyfunol yn defnyddio'r un faint o egni â dinas Abertawe.

Pan fo'n gyfnos, rhydd y goleuadau a'r tyrau distyllu'r argraff o fod yn orsaf ofod anferth. Mae'r argraff weledol yn gyfareddol.

Baglan Bay

Richard Dodridge Blackmore, the author of *Lorna Doone*, once owned 228 acres of land around Baglan and Aberavon, and the Revd Charles Kingsley, creator of *The Waterbabies*, was a frequent visitor here. If they were to return now, almost two centuries later, they would find the place unrecognizable.

In 1961 it was visited by excavators who moved 1 million cubic yards of sand and scrub covering 100 acres, as the petrochemical plant at Baglan Bay was born. Opened at that time to support BP's major oil refinery at Llandarcy, the plant was built to specialize in petrochemicals. Its products are used in a variety of ways: in paints, cosmetics, medicines, tyres, adhesives and petrol.

The refinery was further expanded in 1968. Its giant cooling towers are designed to cool four million gallons of water per hour, and today its integral power-station uses the same amount of energy as the city of Swansea.

At dusk the lights on the distillation towers give the impression of an enormous space station. The visual impact of this is mesmerizing.

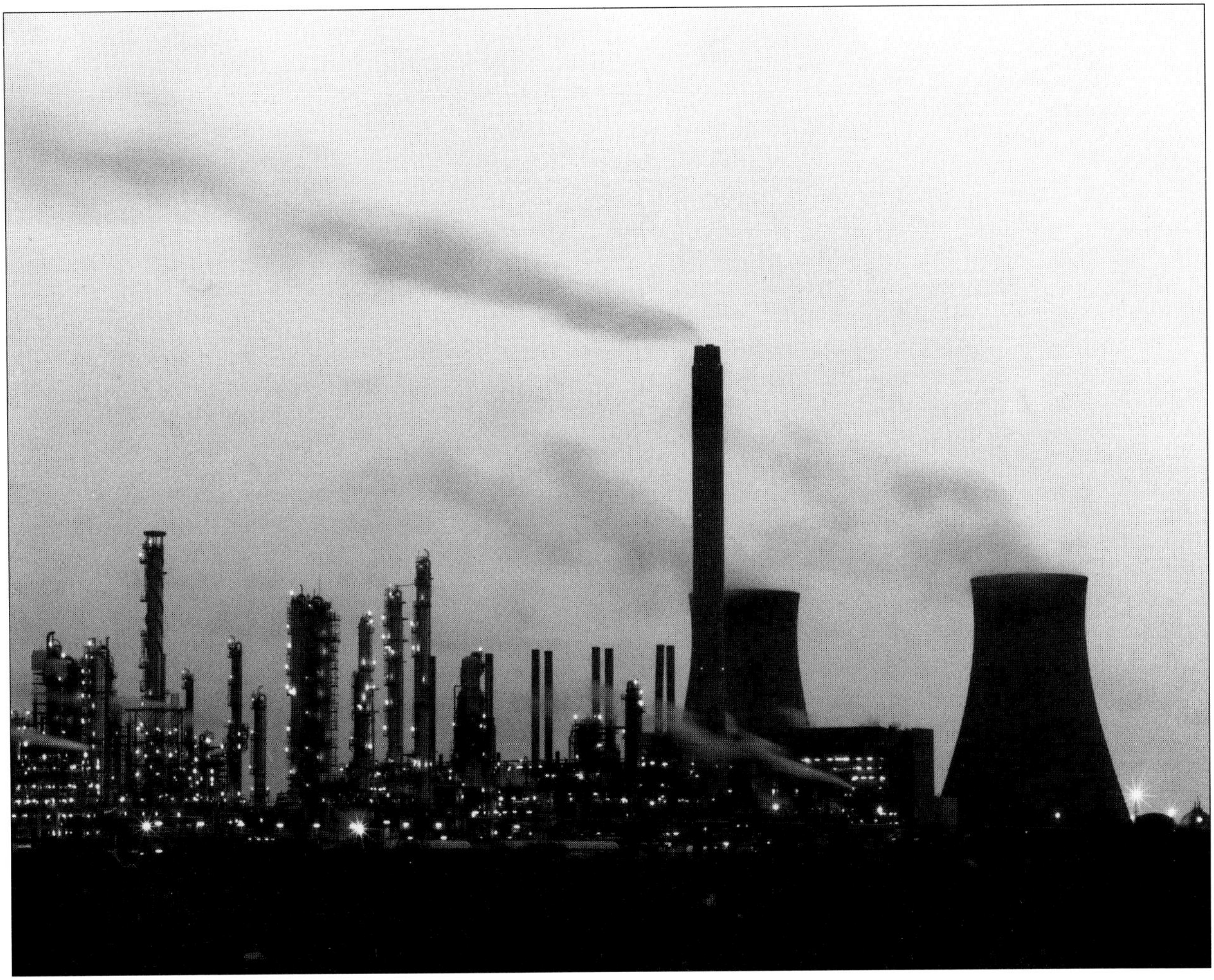

Pier y Mwmbwls

Pentref pysgota ac encilfan wyliau dawel oedd y Mwmbwls cyn iddo dyfu'n fan gwyliau mawr yn ystod cyfnod Victoria, ynghyd ag estyniad rheilffordd ager Pen y Mwmbwls ac agor y pier 244 metr yn 1898

Mae'n fwyaf enwog am ei reilffordd deithwyr gyntaf yn y byd a adeiladwyd rhwng 1804 ac 1806, gryn ugain mlynedd cyn Rheilffordd Stockton – Darlington a gaiff y clod o fod yn gyntaf. Yn 1813, wrth fyfyrio ar y rheilffordd a'r cabanau a gâi eu tynnu gan geffylau, dywedodd Richard Alton mai dim ond pedair milltir oedd y daith ond ei bod yn ddigon hir i beri i rywun wegian o'r car ar ei diwedd â chymaint o bendro arno a'i synhwyrau mor ddryslyd fel y byddai'n lwcus pe deuai ato'i hun mewn wythnos.

Mae hen duniau bisgedi yng nghartref fy rhieni sy'n llawn o atgofion ffotograffig am y llu gwyliau a dreuliasom tra'n aros yn y Mwmbwls. Hyd yn oed yr adeg honno cawn fy nghyfareddu gan y pier, y caban bad achub o'r 1920au a'r creigiau o gwmpas yr arfordir. Mae'r llun a dynnais y dydd hwn yn crynhoi'r Mwmbwls i mi.

Mumbles Pier

Mumbles was a fishing village and quiet holiday retreat until it grew into a major resort during the Victorian period, with the extention of the steam railway to Mumbles Head and the opening of a 244 m pier in 1898.

It is most famous for having the first passenger railway in the world built between 1804 and 1806, anticipating the often similarly credited Stockton to Darlington Railway by twenty years. In 1813 a traveller, Richard Alton commented on the horse-drawn railroad saying, 'The passage is only 4 miles but it is quite sufficient to make one reel from the car at the journey's end, and in a state of dizziness and confusion of the senses that it is well if he recovers from it in a week.'

At my parents' home, old biscuit boxes are full of photographic memories of the many holidays we spent, staying on the Mumbles. Even then I was fascinated by the pier, the 1920s lifeboat house and rocks around this coast. The photograph I took this day epitomizes the Mumbles for me.

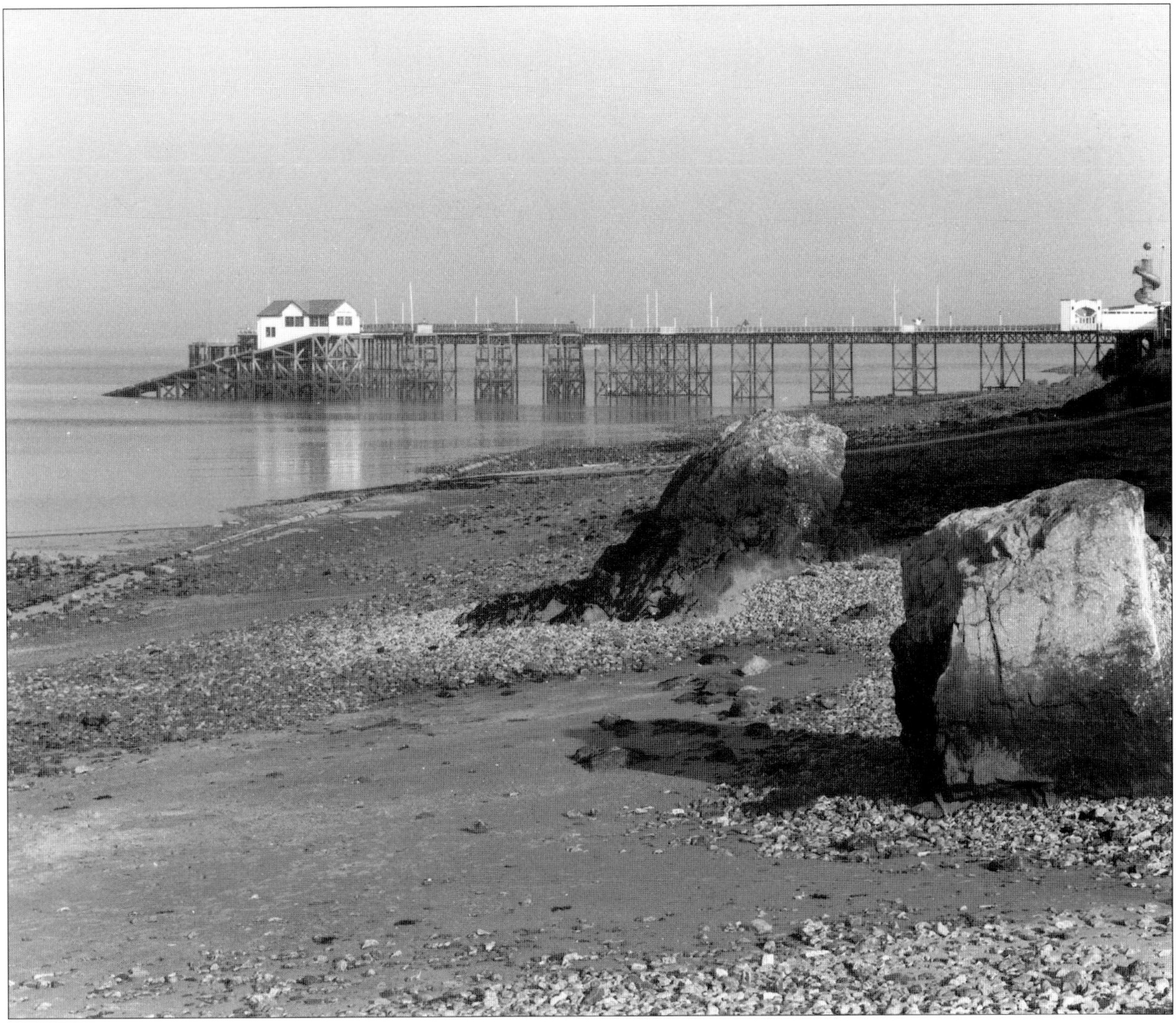

Tredegar Newydd

Yr hyn sy'n dal fy llygad bob tro wrth i mi fynd heibio i Dredegar Newydd yng Nghwm Rhymni yw'r llinell gyson a syth o dai teras glowyr. Yn y llun hwn, fel ar bob tro arall yr wyf wedi ymweld â'r cwm, hwylia'r cymylau heibio iddyn nhw, gan gynnig awyrgylch awelog o dan y ffin rhwng Morgannwg a Gwent. Mae tai Morgannwg yn eistedd o hyd fel pe'n clwydo ar ochrau serth y cymoedd, gan lynu'n ddiymdrech wrth y cyfuchliniau; dathliad o genedlaethau o adeiladwyr fu'n codi seiliau ar y llethrau simsan hyn.

Camgymerir Tredegar Newydd, a enwyd ar ôl y gwaith glo a fu yma unwaith, yn aml am Dredegar sydd dros grib y bryn, a lle y ganwyd Aneurin Bevan, creawdwr y Gwasanaeth Iechyd yn 1948.

New Tredegar

It is the very straight and continuous line of terraced miners' cottages that always catches my eye when I pass New Tredegar in the Rhymney Valley. In this photograph, as they have been on each occasion I visited the valley, the clouds were blowing past them, lending a breezy atmosphere below the Glamorgan Gwent boundary. Throughout Glamorgan houses sit, perched on steep valley sides, effortlessly clinging to their contours: a celebration of generations of builders who have constructed foundations on the most precarious of slopes.

New Tredegar, named after the colliery that once existed here, is often mistaken for Tredegar over the top of this ridge where Aneurin Bevan, creator of the National Health Service in 1948, was born.

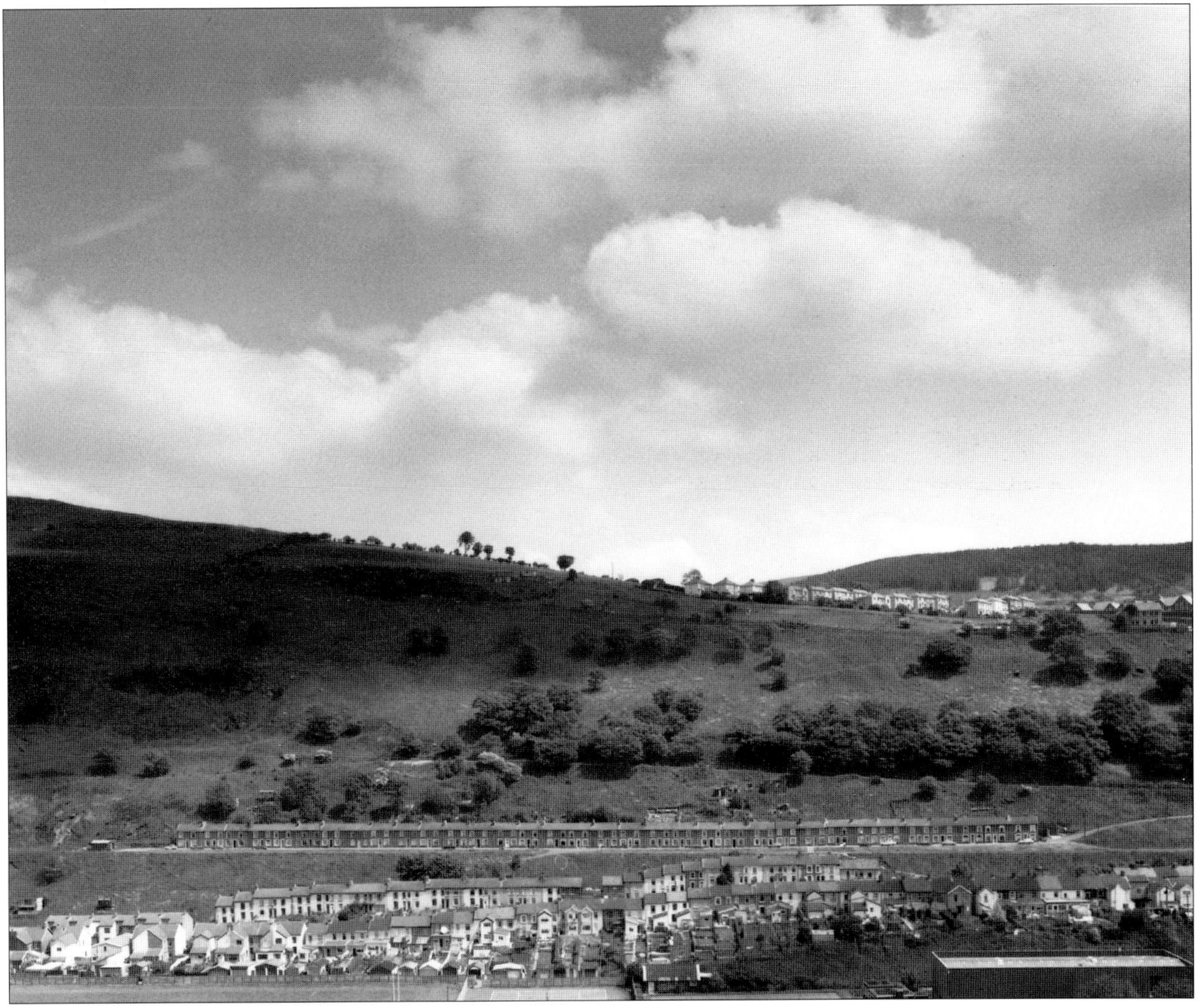

TIGER BAY

Ychydig o olion dyddiau'r diwydiant glo sy'n dal yng Nghaerdydd sy'n ennyn cymaint o apêl emosionol â'r pieri yn Tiger Bay. O'r pieri hyn y byddai llwythi anferth o lo'n cael eu hallforio i borthlaoddoedd o gwmpas y byd mewn llongau fyddai'n dychwelyd â stocyddion Yemeni o Aden, Eifftiaid a Groegiaid, a dynion o Orllewin Affrica, India'r Gorllewin a Somalia. Cyfoethogwyd cymuned Tiger Bay gan eu dyfodiad.

Roedd y llongau ambell dro'n bur beryglus, hyd yn oed wedi iddyn nhw ddocio. Yn 1865, fawr ddim o amser cyn bod fy ngorhendaid i'n lefelydd glo, ffrwydrodd barc Brwsaidd, y *Frederick Ritzluff* yn noc Gorllewin Bute gan fod nwy wedi crynhoi oherwydd y cargo o lo yn yr howld. Ni fu terfyn ar y fath ddigwyddiadau tan i hoelio hatsys ddod i ben, a rhoi cyfle i'r nwy ddianc.

Fel rhan o Foryd Hafren, ffurfia'r bae ran o un o'r amrediadau llanw mwyaf yn y byd: y lleill yw Bae Fundy yng Nghanada, La Rance yn Ffrainc a Bae Garolim yn Ne Korea. Dibynna symudiadau llongau'n gyfangwbl ar y llanw, a dengys hen ffotograffau longau'n ciwio i ddod i mewn i'r bae.

Fe'i caf yn ddiddorol iawn tynnu lluniau o'r pieri pan fo'r haul y tu ôl iddyn nhw. Ar adeg fel hon, caiff y strwythurau pren croes eu duo, gan fy atgoffa o galigraffi'r dwyrain pell a mannau anghysbell.

TIGER BAY

There are few remnants of the coal days left in Cardiff that render such emotional and visual appeal as the piers at Tiger Bay. It was from this bay that vast amounts of coal were transported to ports around the world in ships which returned with Yemeni stokers from Aden, Egyptians and Greeks, men from West Africa, the West Indies and Somalia. Their arrival on Welsh soil enriched the community of Tiger Bay.

The ships were sometimes quite dangerous, even when docked. In 1865 not long before my own great-grandfather was a coal leveller, a Prussian barque, *Frederick Ritzluff* in the west Bute dock, exploded due to an accumulation of gas from a cargo of coal in the hold. Such incidents stopped only when the battening of hatches ceased so that gas could escape.

As part of the Severn Estuary, the bay forms part of one of the largest tidal ranges in the world, the others being Canada's Bay of Fundy, La Rance in France, and Garolim Bay in South Korea. The movement of the coal ships was totally dependent on the tide, and old photographs show vessels queuing up to enter the bay.

I find the piers are most interesting to photograph when the sun is behind them and the crossed wooden structures become blackened, reminding me of oriental calligraphy, and distant places.

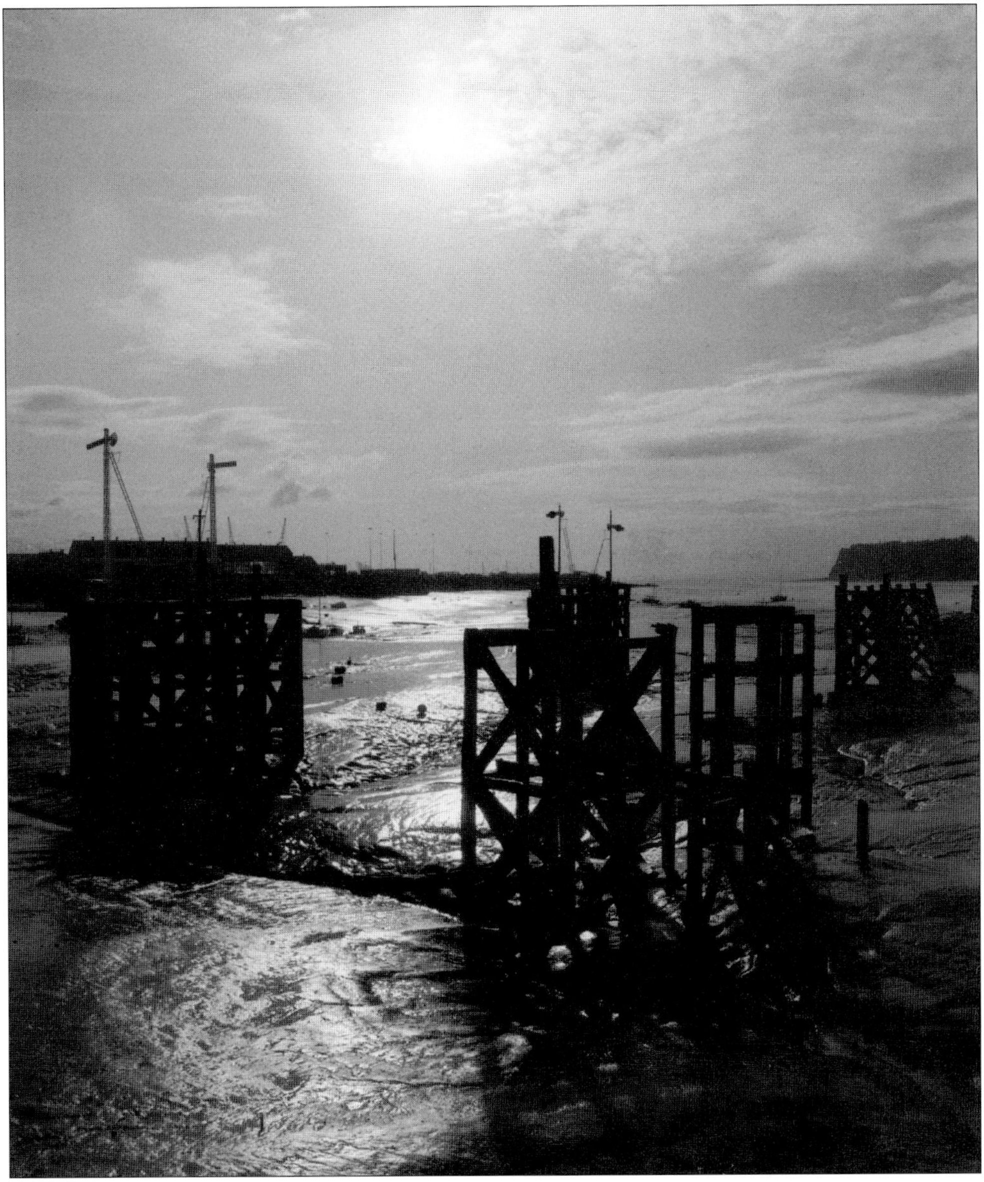

Fferm Tynton, Llangeinor

Yr enw a roddwyd i Langeinor oedd Ysgyfaint Cwm Garw – pentref glân a thawel ag iddo hinsawdd ddymunol o'i gymharu â'r llwch glo a'r llygredd ar drothwy drysau'r pentrefi glofaol eraill.

Mae'n enwog hefyd am Dr Richard Price a anwyd yn fferm Tynton. Roedd yn ymneilltuwr deallus blaenllaw, yn bleidiwr ryddid ac yn ddewin byd arian yn Lloegr yn y 1700au. Bu'n Weinidog ar ei eglwys yn Newington Green, Llundain, am ddeng mlynedd ar hugain a châi ei alw'n 'gyfaill dynolryw' a'i gyfarch gan y Ffrancod fel 'Apostol Rhyddid'.

Roedd yn adnabyddus am amddiffyn y 'rebeliaid' Americanaidd yn adeg Rhyfel Annibyniaeth America a chyhoeddodd dri gwaith a godai gwestiwn llywodraeth ffederal. Bwriodd broblemau gwahanol farnau i dir athronyddol drwy hawlio fod gan bobl yr hawl i'w rheoli eu hunain. Mae ei ddylanwad ar Ddatganiad Annibyniaeth America wedi'i ddogfennu'n helaeth; ynghyd â George Washington, derbyniodd ef (a neb arall) radd anrhydeddus o Brifysgol Iâl. Cafodd hefyd gynnig dinasyddiaeth America. Mae'n enwog am ysgrifennu *Observations on Revisionary Payments* (1771) a arweiniodd at ffurfioli'n cynlluniau yswiriant bywyd a phensiwn cyfredol ni.

Yn ddiweddar, mae plac wedi'i osod y tu allan i Lyfrgell Pen-y-bont ar Ogwr i ddathlu'r hyn a gyflawnodd ac mae carreg o'i gartref wedi'i gosod ger Socrates yn Rhodfa Enwogrwydd yn America. Er hyn i gyd, ychydig o sylw a gaiff yng Nghymru.

Tynton Farm, Llangeinor

Llangeinor was called the 'Lungs of the Garw Valley', a clean and tranquil village with a good climate when compared with the coal dust and pollution on the doorsteps of many of the other mining villages.

It is also well known for Dr Richard Price, born at Tynton farm, – 'Leading intellectual, dissenter, libertarian and financial wizard in the London of the 1700s'. Minister at his church at Newington Green, London, for thirty years, he was called 'Friend of Mankind', and hailed by the French as an 'Apostle of Liberty'.

He is famed for his defence of the American 'rebels' at the time of the American War of Independence, and published three works which raised the question of federal government. He advanced the problems of different opinions into a philosophical domain by claiming that people had the right to govern themselves. His influence on the American Declaration of Independence is well documented – he alone with George Washington received an honorary degree from Yale University in 1781, and was also offered American citizenship. He is also noted for writing *Observations on Reversionary Payment* (1771) which led to the formalization of our current life insurance and pensions schemes.

In recent years a plaque has been set up outside Bridgend Library to celebrate his achievements, and a stone from his home has been placed near to Socrates in the Walk of Fame in America. For all this he is still not widely known in Wales.

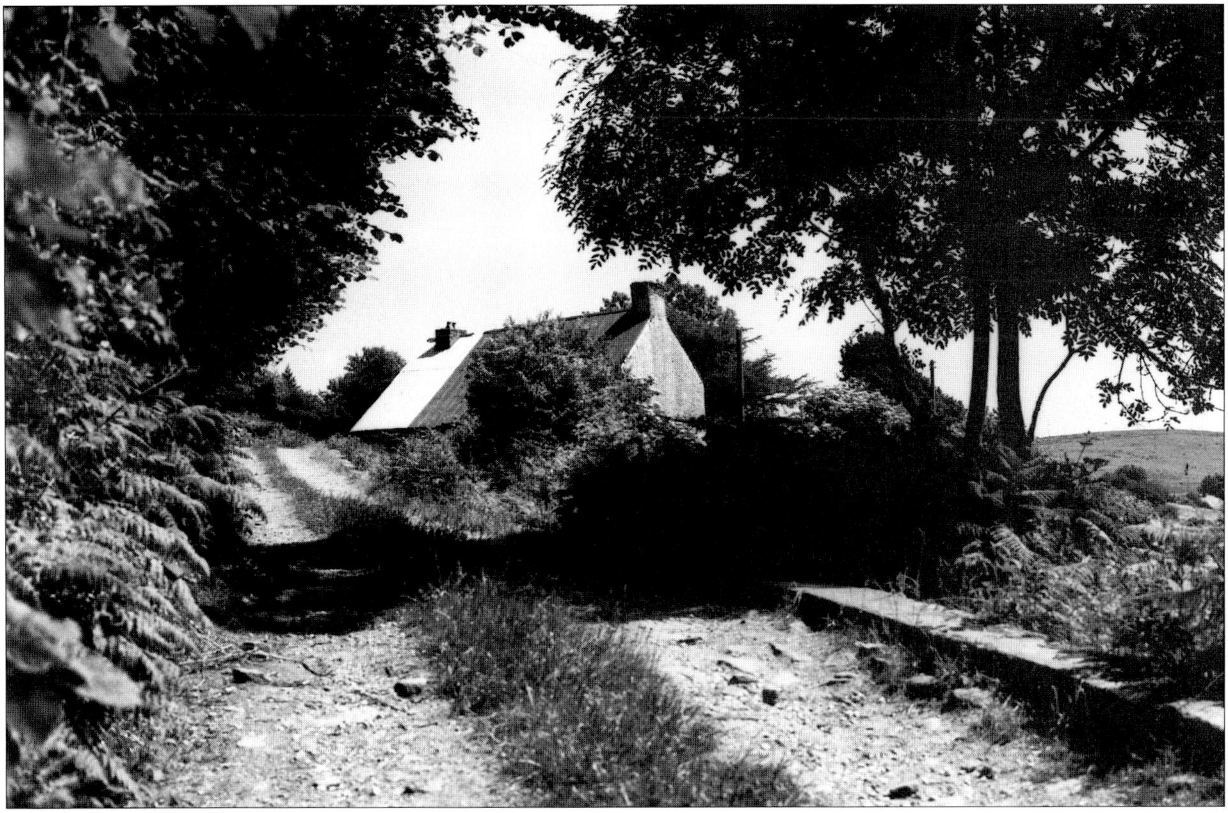

Mynwent Sant Illtud

Pan bregethai John Wesley yn eglwys Sant Illtud, Llanilltud Fawr yn 1777, mynegodd y farn mai hon, heb amheuaeth, oedd yr harddaf a'r ehangaf o holl eglwysi plwyf Cymru.

Y mae'r eglwys yn eang, a bid siŵr, gofelir yn dda ar ei hôl. Mae yma rai enghreifftiau coeth o beintio mur cynnar a chyfres o feini cerfiedig unigryw yn yr adeilad ei hun.

Fodd bynnag, yn y fynwent tu allan, tyf palmwydd anferth sy'n corachu ehangder eglwys y plwyf. Yng ngwres yr haf creant yr argraff o fod mewn gardd yn y Dwyrain Canol, efallai hyd yn oed yng Ngethsemane. Gall y gymhariaeth fod yn hynod drawiadol a dyfalaf yn aml ai dyma pam y plannwyd hwy.

Saint Illtyd's Churchyard

When John Wesley preached at Saint Illtyd's, Llantwit Major, in 1777 he said, 'I suppose it has been abundantly the most beautiful, as well as the most spacious, parish church in Wales.'

The church is spacious and certainly looked after most impressively. There are some exquisite examples of early wall-painting and a series of unique engraved stones inside the building.

However, outside in the graveyard, towering palm trees dwarf the 'spacious parish church'. In the summer heat they create the impression of a Middle Eastern garden, perhaps even Gethsemane. The comparison can be quite striking and I often wonder if they were planted for that reason.

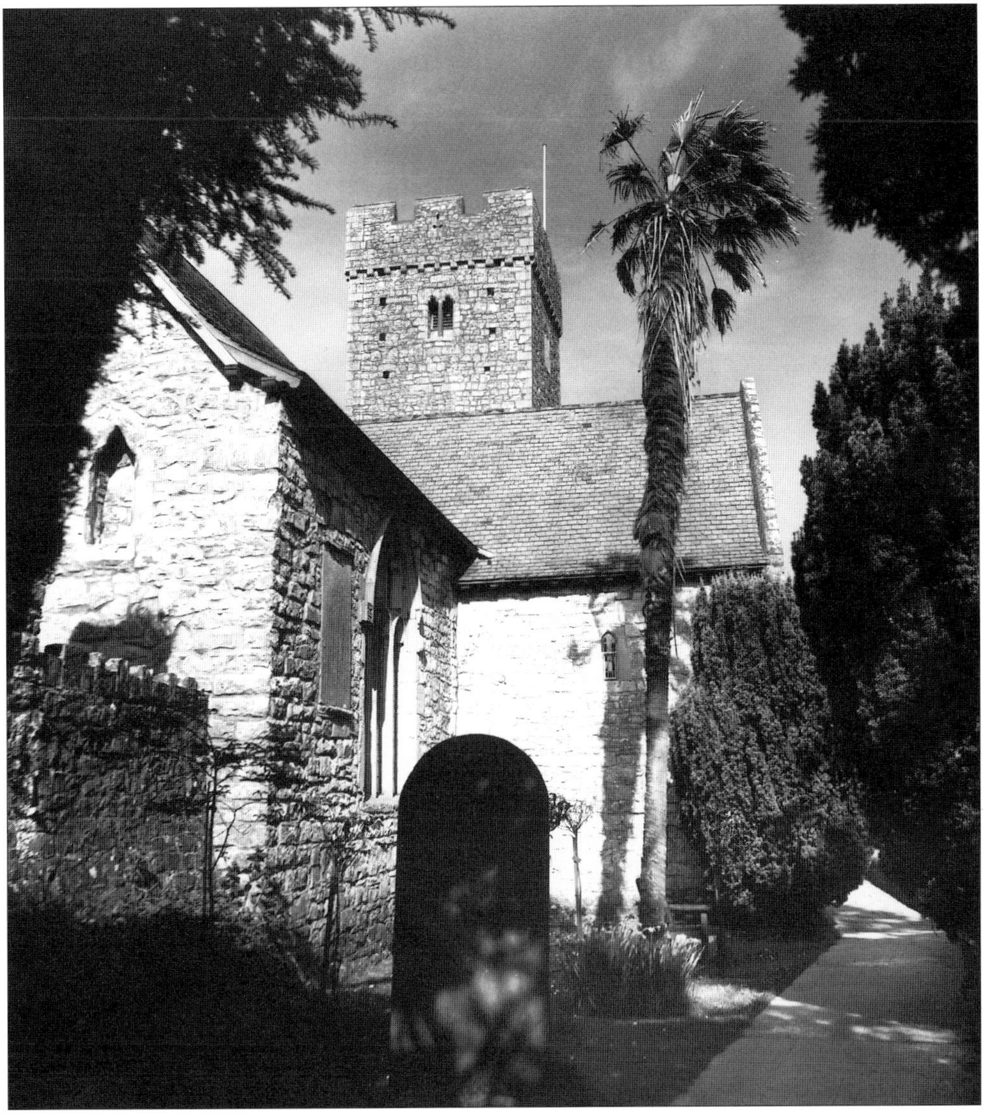

Ogwr

Ysgrifennodd Dannie Abse nad oedd Ogwr yn hollol fel pentref, nac ychwaith yn hollol fel cyrchfan wyliau; ei fod yn fan ag iddo fwy o ddefaid nag o wylanod, mwy o wylanod nag o gŵn, a mwy o gŵn nag o bobl.

Gall unrhyw nifer o berchenogion ceir a nofwyr, heb sôn am ffotograffwyr, gadarnhau'r gosodiad. Mae llu o ffotograffau potensial yn Ogwr. Caiff rhai mannau effaith hypnotig arnaf gan lacio'r ffrwyn ar fy awydd i wasgu'r botwm dro ar ôl tro. Lle felly yw Ogwr. Mae ei draeth eang, ysgubol, a'i ddyffryn agored sy'n edrych dros filltiroedd o dwyni tywod ym Merthyr Mawr yn enghraifft arall eto o arfordir ysblennydd Morgannwg yr ydym mor lwcus cael mynediad iddo.

Slawer dydd, roedd Ogwr yn baradwys i smyglwyr. Un tro adroddwyd fod llong yn dadlwytho symiau mawr o siwgwr, coffi, a choco yn Newton. Mynegodd y swyddog lleol oedd mewn gofal ei ddicter at gydweithrediad y bobl leol. Ysgrifennodd fod pobl y wlad yn hollol ryfygus ac yn berygl bywyd. Ond yr hyn a roes fwy byth o sioc iddo oedd y ffaith i'r cwch ddadlwytho'r rym ar Ben y Mwmbwls.

Ogmore

Dannie Abse wrote of Ogmore, 'Not quite a village, not quite a resort, it is a place where sheep outnumber seagulls, where seagulls outnumber dogs, where dogs outnumber its human denizens.'

Any number of car owners and bathers, let alone photographers, can confirm his statement. There are numerous potential photographs at Ogmore. Some places have a hypnotic effect on me releasing the curb on my need to shoot frame after frame. Ogmore is one of those places. Its wide sweeping beach and open valley, which overlook miles of sand-dunes at Merthyr Mawr, are yet more examples of the superb coastline of Glamorgan to which we are so fortunate to have access.

Ogmore was a paradise for smugglers in the past. On one occasion a vessel was reported to be unloading large quantities of sugar, coffee and cocoa at Newtown. The local officer in charge expressed his anger at the collaboration of the locals. 'The country people are quite outrageous and threaten our very lives', he wrote; but even more shocking to him was the fact that the boat had off-loaded the rum down at Mumbles Head.

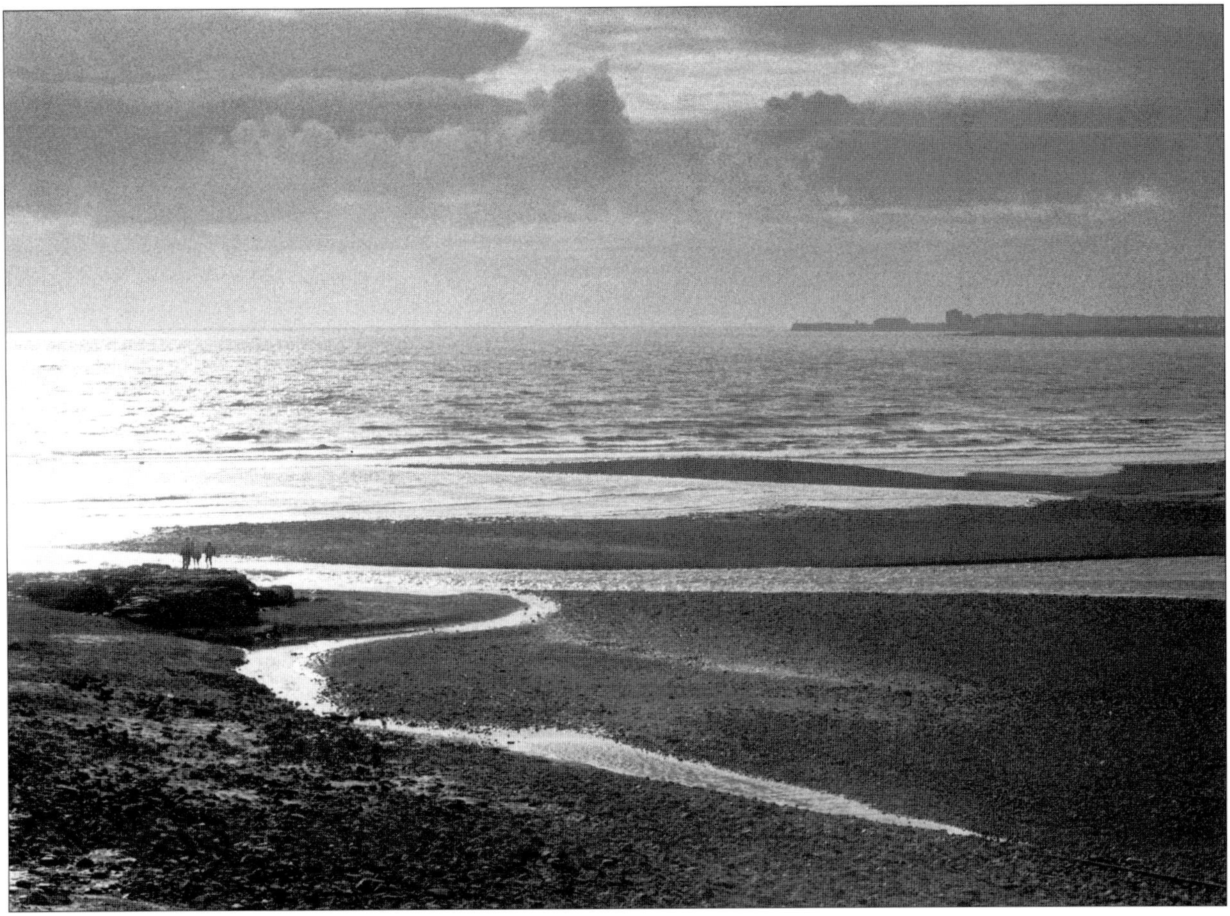

Cors yr Hesg, Oxwich

Cors fawr ddŵr croyw a ffurfiwyd gan yr afon yn cael ei dal yn ôl gan dwyni tywod, nid annhebyg i Bwll Cynffig ger Aberafan yw cors yr hesg, Oxwich. Mae'n un o bedair cadwrfa natur genedlaethol sydd yng ngofal y Cyngor Cadwraeth Natur yn yr ardal, ac yn 1956 daeth yn rhan o'r Ardal o Harddwch Nodedig gyntaf i'w dynodi ym Mhrydain.

Mae tynnu llun ardal eang o dir corsiog yn achosi problemau bob amser. Os mentrwch i fyny'r bryn cyfagos, byddwch yn colli fertigolion cryf yr hesg yn siglo yn y gwynt. Os ewch i safle rhy isel yn eu plith, rydych yn colli anferthedd y gors.

Ar gyfer y llun hwn, felly, sefais ar ysgol ychydig yn uwch na lefel y ffordd i gipio'r haul yn llifo trwy goesau'r hesg. O ganlyniad cedwir y teimlad o'u màs heb golli grym eu dwysedd.

Oxwich Reedswamp

The Oxwich reedswamp is a large freshwater marsh formed by the river held back by sand-dunes and is not unlike Kenfig Pool near Port Talbot. It is one of four national nature reserves that are under the jurisdiction of the Nature Conservancy Council in the area and, in 1956 it became part of the first Area of Outstanding Natural Beauty to be designated in Britain.

Photographing a large area of marshland always causes problems. If you venture up a nearby hill you miss the strong verticals of reeds swaying in the wind; if you position yourself too low among them, the immense size of the marsh is lost.

For this picture I stood a little above road-level on a ladder to catch the sun streaming through the reed shafts. The result gives one a feeling of their mass without losing the impact of their density.

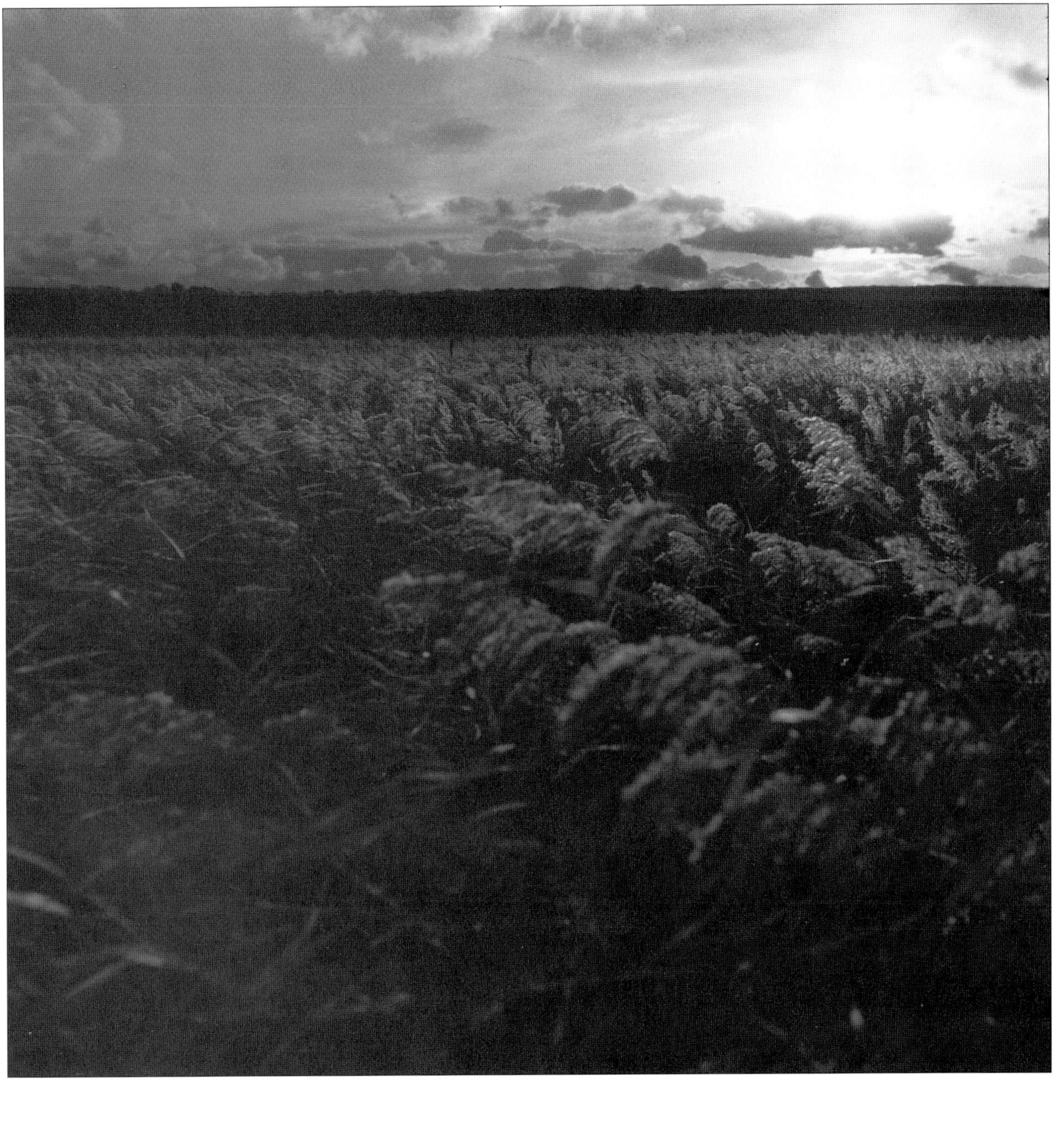

PRIORDY EWENNI

Priordy Ewenni yw un o'r enghreifftiau gorau o eglwys Normanaidd gynnar yng Nghymru. Erys tua 2 filltir i'r de o Ben-y-bont ar Ogwr ar lan chwith Afon Ewenni, 3 milltir o'r môr. Sefydlwyd hi fel eglwys tua 1120 ond yn ddiweddarach yn 1141 cafodd ei throi gan William de Londres, Arglwydd Ogwr a'i fab Maurice, yn fynachlog ar gyfer cymuned o fynaich Benedictaidd o Gaerloyw. Fel â nifer o adeiladau eglwysig eraill, bu cryn dipyn o ychwanegu ati, a bu iddi newid enwadaeth dros y canrifoedd.

Wrth ichi droi o'r ffordd fawr wedi'i hymylu â thai, mae'n syndod dod ar draws complecs caerog, a'i brif nodwedd allanol yn dŵr tebyg i orthwr castell. Hi, efallai, yw'r enghraifft orau o fynachlog gaerog ym Mhrydain.

Cedwir casgliad diddorol o gofadeiladau, cofebau, arddelwau a thameidiau toredig o arteffactau y tu mewn, a dengys archwiliad manylach o'r bwa ger mynedfa'r gogledd gerfiad rhyfeddol o anifail.

Tynnais lun o'r gorthwr o sawl ongl, a phenderfynu ar agoslun gan ddefnyddio lens ongl-lydan dra-llydan. Wrth edrych arno o'i sail, mae'n ysgubo tua'r nen, gan roi'r argraff o rym na ellir mo'i dreiddio.

EWENNY PRIORY

Ewenny Priory is one of the best examples of an early Norman church in Wales, standing about 2 miles south of Bridgend on the left bank of the River Ewenny, 3 miles from the sea. It was founded as a church in about 1120 but later, in 1141, converted by William de Londres, Lord of Ogmore and his son Maurice, into a monastery for a community of Benedictine monks from Gloucester. Like so many church buildings it has been added to and has changed denomination over the centuries.

It is a surprise when you travel off the main road lined with houses and come across a fortified complex, its main external feature being a tower resembling a castle keep. As a fortified monastery it is probably the best example in Britain.

An interesting collection of monuments, memorials, effigies and broken fragmented artefacts are kept inside, and a closer inspection of an arch near the north entrance shows a fabulous carving of an animal.

I photographed the keep from many angles, but decided on a close-up using an ultrawide wide-angle lens. Viewed from the base, it sweeps skywards conveying an impression of impenetrable strength.

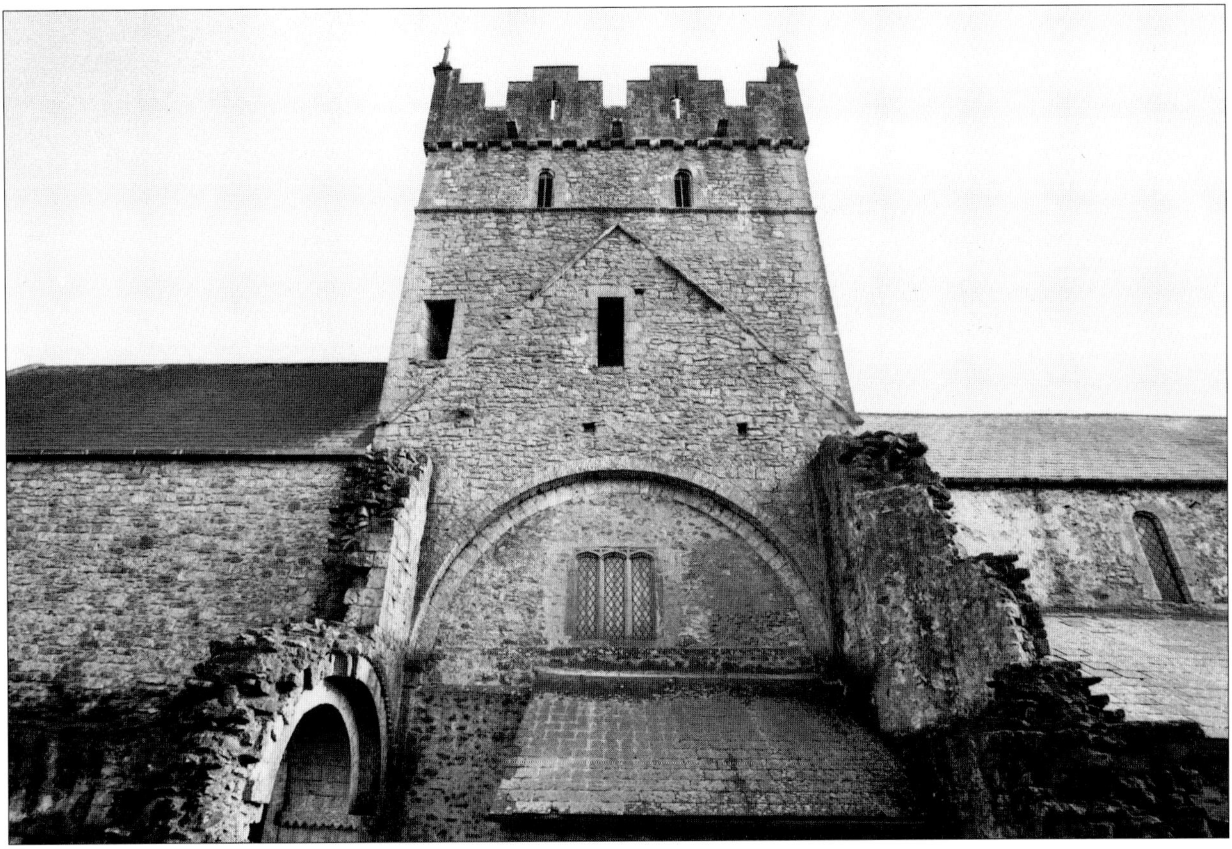

Merlod Cors Llanrhidian

Merlod mynydd Cymreig, rhai mawr a chaled, sy'n pori'r tir corsiog i'r gogledd o Gŵyr sy'n gyfrifol am gynnal a chadw rhai o'r blodau gwyllt a chain sydd mewn perygl ym Mhrydain. Yn wahanol i ddefaid a gwartheg yr ardal gallant groesi at Whitford Burrows gerllaw, lle mae eu pori arbenigol yn diogelu un o'r tri man yn Ynysoedd Prydain lle mae tegeirian y ffen (*Liparis Loeselu*) yn bodoli.

Nid oes neb a ŵyr pa sawl cenhedlaeth o'r merlod hyn sydd wedi byw ar y tir corsiog. Yn rhyfedd iawn, gallant yfed hanner cant y cant o ddŵr hallt, arwydd o pa mor dda y maent wedi'u haddasu eu hunain i'r amgylchfyd digroeso hwn.

Os ydych yn lwcus yn ystod y gwanwyn a'r hydref, pan fo'r dŵr yn dawel, gellwch eu gweld yn sefyll draw yn y llanw, nes iddynt gael eu gadael â'u pennau'n unig uwch y dŵr. Mae rhai o'r ymwelwyr fu'n llygad-dyst wedi protestio ynghylch yr hyn a ystyriant yn ddiffyg gofal; eto mae cadwriaethwyr a'r bobl leol yn mynnu fod y fath ddigwyddiadau'n hollol naturiol. Nawr ac yn y man, collir ambell ebol ac mae merlod mewn oed yn marw o henaint naturiol, ond mae hyn yn rhan anorfod o gylch bywyd.

The Ponies of Llanrhidian Marsh

The large hardy Welsh mountain ponies grazing on the marshlands north of Gower are responsible for the preservation and maintenance of some of the most delicate and endangered wild flowers in Britain. Unlike the sheep and cattle of the area they are able to cross to the nearby Whitford Burrows, where their specific grazing protects one of only three places in the British Isles where the fen orchid (*Liparis Loeselu*) exists.

Nobody knows how many generations of these ponies have lived on the marshes. Surprisingly they can drink 50 per cent salt water, an indication of how well they have adapted to this inhospitable environment.

If you are fortunate during the spring and autumn, when the water is calm, you will see them stand out the tide, until they are left with only their heads above water. Some visitors who see this have protested at what they consider a lack of care, yet conservationists and local people insist that such incidents are quite natural. At times foals will be lost and aging ponies die, but this is all part of the inevitable cycle of life.

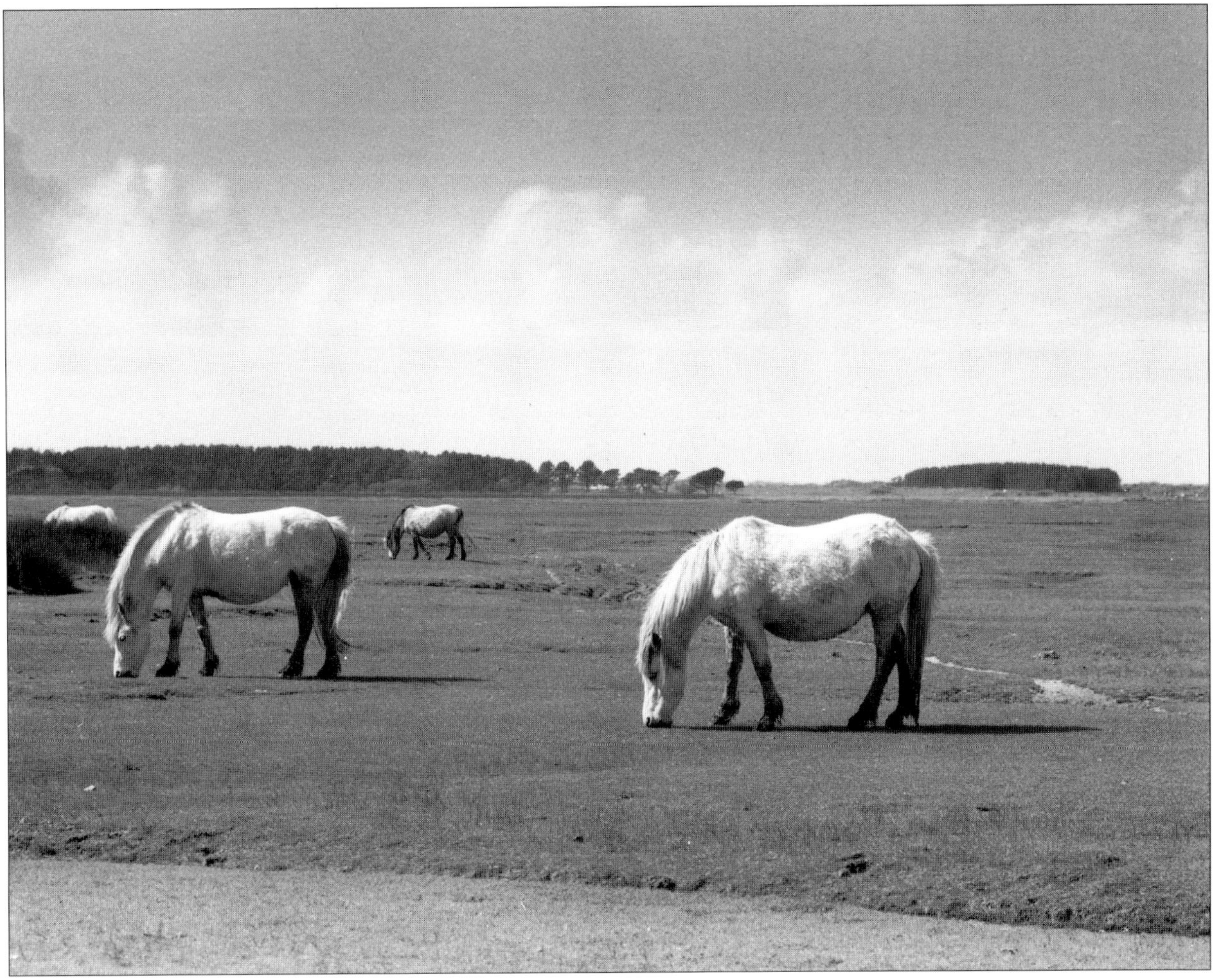

BAE TRESILIAN

Mae cyfres o ogofáu hirsgwar wedi'u torri i'r tywodfaen Lias ger Sain Dunwyd ar arfordir Morgannwg. Gellir canfod naw ar hugain ohonynt mewn llai na hanner milltir o arfordir. Tan yn gymharol ddiweddar, credai'r bobl leol y gallent, wrth daflu cerrig i'r ogofáu hyn, ragwybod faint o flynyddoedd a âi heibio cyn iddyn nhw briodi. Dibynnai ar ba mor bell i'r ogof yr âi'r cerrig cyn syrthio. Priodwyd rhieni'r cadfridog Cymreig Thomas Picton, a fu farw ym mrwydr Waterloo, yn un ohonyn nhw.

Câi ogofáu Tresilian eu defnyddio hefyd gan smyglwyr ar adeg pan oedd smyglio'n rhemp ar hyd yr arfordir hwn o Aberddawan i Gŵyr. Am ganrifoedd lawer, bu Bae Tresilian yn enwog fel man dadlwytho; y llu traethau a chilfachau'n ddelfrydol ar gyfer rhowlio cegiau o rym a siwgwr. Nid oedd mor anodd i'r cychod ddod i dir yno ag oedd yng Ngogledd Dyfnaint a llawer o Gernyw.

I gymryd y llun hwn, gosodais y drybedd ar ran o gyfres o balmentydd oedd wedi'u treulio gan donnau. Gweithredant fel platfform naturiol, ac arhosais yno i'r môr swilio o'm cwmpas.

TRESILIAN BAY

Near St Donats on the Glamorgan coastline are a series of rectangular caves cut into Lias limestone. In less than half a mile of coastline twenty-nine of these caves can be found. Until quite recently local people believed that if they threw stones into the caves, they could predict how many years it would be before they were married from how far the stones fell. The parents of the Welsh general, Thomas Picton, who died in the Battle of Waterloo, were actually married in one of the caves.

The caves at Tresilian Bay were also used for smuggling, which was rampant along this coast from Aberthaw to Gower. For many centuries Tresilian Bay was well known as an off-loading spot. The numerous beaches and inlets were ideal for rolling in kegs of rum and sugar, as it was not such a difficult terrain for the boats to approach as that of North Devon and much of Cornwall.

To take this picture I positioned my tripod on part of a series of wave-worn pavements that act as a natural platform, and waited for the sea to swill around me.

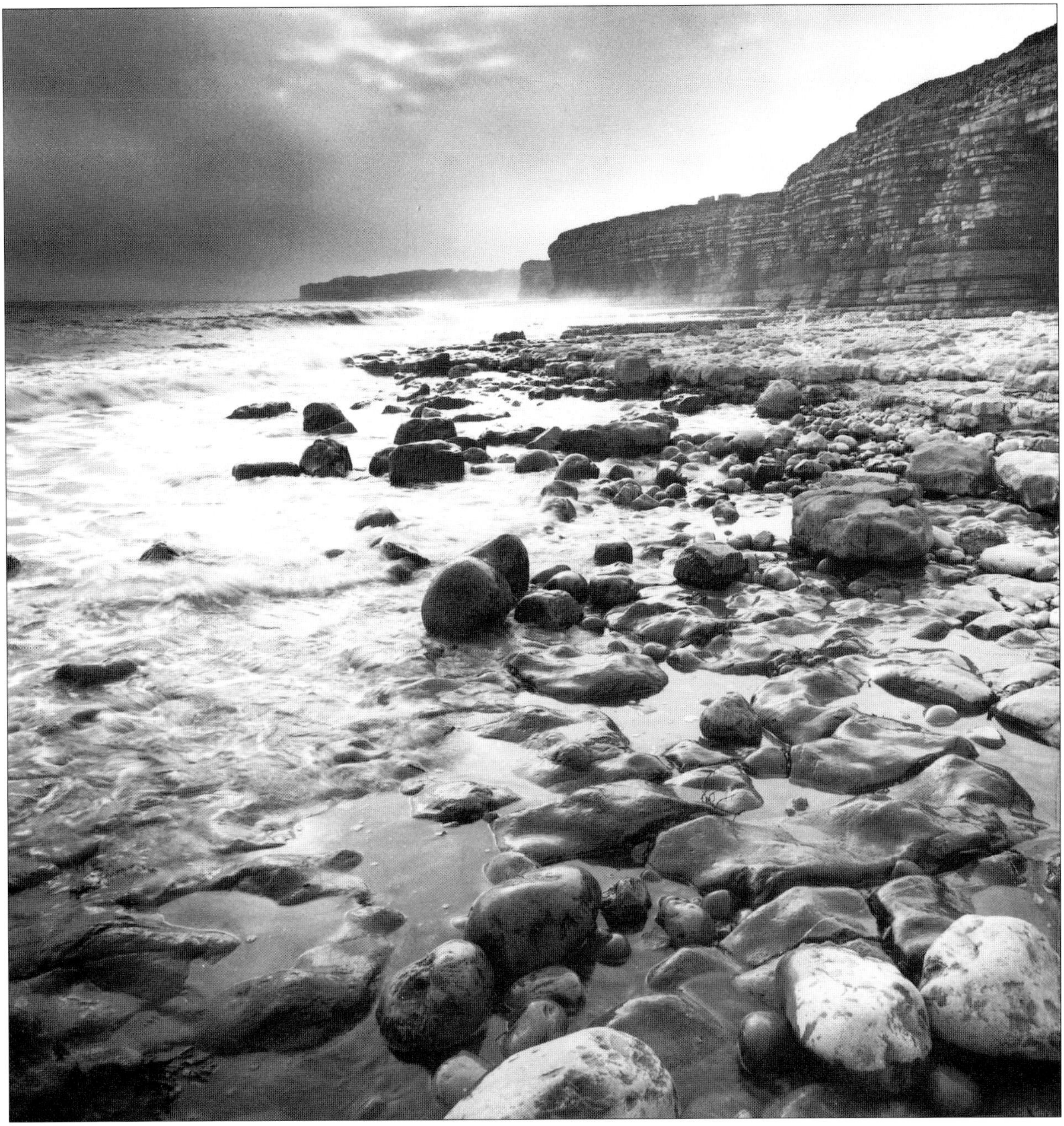

DOCIAU'R BARRI

Mae achos da dros ailenwi Dociau'r Barri yn 'Ddociau'r Bananas' gan mai trwy'r porthladd hwn ar hyn o bryd y daw Geest â 60 y cant o'r bananas a fewnforir i Brydain. Gall pob un o bedair llong y cwmni gario i fyny at dri ar hugain o filiynau o fananas ar y tro. Ar eu mordaith allan i Ynysoedd Windward, oddi ar arfordir Venezuela, gallant ddisgwyl allforio unrhyw beth o glip papur i eliffant.

Er bod Dociau'r Barri wedi cael eu defnyddio'n gyson er 1961, fe'u hagorwyd ar gyfer allforio glo mor bell yn ôl â 1889. Costiodd swm anferth o dros £2m i'w hadeiladu, ac ymestynnai'r dociau dros arwynebedd o 73 erw, un o'r cymhlygion mwyaf yn y byd, yn ôl rhai.

Fe'm trawyd gan y craen segur, anferth yn y blaendir wrth i mi dynnu'r llun hwn trwy ryw reiliau haearn. Er fy mod yn sefyll ar fin clogwyn naturiol, ac yn edrych i lawr at dir y dociau, daliai'r hen graen i godi ei ben yn uchel.

BARRY DOCKS

There is a good case for renaming Barry Docks 'Banana Docks' for it is through this port that Geest currently bring 60 per cent of the bananas imported into Britain. Each of the company's four vessels can carry twenty-three million bananas at a time. On their outward journey to the Windward Islands off the coast of Venezuala, they can export anything from 'a paperclip to an elephant'.

Although Barry Docks have been used regularly since 1961, they were opened for the export of coal as long ago as 1889. Built at the enormous cost of over £2 million, Barry Docks covered an area of 73 acres, believed to be one of the largest complexes in the world.

I was struck by the vast disused crane in the foreground, as I shot the picture through some iron railings. Although I was standing on a natural cliff edge, looking down onto the docklands, the old crane still towered high.

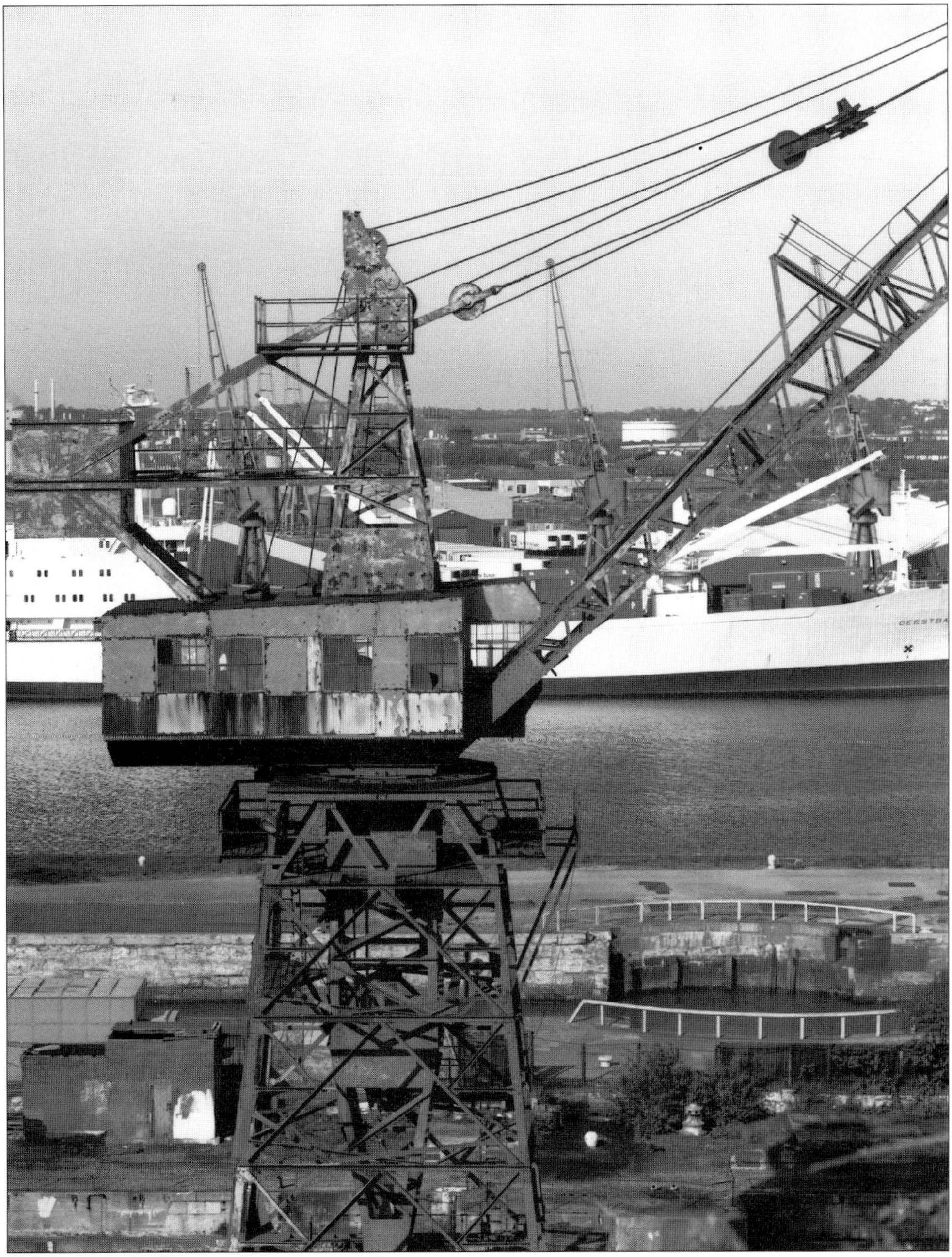

Y Garreg Siglo

Erys bloc anferth o garreg yng nghanol cylch derwyddol ar y tir comin uwch Pontypridd. Yr enw lleol arni yw'r 'Garreg Siglo'. Er ei bod yn pwyso 9½ tunnell, gall hyd yn oed blentyn beri iddi siglo trwy ei gwthio ar ei hochr ddeheuol. Credai Iolo Morganwg bod safle'r Orsedd wreiddiol yma, ond mewn gwirionedd, does neb a ŵyr lawer amdani.

Yn 1884, amlosgodd y gŵr hynod a'r meddyg lleol, Dr William Price (1800–93) a bregethai ac a arferai dderwyddaeth, ei fab yr oedd wedi'i fedyddio'n 'Iesu Grist' ger y fan hon. Cododd hyn gymaint o wrychyn y bobl leol nes iddo gael ei restio a'i ddwyn o flaen ei well. Gwrthodwyd yr achos ac yn ddiweddarach talwyd iawndal iddo. Oherwydd hyn, daeth amlosgi'n gyfreithlon ym Mhrydain. Bu dros ugain mil o bobl yn gwylio amlosgi Dr Price ei hun ddeng mlynedd wedi hynny.

Pan gymerais y llun hwn, roedd yn bur niwlog a thorrai'r golau'n gryf drwy'r cymylau yn y pellter. Roedd y blaendir mewn cysgod, a cheisiais ddefnyddio'r effaith hon yn gadarnhaol.

The Rocking Stone

On the common above Pontypridd, a huge block of sandstone sits in the middle of a druidic circle. It is locally known as 'The Rocking Stone'. Although it is 9½ tons in weight even a child can make it rock by pushing on its south side. The stone was believed by the Bard Iolo Morganwg to have been the site of the original Gorsedd, but in all truth, nobody really knows much about its history.

In 1884 the local eccentric and medical practitioner Dr William Price (1800–93), who preached and practised druidism in the area, cremated his son whom he'd christened 'Jesus Christ' near this spot. It so enraged the local people that he was arrested and tried. The case was dismissed, and later he was awarded damages. As a result cremation was legalized in Britain. Dr Price's own cremation ten years later was watched by over twenty thousand people.

When I took this photograph it was quite misty, and the light in the distance was breaking strongly through the clouds. The foreground was in shade – an effect I tried to use positively.

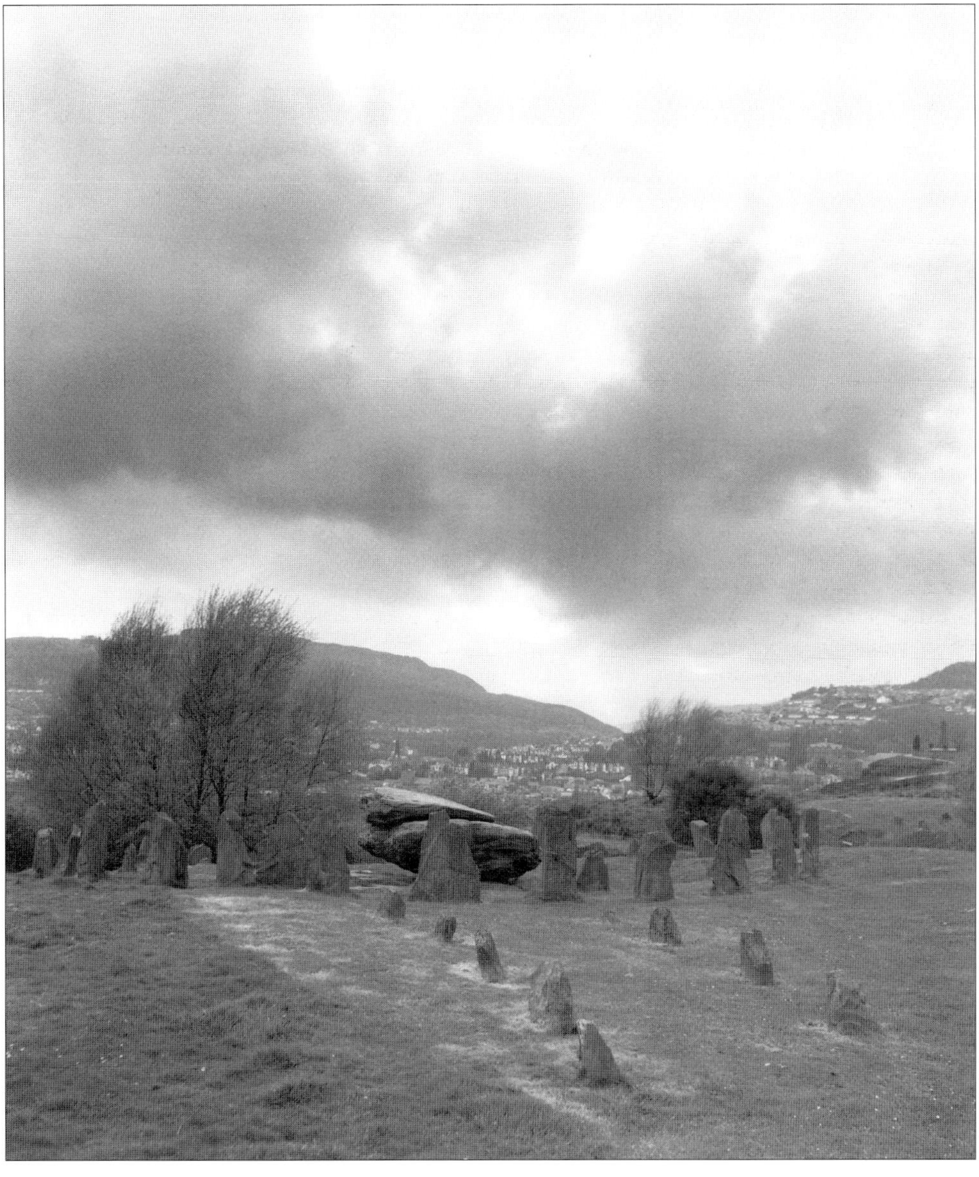

PEN-CLAWDD

Dechreuais ar fy nhaith ym mhentref Croffty gan fynd ar draws y gors i Ben-clawdd ar gefn tractor, yn gwmni i ddau o bysgotwyr y glannau, Jeff Williams a'i fab Spencer. Mae teulu Jeff wedi bod yn pysgota a hel cocos am genedlaethau dirifedi, ond pan oedd yn ifanc, a chyn hynny, asyn a gâi ei ddefnyddio i gludo'r cocos.

Dywed archaeoleg wrthym fod pobl wedi bod yn hel cocos yma ers cyn hanes. Ymddangosodd mam Jeff mewn llyfr ar Gymru yn y 1930au, a hithau'n gweithio ymhlith gwragedd a fyddai, heb amheuaeth, wedi ailadrodd straeon am y dyddiau cyn 1863, pan ddaeth y rheilffordd i Ben-clawdd. Yr adeg honno, nid oedd yn anghyffredin i wragedd gerdded y 9 milltir i Abertawe'n droednoeth i werthu eu cocos.

Mae'r pysgotwyr yn bryderus iawn yngylch ailgyflenwi'r stoc. Tuedd cocos yw bod mewn 'clytiau' sydd naill ai'n 'drwchus' neu'n 'denau'. Y diwrnod yr oeddwn i ar y traeth roedd y clwt yn bur drwchus, fel haen o raean o dan y tywod. Gall clytiau trwchus o'r fath olygu bod y cocos yn mygu ei gilydd, felly mae eu hel yn bwysig i gadwraeth y dyfodol.

Penderfynais dynnu'r llun i lygad yr haul fel y byddai'r cocos yn cael eu dangos yn eglur ar y ddaear a Jeff yn gysgodlun yn erbyn y traeth yn y pellter.

PENCLAWDD

I started my journey from the village of Crofty, and travelled across the marsh at Penclawdd on the back of a tractor with two inshore fishermen, Jeff Williams and his son Spencer. Jeff's family have been fishermen and cockle gatherers for countless generations, but in his youth, and before that, it was a donkey which was used to transport the cockles.

We know from archaeology that cockle gathering has been conducted here since prehistoric times. Jeff's mother appeared in a book on Wales in the 1930s when she would have worked with women who no doubt handed down stories of the days before 1863, when the railway arrived in Penclawdd. Then it was not uncommon for women to walk the 9 miles into Swansea barefoot to sell their cockles.

The fishermen are extremely concerned about the replenishment of stocks. Cockles tend to be in patches that are 'thick' or 'thin'. The day I was on the beach the patch was extremely thick, like a sheet of gravel beneath the sand. Such thick patches can result in the cockles suffocating each other so the act of gathering is important for the future conservation.

I decided to photograph into the sun, so that the cockles would be picked out on the ground with Jeff silhouetted against the distant shore.

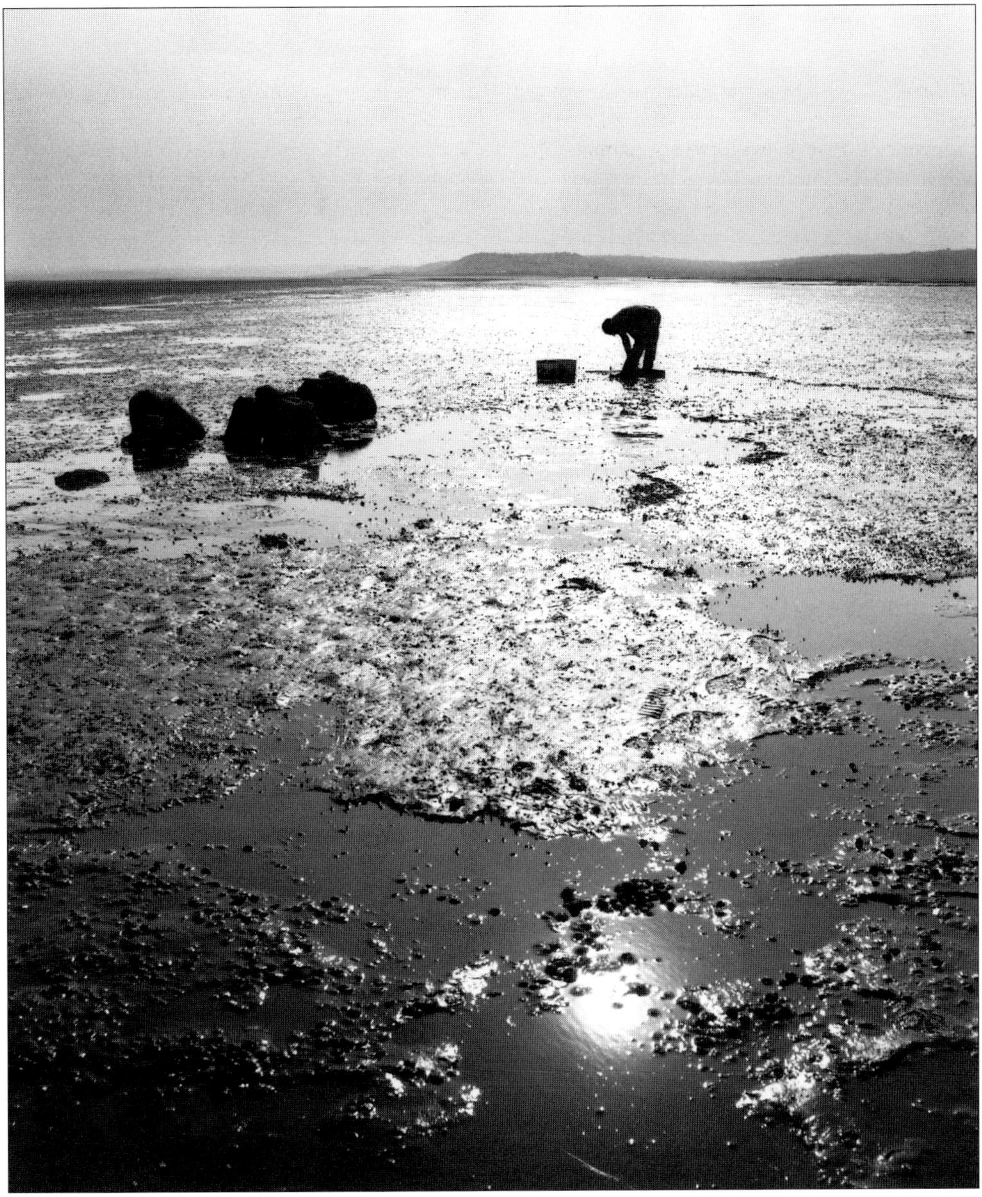

TRWYN PORTH EYNON

Er bod ymyl gorllewinol traeth Porth Eynon yn dywodlyd, mae'n ymestyn i drwyn ag iddo ffurfiannau craig sy'n ddigon o ryfeddod. Bu'r bae unwaith yn borthladd lle y byddai masnachwyr yn gwerthu nwyddau fel glo, calch a deunydd adeiladu. Wrth i mi gerdded uwch y creigiau yma a'r môr ar drai, yr hyn a ddaliodd fy llygad oedd ysgubiad y bae creigiog.

Gwnaeth wybod y byddai'r creigiau yma'n fuan dan ddŵr, a hynny mor agos at draeth tywodlyd, imi fod yn ymwybodol o ba mor bwysig oedd hi i gyfarwyddo llong hwylio'n ofalus. Gall y môr ei hun fod yn ddigon ffyrnig yn y fan hon. Yn 1916 boddwyd holl griw bad achub wrth geisio achub llong oedd mewn trafferthion. Ceir cofgolofn iddynt yn eglwys Sant Catwg yn y dref.

Nid yw pob un o'r bobl lleol wedi bod mor ddewr ac mor ofalus ynghylch bywydau rhai eraill. Doedd wreca ddim yn anghyffredin ar hyd yr arfordir deheuol hwn, ac mae i fyny at bump ar hugain o longau wedi ymddryllio rhwng y fan hon a Rhosili er 1865. Byddai goleuadau a gâi eu crogi wrth gyrn gwartheg, rhai fyddai'n bobio fel pe o gychod, yn denu sawl morwr i ddannedd y creigiau twyllodrus yma.

PORT EYNON POINT

Although the beach at Port Eynon is sandy on the western edge, it stretches to a point with some startling rock formations. The bay was once a port whose merchants plied wares of coal, lime and building materials. Walking above these rocks as the tide turned, it was the sweep of the rocky bay that caught my eye.

These rocks that soon would be covered with water, so close to a sandy beach, made me aware of how important it was to direct a sailing vessel carefully. The sea itself can be quite ferocious at this point. In 1916 a whole lifeboat crew were drowned trying to rescue a ship in distress: a monument to them stands in the town's St Catwg's church.

Not all locals have been so brave or caring about the lives of others. 'Wrecking' was not uncommon on this southern coast, and more recently as many as twenty-five ships have accidentally foundered between here and Rhosili since 1865. Lights were hung from cows' horns and bobbed as if from boats, enticing many sailors on to these treacherous rocks.

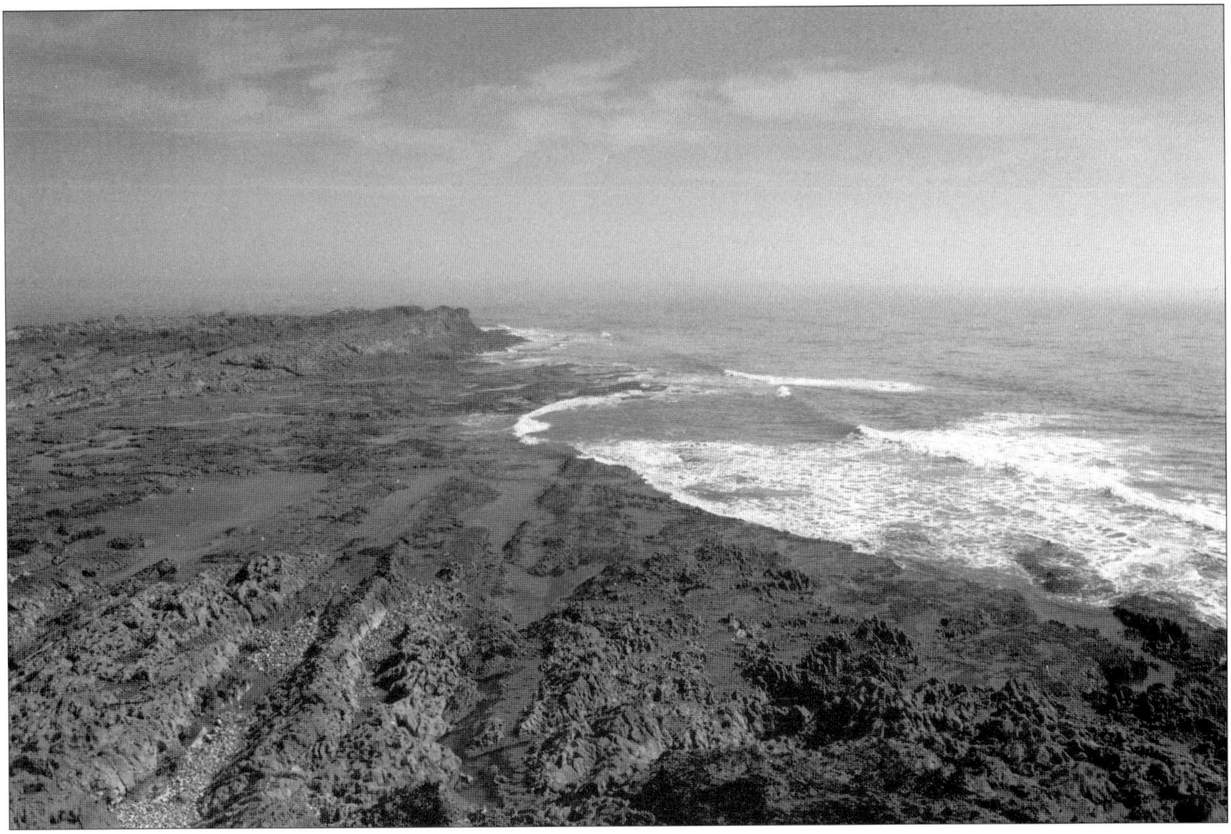

CWM RHYMNI

Wrth sefyll yn uchel i fyny yng Nghwm Rhymni, nid yw'n anodd gweld pam y sgrifennwyd cynifer o ddarnau o ryddiaith a barddoniaeth am y tirwedd.

Roeddwn wedi bod yn tynnu lluniau ymhellach i lawr y cwm pan droais ar y chwith o Butetown i gyfeiriad Merthyr a sylwi ar y cymylau storm yn magu yn y de. Taflent oleuni ar draws y stribed hwn o ddŵr. Roedd y golau'n gryf iawn ac yn llawn dirgelwch, a'r olygfa, ag ychydig ddefaid wedi'u gosod yn erbyn y panorama hwn, yn werth cael llun ohoni.

Bob tro y byddaf yn teithio'r ffordd o gwmpas top y cwm hwn mae'n rhoi'r teimlad o fod ar frig y byd, ac mae'r tirwedd yn agor allan yn feysydd llydan a choedwigoedd trwchus a fu unwaith yn gartref i anheddiadau'r Oes Garreg. Newidiodd dyfodiad ffermio defaid a'r diwydiant glo hyn i gyd trwy ddod â nifer o deuluoedd i weithio yn y diwydiannau haearn a glo.

RHYMNEY VALLEY

It is not difficult when standing high up in the Rhymney Valley to see why in Wales so many pieces of prose and poetry have been written about the landscape.

I had been photographing further down the valley when I turned left out of Butetown towards Merthyr and noticed these storm clouds brewing in the south, casting light across this strip of water. The light was strong and quite mysterious and with the few sheep set against this panoroma, it was worth taking a shot.

Every time I travel on the road around the area at the head of this valley it feels like being on top of the world, as the landscape opens out into broad fields and thick forest, once home to stone age settlements. The advent of sheep farming and the coal industry changed all that, bringing numerous families to work in the iron and coal industries.

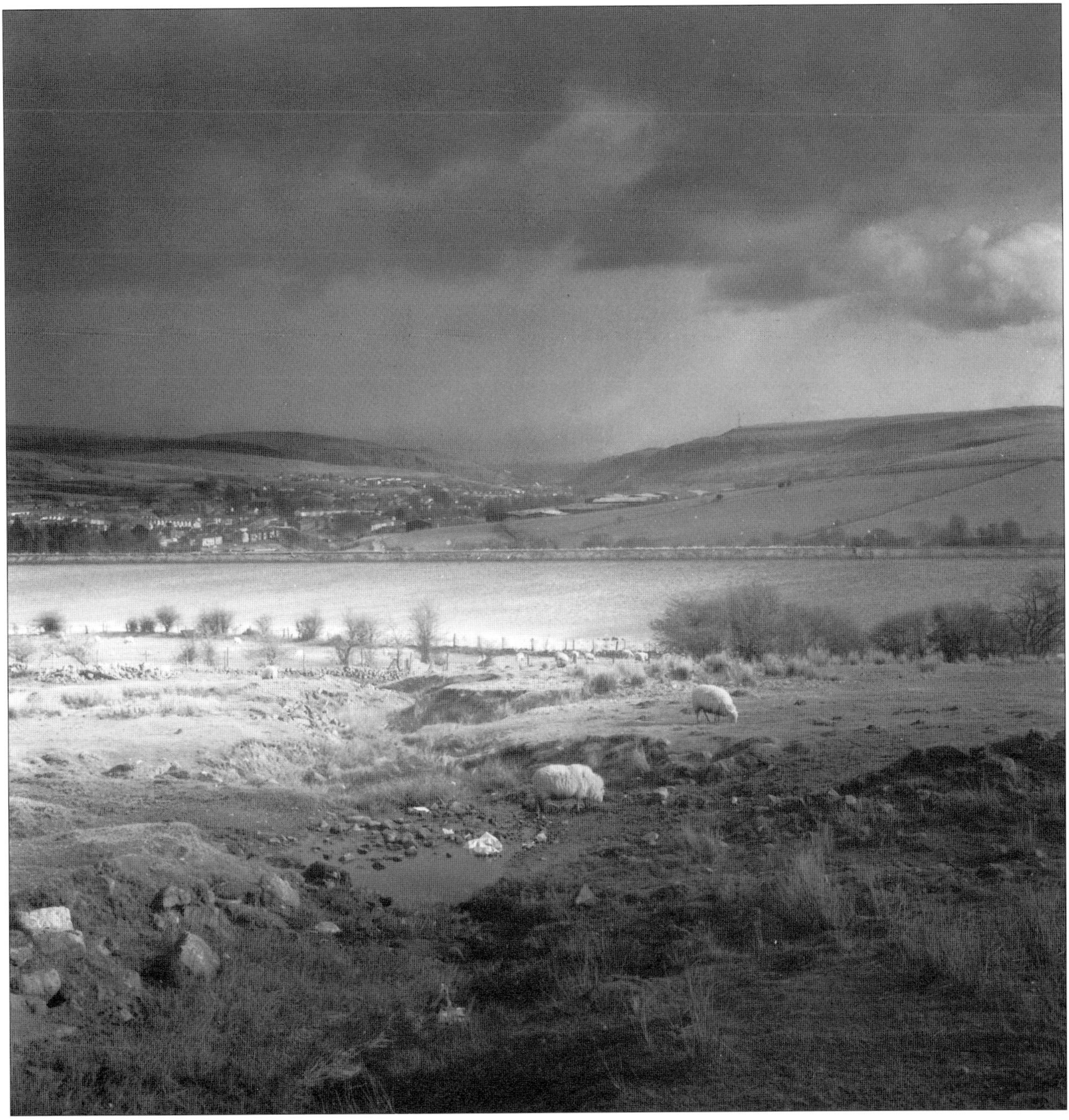

TRAPHONT MAESYCWMER

Ychydig o draphontydd Morgannwg a all gymharu ag un Maesycwmer. Fe'i gelwir weithiau'n Draphont Hengoed. Cafodd ei hadeiladu o friciau lleol a cherrig o chwareli cyfagos Trelyn yn 1875 a chostiodd £20,000. Mae pob bwa'n sbanio 40tr, a'r uchaf 120tr uwch yr afon.

Ar 31 Hydref 1857 adroddodd y *Cardiff and Merthyr Guardian* nad oedd dim yn addurnedig ynghylch y gwaith ac mae ei ddiben oedd bod yn gryf. Dywedodd fod yr effaith a gaiff ar bellter byr yn bur drawiadol gan fod cyfraneddau'r gwahanol rannau'n cytgordio gystal.

Mae ymron yn ymarferol amhosibl cael llun o'r gyfres gyflawn o un bwa ar bymtheg gan eu bod wedi'u cuddio gan ddatblygiadau tai. Felly dewisais lens sŵm i wastatâu'r plân a chreu'r teimlad o agosatrwydd sy'n bod wrth ichi basio o dan y strwythur anferth.

MAESYCWMMER VIADUCT

There are few viaducts in Glamorgan which compare with the one at Maesycwmmer, sometimes called the Hengoed Viaduct. It was built using local bricks and stone from the nearby Trelyn Quarries in 1857 for £20,000. Each arch spans 40 ft, and the highest is 120 ft above the river.

On 31 October 1857 the *Cardiff and Merthyr Guardian* reported: 'There is nothing ornamental about the work, the main object being strength; but at a short distance it has a very imposing effect, the proportions of the various parts harmonise so well'.

The complete series of sixten arches is practically impossible to photograph because they are concealed by housing developments. I therefore chose an ultra-wideangle lens to create the feeling of closeness that exists when you pass by this enormous structure.

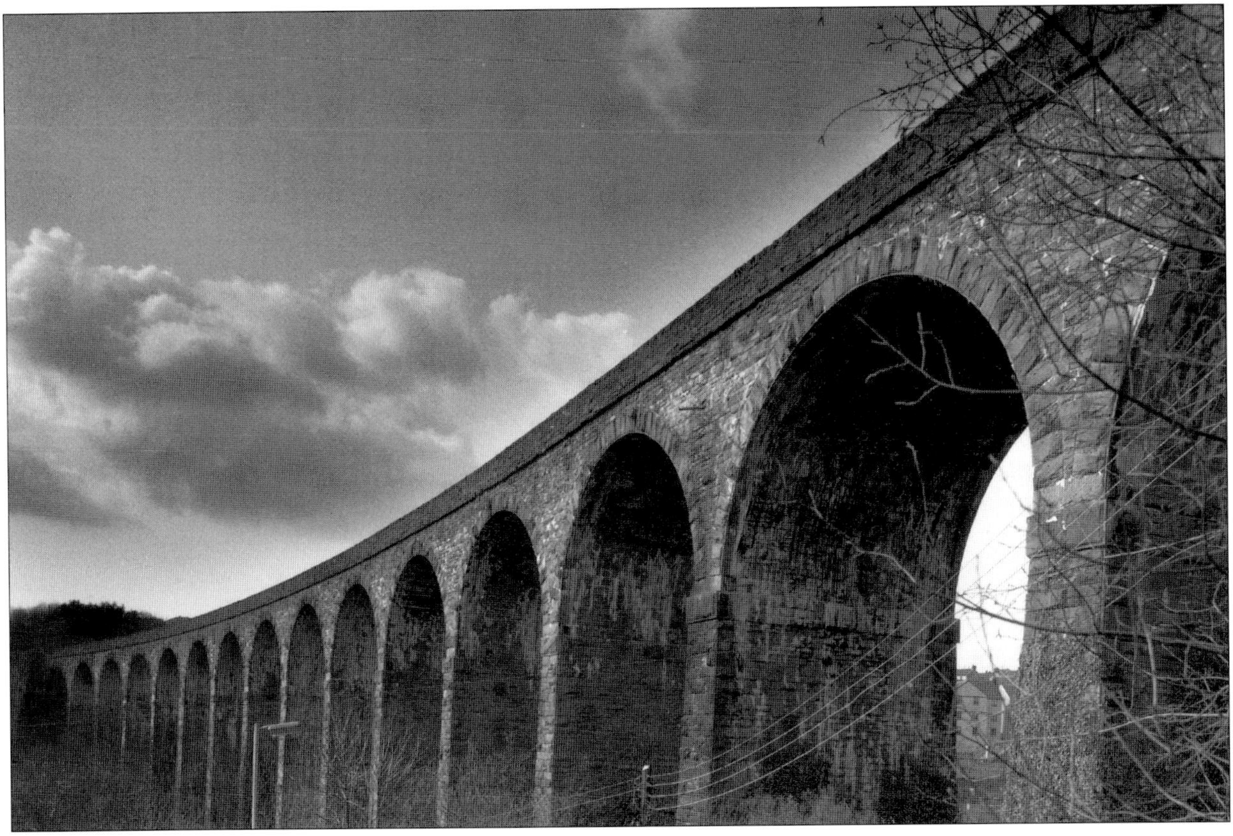

Cwmtawe

A minnau'n blentyn, cawn fynd yn y car i Gwmtawe ac i fyny i'r cymoedd tonnog, gwyrdd a ysgogodd un pregethwr ar ôl y llall yng nghapeli'r cwm i gymharu Cymru â'r nefoedd, gan ddweud wrthym y byddai'n rhaid i bawb ddysgu siarad Cymraeg yn y pen draw – yr unig iaith a siaredir yno.

Crewyd llawer o dirwedd yr ardal hon ym Morgannwg gan ddefaid mynydd caled sy'n llenwi'r caeau fel y gwnaethant dros gannoedd o flynyddoedd, gan greu ardaloedd o dir glas sy'n ffynnu wrth gael ei bori. Mae'r meysydd sydd wedi'u cau ymaith rhag y miliynau o'r creaduriaid hyn sy'n bwyta'u ffordd trwy gymoedd gwyrdd Cymru'n gyforiog o amrywiaeth o blanhigion, gan gynnwys rhedyn.

Mae'r ffermdai gwyngalchog, sy fel pe'n llithro i lawr y bryniau, yma'n clwydo ar y tirwedd tonnog, fel gwerin gwyddbwyll, yn gwarchod ac yn ddylanwad ar yr hyn sy'n digwydd o'u cwmpas. Mae'r ardal yn ddigon pell o hen ardaloedd smeltio gwaelod Cwmtawe lle mae'r Chwyldro Diwydiannol wedi newid amgylchedd ffermio'r canrifoedd trwy ddifwyno'r pridd a newid y cynefin naturiol.

Roedd yn hwyr yn y pnawn pan gymerais y llun hwn, y llystyfiant yn cael ei amlygu'n gyfrwys gan belydrau'r haul a drywanai lawr y cwm wrth fachlud gan fyseddu muriau gwyn y ffermdai yn y pellter.

Swansea Valley

As a child I was driven up hills in the Swansea Valley and onto the rolling green valleys that prompted preacher after preacher in the valley chapels to compare Wales with heaven, and tell us that we would all have to learn Welsh eventually – it is the only language spoken here.

Much of the landscape of this area of Glamorgan has been created by hardy upland sheep who have filled the fields in the same way for hundreds of years, creating areas of grass that flourish on grazing. Fields fenced off from the millions of these creatures that eat their way through Wales's green valleys thrive with a variety of plants, and brackens.

White-washed farms that seem to be sliding downhill perch on the rolling landscape here, like pawns, protecting and influencing what happens around them. The area is well away from the old smelting areas of the lower Swansea Valley, where the Industrial Revolution changed the farming environment of centuries by contaminating soils and altering the natural habitat.

It was late afternoon when I took this photograph, the vegetation, subtly highlighted by the setting sun, pierced the valley floor and picked out the white walls of the farm in the distance.

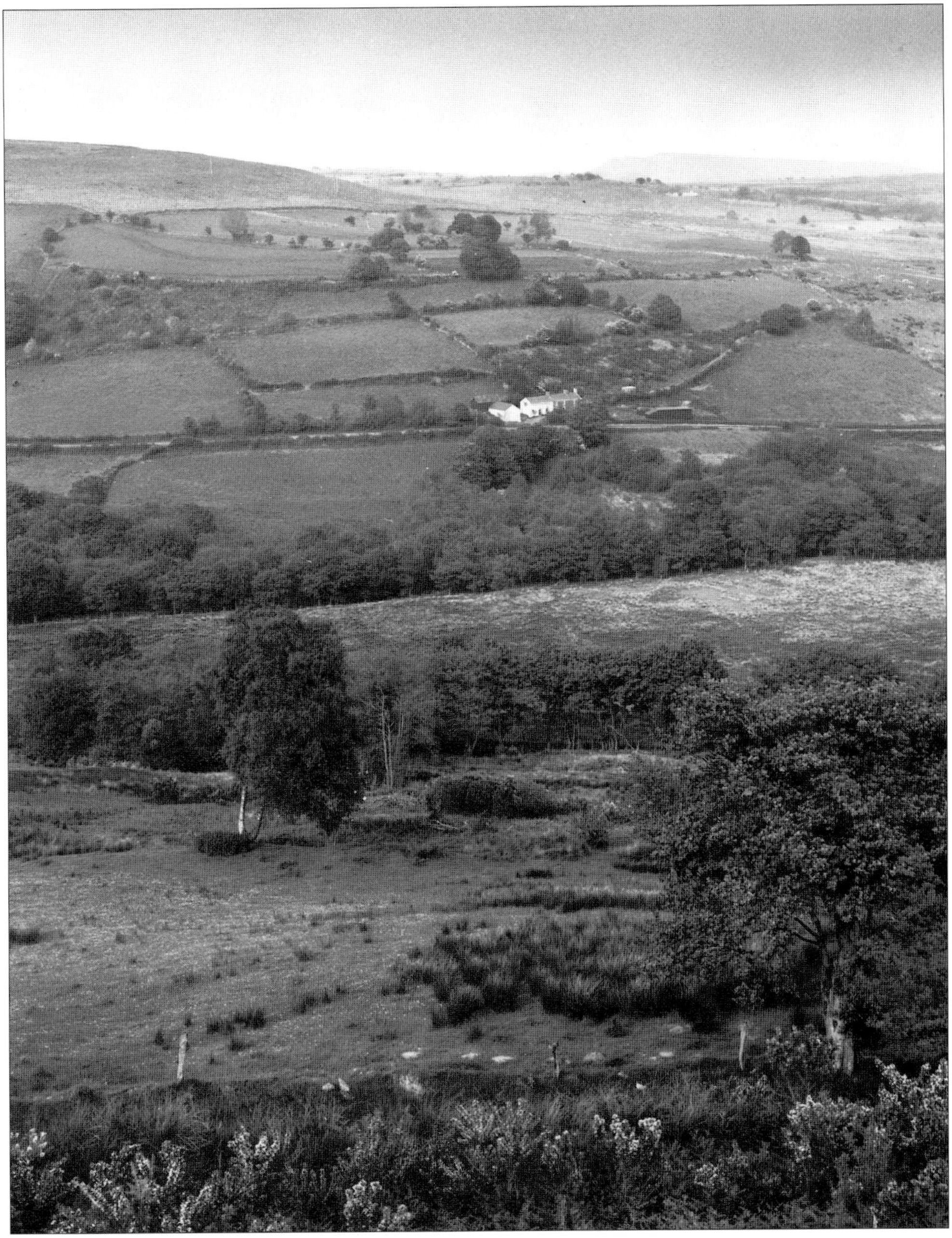

Bae Bracelet

Dywed rhai i'r Mwmbwls, wedi'u meddalu gan y gwynt, y glaw a'r môr dros y canrifoedd, gael eu henwau o *mamelles* (Ffrangeg) neu *mammulae* (Prydeinig Rufeinig) gan eu bod yn debyg i fronnau. Beth bynnag fo'r gwreiddiau tu ôl i enw'r ddau dwmpath crwn o dywodfaen carbonifferaidd, maen nhw mor ddiddorol â'r goleudy a gafodd ei godi arnyn nhw mor bell yn ôl â 1793. Mae cadw golau i losgi yma i warchod y morwyr rhag yr arfordir creigiog wedi cael y flaenoriaeth fel gorchwyl. Câi'r rhybuddion cynharaf eu rhoi trwy ddefnyddio tân a lanternau olew a wnaed ym Mynachlog Nedd.

Ceir sawl stori am ymdrechion dewr staff y goleudy. Gosodwyd un digwyddiad ar gân gan y sgrifennwr Victoraidd Clement Scott. Digwyddodd hwn yn Ionawr 1883 pan drawodd y bad achub, yr *Wolverhampton* yn erbyn y creigiau tra'n ceisio estyn cymorth i'r barc, *Admiral Prinz Adalbert* yn ystod storm fileinig. Collwyd pedwar o wŷr y bad achub, gan adael un (dau yn ôl rhai) i gael eu hachub gan ferched ceidwad y goleudy a aeth i lawr at y môr a thaflu eu siolau i'r dynion oedd ar fin boddi.

Mae'r Mwmbwls a'r goleudy'n ganolbwynt i filoedd o gartrefi o gwmpas Bae Abertawe. Cymerais y llun hwn o Fae Bracelet ar yr ochr orllewinol. Mae'n dawelach yma a siâp y ddau dwmpath yn cael ei bwysleisio.

Bracelet Bay

Some say that the Mumbles, softened by the wind, rain and sea over centuries, got their names from *mamelles* (French) or *mammulae* (Roman British) as they resemble breasts. Whatever the origins behind the name of the two rounded mounds of carboniferous limestone, they are as interesting as the lighthouse which was built upon them as long ago as 1793. It has been a major preoccupation over the centuries to keep a light burning here to protect seamen from this rocky coastline. Earlier warnings were given using fire and oil lanterns made at Neath Abbey.

Many stories exist of the courageous efforts of lighthouse staff. One famous incident, put into verse by the Victorian writer Clement Scott, took place in January 1883, when a lifeboat, the *Wolverhampton*, was dashed on the rocks when trying to help the barque, *Admiral Prinz Adalbert*, during a vicious storm. Four men from the lifeboat were lost but at least one, some say two, were saved by the daughters of the lighthouse-keeper who went down to the sea and threw their shawls out to the drowning men.

The Mumbles and the lighthouse are a focal point for thousands of homes around Swansea Bay. I took this picture from Bracelet Bay on the western side. It is quieter here and the shape of the two mounds is accentuated.

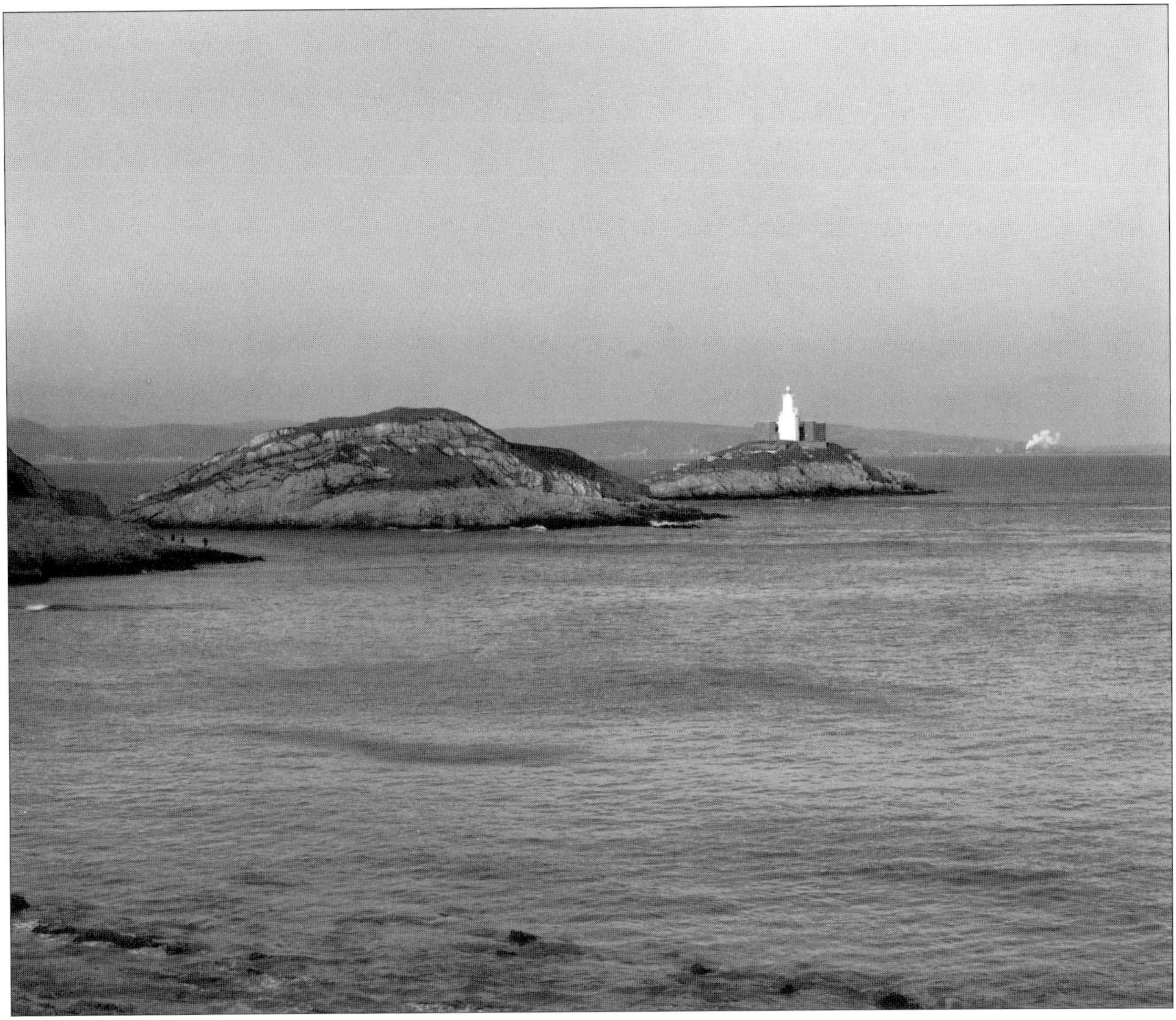

Y Porth/Trehopcyn

Tynnais y llun hwn o fan rhodianna poblogaidd pobl Pontypridd. Mae'n uchel uwch y Graigwen ac yn edrych dros y cwm i'r Porth. Yma mae Afon Rhondda, sy'n cael ei ffynhonnell o Afonydd Rhondda Fawr a Rhondda Fach, yn llifo am 4 milltir i'r de o Bontypridd i Afon Taf.

Yn y 1870au, prynodd William Thomas Lewis, Arglwydd Merthyr yn ddiweddarach, byllau glo yma, a daeth yr ardal yn un o'r glofeydd mwyaf ym Mhrydain. Erys hen Lofa Lewis Merthyr yn y cwm yn awr wedi'i drawsnewid yn Amgueddfa Treftadaeth y Rhondda.

Hwn oedd y pwll cyntaf i fy nhad weithio ynddo pan oedd yn syrfewr mwynfeydd dwy ar bymtheg oed dan hyfforddiant. Pwll bychan ei wythïen a oedd yn eiddo ar y pryd i *Powell Duffryn Associated Collieries Ltd* oedd hwn, yr uned gynhyrchu glo fwyaf yn y Deyrnas Gyfunol. Dywedodd fy nhad wrthyf y byddent yn cripian ar eu boliau trwy agoriad un metr i fynd o un ffas i'r llall, heb ddillad i'w gwarchod a'r un baddon pwll ar gyfer y glöwr.

Porth/Hopkinstown

The position from which I took this photoghraph is a popular area for the people of Pontypridd to stroll. High above Graigwen (White Rock) it looks over the valley to Porth. Here the River Rhondda, sourced from the Rhondda Fawr and the Rhondda Fach, flows 4 miles south to Pontypridd into the River Taff.

In the 1870s, William Thomas Lewis, later Lord Merthyr, bought collieries here, and the area became one of the greatest mining areas in Britain. The old Lewis Merthyr colliery sits in the valley, now converted into the Rhondda Heritage Museum.

It was the first pit my father worked down at the age of seventeen as a trainee mine surveyor. It was a small seamed pit owned at the time by Powell Duffryn Associated Collieries Ltd, the largest coal producing unit in the United Kingdom. 'We'd crawl on our bellies through a metre opening to get from coal-face to coal-face, with no protective clothing, and no pit baths for the colliers,' my father tells me.

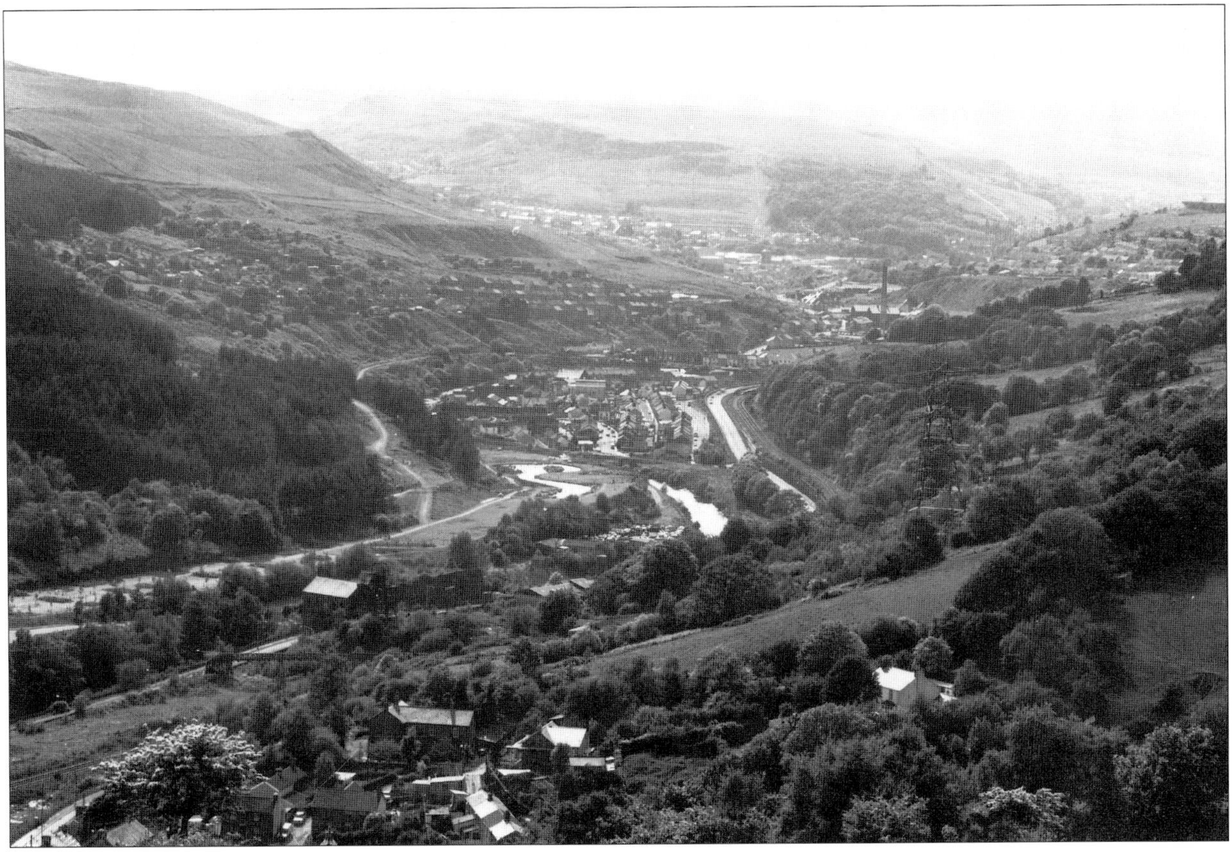

Craig-y-Llyn a Llyn Fawr

Parodd fy nghyfarfyddiad cyntaf â'r ysgubiad dramatig o fasiff Craig-y-llyn i lawr at gronfa Llyn Fawr i mi ryfeddu at y cwymp a'r olygfa banoramig. Mae'n 1,969tr; y bryn uchaf ym Morgannwg.

Cronfa yw Llyn Fawr erbyn hyn, ond bu'n llyn unwaith. Pan sychwyd ef yn 1911, cafwyd ynddo stôr o olion yr oes efydd ddiweddar a'r oes haearn gynnar. Cynhwysai'r rhain fwyell efydd, dau grochan efydd mawr wedi'u gwneud yn Iwerddon, efallai, addurniadau ar gyfer dynion a cheffylau a chleddyf haearn, o'r cyfandir, fwy na thebyg.

Mae i'r ardal ffordd gyntefig ac awgryma ffos gyfagos i anghydfod cyson fod yn ei gylch. Nid yw hyn yn syndod. Byddai gwersyllfan wedi'i hamgylchynu'n rhannol gan ddŵr ymron yn anorchfygol, ac yn fan i'w chwennych.

Craig Y Llyn and Llyn Fawr

My first contact with the dramatic sweep from the massif of Craig Y Llyn stretching down to the reservoir of Llyn Fawr left me astonished by its drop and panoramic view. At 1,969 ft it is the highest hill in Glamorgan.

Llyn Fawr, now a reservoir, was once a lake. When it was drained in 1911 a hoard of late bronze age to early iron age remains were found. These included a bronze axe, two large bronze cauldrons probably made in Ireland, ornaments for men and horses, and an iron sword, probably from the continent.

The area has an ancient road, and a nearby dyke suggests that it has always been a disputed area. It would not be surprising. An encampment surrounded in part by water, and with these views, would be almost unassailable, and much coveted.

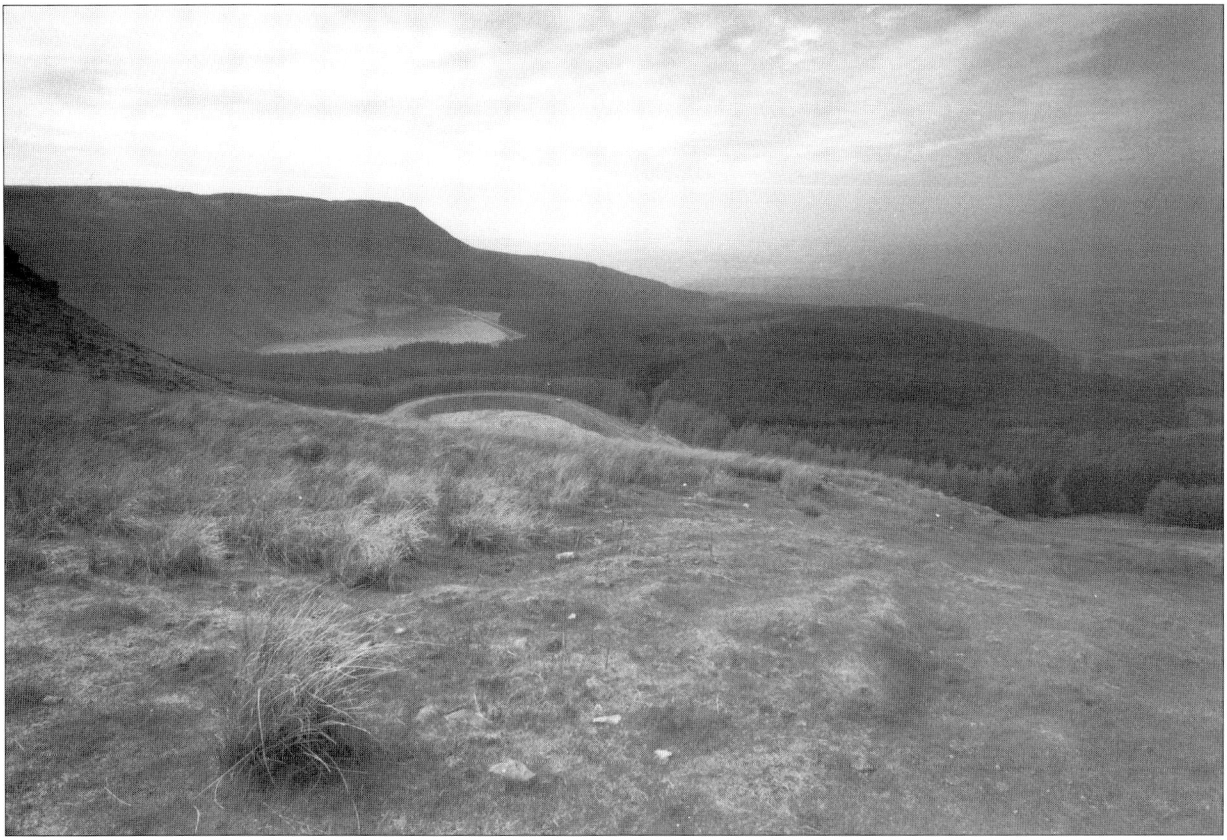

TRAPHONT ABERBARGOD

Y pontydd a'r traphontydd sy'n sbanio'r amryw gymoedd ac afonydd, yw rhai o nodweddion mwyaf trawiadol Morgannwg. Nid yw traphont Aberbargod yn eithriad, ac yn wir, cyffordd y rheilffordd sy'n arwain ati a roes ei henw i'r dref.

Pan godwyd hi yn 1858, i gludo teithwyr, nwyddau cyffredinol a haearn yn bennaf, roedd y fasnach lo yma mewn sefyllfa argyfyngus. Eto, ddwy flynedd ar ôl iddi gael ei hadeiladu, datblygwyd nifer fawr o weithfeydd glo ac ysgogodd cynnyrch o'r ardal hon gynhyrchu mewn sawl cwm arall.

Derbyniodd y *Rhymney Valley Railway Co.*, oedd yn gyfrifol am godi'r draphont, ei deddf ymgorffori yn 1854. Datganai rhaglith i'r ddeddf hon y byddai rheilffordd o Rymni, yn sir Forgannwg, i bwynt cyswllt â Rheilffordd Casnewydd, Y Fenni a Henffordd, yn fantais gyhoeddus enfawr trwy agor dulliau ychwanegol a chyfleus o gysylltu tref Rhymni ag ardaloedd mwynfaol cyfoethog Cwm Rhymni ar y naill law, a phorthladdoedd ar ochr ogleddol Môr Hafren a mannau eraill ar y llaw arall.

Teimlaf bob amser fod pontydd a thraphontydd yn wrthrychau deniadol i gael lluniau ohonynt, ond parant rwystredigaeth wrth i rywun chwilio am ongl dda i gael llun ohonynt. Nid yw camera'n orlawn o lensys yn ddigon gan y gellir adnabod ystumiad ar unwaith wrth i linell syth o bileri ddechrau crymu.

Dewisais yr ongl hon am ei bod yn ddigon pell i ffwrdd i roi argraff o swyddogaeth y bont ac i greu'r syniad o symudiant ysgubol o'r bryn lle y safwn i gyfeiriad y domen slag, sydd mwyach dan goed, y tu ôl i mi.

BARGOED VIADUCT

Some of the most impressive features of Glamorgan are its viaducts and bridges that span the numerous valleys and rivers, carrying the railway across the country. The Bargoed Viaduct is no exception, and indeed the railway junction that it leads to gave the town its name.

When it was built in 1858, principally to transport passengers, general goods and iron, the coal trade was in a depressed state here. Yet two years after its construction a large number of collieries were developed and the yield from this area stimulated production from many of the other valleys.

The Rhymney Valley Railway Co. which was responsible for building the viaduct received its act of incorporation in 1854. The preamble of the act stated that 'A railway from Rhymney, in the county of Glamorgan, to a point of junction with the Newport, Abergavenny and Hereford Railway would be of great public advantage by opening additional and expeditious means of communication between the town of Rhymney and the rich mineral districts of the Rhymney Valley on the one hand and the ports on the north side of the Bristol Channel and other places on the other hand.'

I always find viaducts and bridges fascinating objects to photograph, but the most frustrating for which to find a good photographic angle. A camera case brimming with lenses is not enough, as distortion can quickly be recognized when a line of straight pillars begins to stoop.

I chose this angle because I was far enough away to give an impression of the bridge's function, and to create a sense of sweeping motion from the hill on which I was standing towards the slag-heap, now forested, behind.

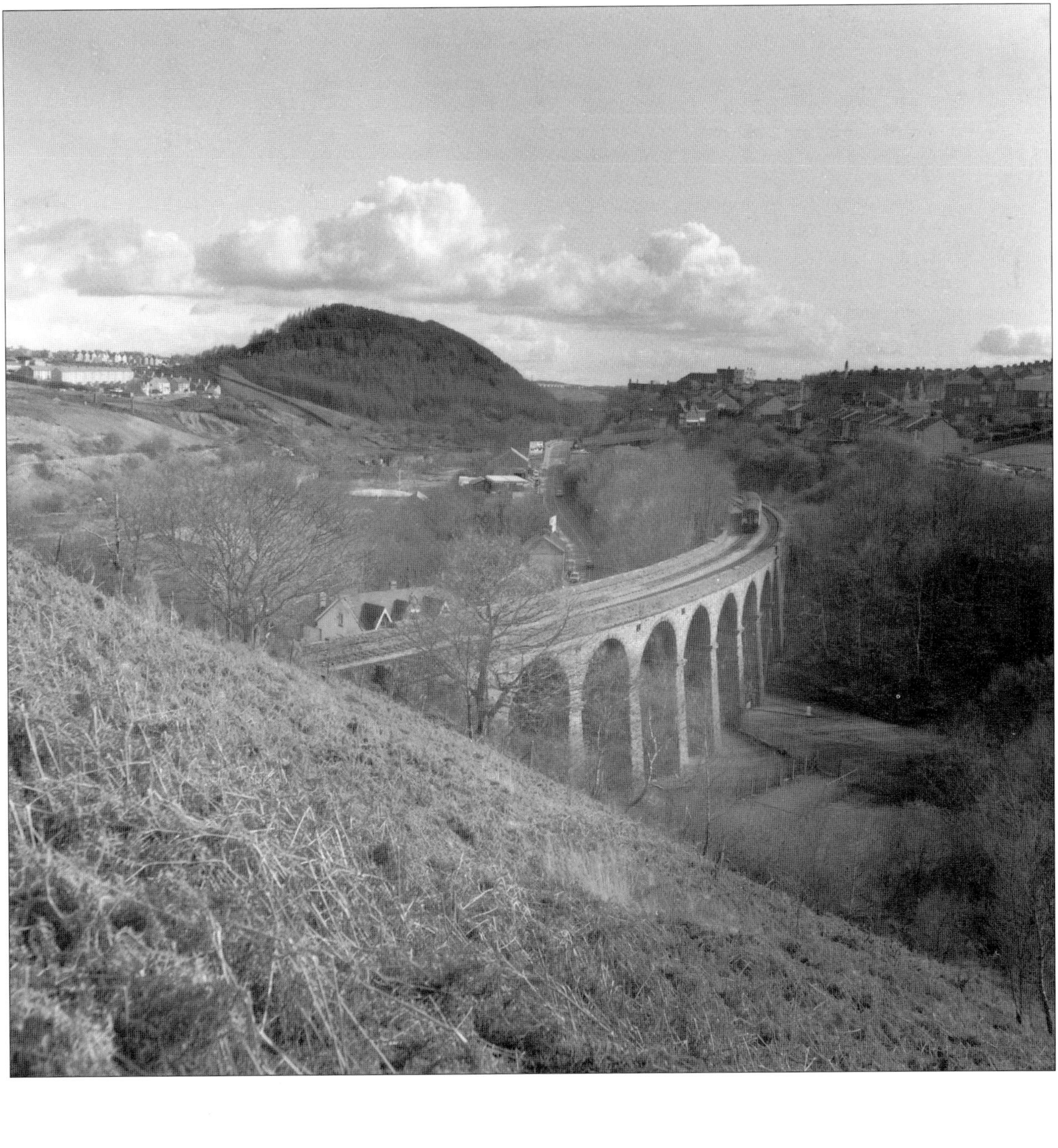

Egyllt y Dŵr

Mae'n bosib gweld nifer mawr o blanhigion blodeuol Prydeinig o'r ardal hon o'r twyni tywod hyd at gorsydd halen gogledd Gŵyr. Deuthum ar draws y pwll yma o egyllt y dŵr mewn pwll dipyn yn ôl o gors Llanrhidian, o dan wyneb y clogwyn ac nid nepell o goedlan. Disgleiriai'r haul ar y petalau a befriai yn y goleuni goleddfol yn y man agored, man sy'n hoff gan egyllt y dŵr. Mae'r mathau yma o diroedd gwlyb yn arbennig o frau ac mae nifer wedi diflannu ym Mhrydain o ganlyniad i weithredoedd bwriadol dyn yn draenio tiroedd ar gyfer adeiladu neu ffermio.

Mae'r planhigyn ei hun yn ddiddorol fel rhywogaeth gan fod iddo ddail arnawf a rhai tanddwr i ymdopi â'r amgylchiadau gwahanol. Mae i'r ddeilen danddwr bum bys, gan y câi deilen gyffredin ei rhwygo gan y dŵr, ac mae'n edrych fel lili ddŵr fechan.

Gall tynnu llun blodyn mor gain greu problemau, ond ar drybedd, gyda chyflymder caead rhesymol, roedd màs ohonyn nhw, yn eu cynefin naturiol o ddŵr bas, yn ddigon o ryfeddod.

Crowfoot

A large number of British flowering plant species can be seen in the area from the dunes to the saltmarshes of northern Gower. I came across this pool of water crowfoot in a pool well back from the Llanrhidian marsh, beneath the cliff face not far from some trees. The sun was shining on to the petals which were shimmering in the slanted light out in the open, the preferred habitat for crowfoot. These sort of wetlands are particularly fragile. Many have disappeared in Britain as a result of man's deliberate action of draining the land for building or farming.

The plant itself is interesting as a species in that it has floating leaves and submerged ones, to cope with the different environment. The leaf in the water is made up of fine fingers – a normal leaf would be ripped by the water – and looks like a miniature water-lily.

Photographing such a delicate flower can be problamatic, but on a tripod with a reasonable shutter speed the effect of a mass of them, in their natural habitat of shallow water, was quite special.

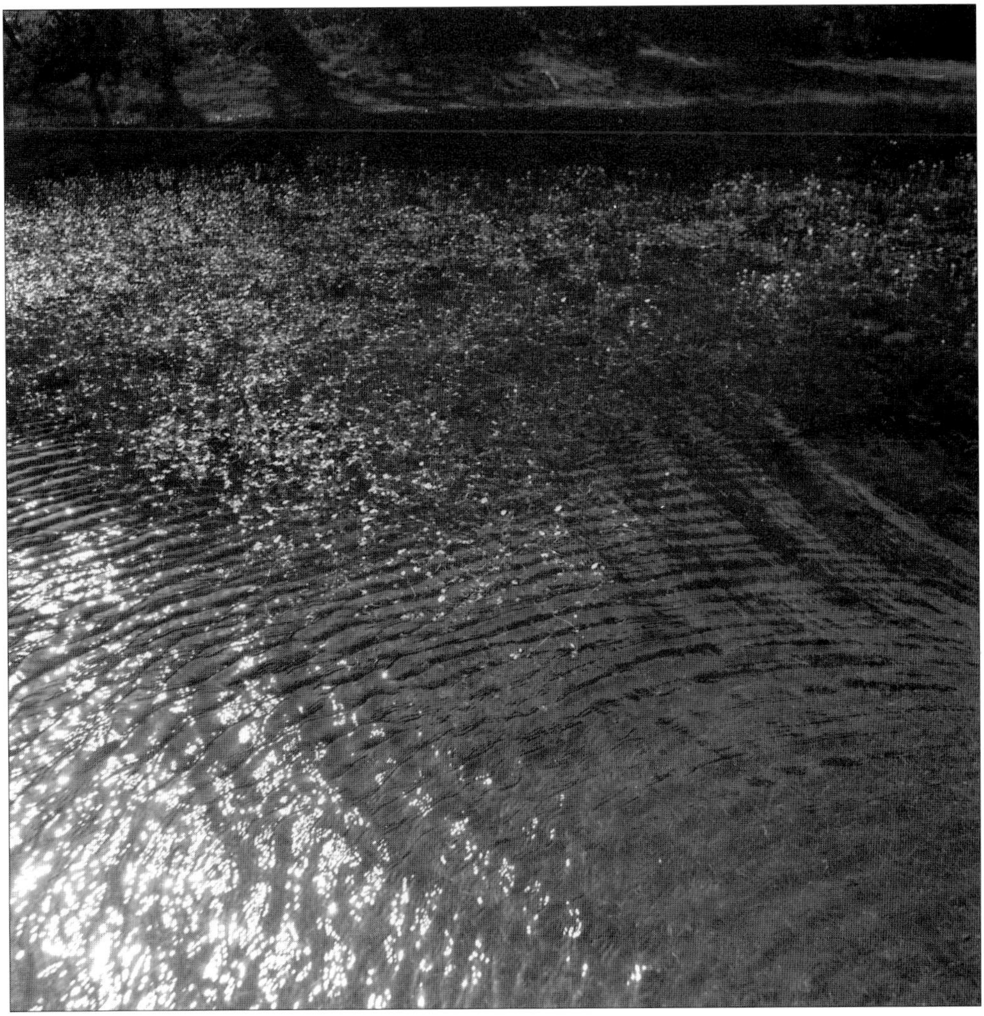

NODIADAU FFOTOGRAFFIG

Defnyddiais Hasselblad 2000 FC/M ar gyfer y rhan fwyaf o'r lluniau hyn. Caf y camera hwn, a chyflymder ei lensys F, yn gymorth aruthrol wrth gipio symudiadau yn y tirwedd, yn wahanol i'r 500 sydd â'r fantais o gydamseriad fflach a chyflym-derau caead uchel. Defnyddiais fy Nikon 35 mm Llygatbwynt Uchel ar gyfer gweddill y lluniau. Er ei fod hytrach yn drwm, o gamera 35 mm, caf ei bwysau'n bur fanteisiol mewn sawl sefyllfa cyflymder caead isel a'r camera mewn llaw.

Mae'n well gen i ddefnyddio ffilm Agfa 25 ar gyfer tirluniau, er i mi ddefnyddio Panatonic 32 ar gyfer un ddelwedd o Tylorstown i roi i mi dduon caled a chreu awyrgylch diwydiannol y cwm. Gwnaed delweddau eraill ar TMax 100 ac un neu ddau ar TMax 400 ar gyfer llwydion gwastad, gan ddibynnu ar y gwrthrych.

Gwnaed y rhan fwyaf o'r argraffu ar bapur sgleiniog Agfa Record Rapid gradd 2, ac weithiau gradd 3, gan ddibynnu ar y gwrthgyferbyniad ar y negydd a'r angen am greu ansoddau tonyddol golau a thywyll yn y print.

Pan fyddaf yn gweithio â ffilm ddu a gwyn, mae gen i hidlyddion melyn, samwn a choch bob amser, er i'r rhan fwyaf o'r lluniau gael eu tynnu heb hidlyddion neu gydag un melyn. Fodd bynnag, llosgais i mewn ar lawer o'r printiau pan oeddwn yn y stafell dywyll i alluogi'r negydd i ddangos manylion mewn mannau.

Nid wy'n credu bod y fath beth â ffotograffiaeth wrthrychol. Bob tro y mae ffotograffydd yn dewis system camera, lens arbennig, math o ffilm, papur, cemegion a dulliau argraffu, mae ei stamp wedi'i osod yn gadarn a therfynol ar wyneb y ffotograff.

Ond mae hap, er hynny, ym mhob peth, ac fel yr awgrymais yn y testun, mae hwnnw'n gwenu ar y meddwl parod.

PHOTOGRAPHIC NOTES

For most of the photographs I used a Hasselblad 2000 FC/M. I find this camera, with the speed of its F lenses, a tremendous help capturing movement in the landscape, unlike the 500 which has advantages with its synchronization for flash at high shutter speeds. I used my Nikon 35 mm High Eyepoint for the remaining shots. Although fairly weighty for a 35 mm camera, I find its heaviness extremely advantageous in many hand-held, low shutter speed situations.

I prefer to use Agfa 25 film for landscapes, although for one image of Tylorstown I used Kodak Panatomic 32 to give hard blacks and to create the industrial atmosphere of the valley. Other images were made on T-Max 100, and one or two on T-Max 400 for more even greys, depending on the subject matter.

Most of the printing was done on glossy Agfa Record Rapid grade 2, and occasionally grade 3, depending on the contrast of the negative and the need to create tonal qualities of light and dark in the print.

I am always armed with yellow, salmon and red filters when working with black and white film, although most of the prints were made from negatives that were taken either without a filter or with a yellow one. I did, however, burn in when in the darkroom with many of the prints to allow areas of the negative to reveal detail.

I don't believe there is such a thing as objective photography. Every time a photographer chooses a camera system, a particular lense, a film type, paper, chemicals and method of printing, the stamp of that photographer has finally and firmly been set on the surface of the photograph.

Chance does exist though in all things, but as I mentioned in the text, chance favours a prepared mind.

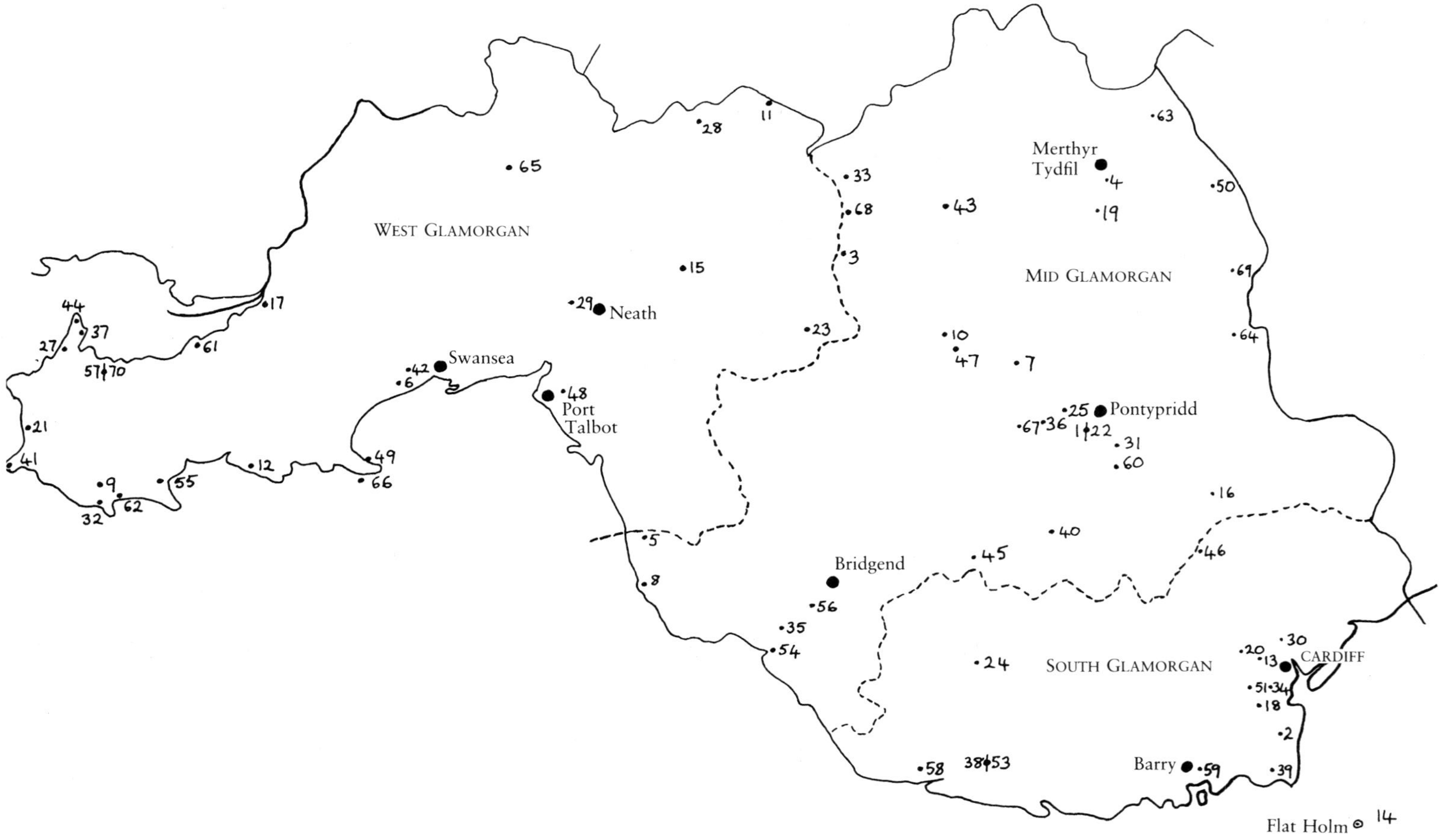
West Glamorgan
Mid Glamorgan
South Glamorgan
Merthyr Tydfil
Neath
Swansea
Port Talbot
Pontypridd
Bridgend
Cardiff
Barry
Flat Holm

DATA TECHNEGOL
TECHNICAL DATA

RHUF TUD PAGE NO.	RHUF MAP MAP NO.	TEITL TITLE	CAMERA CAMERA	LENS LENS	SBID SPEED	STOP STOP	HIDL YDD FILTER
iii	1	PONTYPRIDD BRIDGE	H'BLAD 2000FC/M	50MM	1/30	F16	NONE
1	2	PENARTH PIER	H'BLAD 2000FC/M	50MM	1/60	F22	NONE
3	3	GARREG LWYD	H'BLAD 2000FC/M	50MM	1/15	F22	YELLOW
5	4	RICHARD TREVITHICK'S MONUMENT	H'BLAD 2000FC/M	50MM	1/15	F16	NONE
7	5	KENFIG POOL	H'BLAD 2000FC/M	50MM	1/30	F16	SALMON
9	6	SWANSEA BAY	H'BLAD 2000FC/M	80MM	1/15	F22	YELLOW
11	7	GUTO'S GRAVE	H'BLAD 2000FC/M	50MM	1/4	F22	NONE
13	8	REST BAY	NIKON F3	80–200	1/30	F11	YELLOW
15	9	CULVER HOLE	H'BLAD 2000FC/M	120MM	1/15	F16	YELLOW
17	10	FERNDALE	H'BLAD 2000FC/M	80MM	1/30	F22	NONE
19	11	SHEEP NEAR DYFFRYN CELLWEN	NIKON F3	80–200	1/250	F8	NONE
21	12	THREE CLIFFS BAY	NIKON F3	80–200	1/15	F16	NONE
23	13	THE ARAB ROOM, CARDIFF CASTLE	NIKON F3	18MM	8 SECS	F16	NONE
25	14	FLAT HOLM	NIKON F3	28MM	1/125	F11	NONE
27	15	MELINCOURT	NIKON F3	55MM	1/8	F22	NONE
29	16	CAERPHILLY CASTLE	H'BLAD 2000FC/M	50MM	1/60	F11	NONE
31	17	THE LOUGHOR ESTUARY	H'BLAD 2000FC/M	120MM	1/250	F16	SALMON
33	18	THE IRBIC STONE	H'BLAD 2000FC/M	80MM	1/8	F22	NONE
35	19	SLAG-HEAP, MERTHYR	H'BLAD 2000FC/M	80MM	1/15	F16	NONE
37	20	CHRIST IN MAJESTY	H'BLAD 2000FC/M	120MM	4 SECS	F22	NONE
39	21	RHOSILI BAY	H'BLAD 2000FC/M	80MM	1/30	F11	NONE
41	22	PONTYPRIDD BRIDGE	H'BLAD 2000FC/M	50MM	1/30	F16	NONE
43	23	BLAENGWYNFI	NIKON F3	80–200	1/30	F16	NONE45
45	24	THE POND, COWBRIDGE	H'BLAD 2000FC/M	120MM	1/60	F11	SALMON
47	25	COTTAGE ABOVE TREHAFOD	H'BLAD 2000FC/M	120MM	1/15	F16	YELLOW
49	26	ARTHUR'S STONE	H'BLAD 2000FC/M	80MM	1/15	F22	NONE
51	27	WHITFORD SANDS	H'BLAD 2000FC/M	50MM	1/30	F16	YELLOW
53	28	SEVEN SISTERS	NIKON F3	50MM	1/30	F5.6	RED
55	29	NEATH ABBEY	H'BLAD 2000FC/M	120MM	1/15	F11	NONE
57	30	THE SCOTT MEMORIAL LIGHTHOUSE	H'BLAD 2000FC/M	80MM	1/15	F16	YELLOW
59	31	PONTYPRIDD COMMON	H'BLAD 2000FC/M	50MM	1/8	F22	YELLOW
61	32	OVER SEDGERS BANK	NIKON F3	80–200	1/250	F8	NONE
63	33	HIRWAUN	NIKON F3	18MM	1/15	F16	NONE

RHUF TUD PAGE NO.	RHUF MAP MAP NO.	TEITL TITLE	CAMERA CAMERA	LENS LENS	SBID SPEED	STOP STOP	HIDL YDD FILTER
65	34	THE NORWEGIAN CHURCH	H'BLAD 2000FC/M	50MM	1/30	F16	NONE
67	35	THE STEPPING STONES	H'BLAD 2000FC/M	50MM	1/60	F16	NONE
69	36	THE HETTY	H'BLAD 2000FC/M	50MM	1/8	F22	RED
71	37	OYSTER-CATCHERS	NIKON F3	80–200	1/500	F5.6	NONE
73	38	THE STONE CROSSES AT LLANTWIT MAJOR	H'BLAD 2000FC/M	80MM	4SECS	F22	NONE
75	39	LAVERNOCK POINT	H'BLAD 2000FC/M	80MM	1/30	F22	YELLOW
77	40	LLANTRISANT	H'BLAD 2000FC/M	120MM	1/60	F11	YELLOW
79	41	WORM'S HEAD	H'BLAD 2000FC/M	50MM	1/60	F16	YELLOW
81	42	THE GUILDHALL, SWANSEA	H'BLAD 2000FC/M	50MM	1/60	F16	YELLOW
83	43	ABERDARE	H'BLAD 2000FC/M	50MM	1/60	F16	YELLOW
85	44	WHITFORD POINT LIGHTHOUSE	H'BLAD 2000FC/M	120MM	1/250	F11	YELLOW
87	45	OPENCAST COAL-MINE, LLANHARRY	H'BLAD 2000FC/M	80MM	1/30	F11	NONE
89	46	CASTELL COCH	NIKON F3	18MM	1/30	F8	SALMON
91	47	TYLORSTOWN	H'BLAD 2000FC/M	50MM	1/8	F16	SALMON
93	48	BAGLAN BAY	H'BLAD 2000FC/M	120MM	4 SECS	F8	NONE
95	49	MUMBLES PIER	H'BLAD 2000FC/M	120MM	1/125	F11	YELLOW
97	50	NEW TREDEGAR	H'BLAD 2000FC/M	50MM	1/8	F22	NONE
99	51	TIGER BAY	H'BLAD 2000FC/M	50MM	1/15	F22	YELLOW
101	52	TYNTON FARM, LLANGEINOR	NIKON F3	50MM	1/30	F11	SALMON
103	53	SAINT ILLTYD'S CHURCHYARD	H'BLAD 2000FC/M	50MM	1/8	F22	SALMON
105	54	OGMORE	NIKON F3	50MM	1/30	F11	YELLOW
107	55	OXWICH REEDSWAMP	H'BLAD 2000FC/M	80MM	1/60	F11	NONE
109	56	EWENNY PRIORY	NIKON F3	18MM	1/30	F22	NONE
111	57	THE PONIES OF LLANRHIDIAN MARSH	H'BLAD 2000FC/M	120MM	1/250	F8	NONE
113	58	TRESILIAN BAY	H'BLAD 2000FC/M	50MM	1/30	F16	NONE
115	59	BARRY DOCKS	H'BLAD 2000FC/M	50MM	1/125	F8	NONE
117	60	THE ROCKING STONE	H'BLAD 2000FC/M	50MM	1/15	F11	NONE
119	61	PENCLAWDD	H'BLAD 2000FC/M	50MM	1/60	F11	YELLOW
121	62	PORT EYNON POINT	NIKON F3	18MM	1/30	F22	NONE
123	63	RHYMNEY VALLEY	H'BLAD 2000FC/M	80MM	1/30	F16	NONE
125	64	MAESYCWMMER VIADUCT	NIKON F3	18MM	1/30	F11	NONE
127	65	SWANSEA VALLEY	H'BLAD 2000FC/M	80MM	1/8	F16	NONE
129	66	BRACELET BAY	H'BLAD 2000 FC/M	80MM	1/60	11	SALMON
131	67	PORTH/HOPKINSTOWN	H'BLAD 2000FC/M	120MM	1/8	F16	NONE
133	68	CRAIG Y LLYN & LLYN FAWR	NIKON F3	18MM	1/4	F22	YELLOW
135	69	BARGOED VIADUCT	H'BLAD 2000FC/M	80MM	1/30	F16	NONE
137	70	CROWFOOT	H'BLAD 2000FC/M	50MM	1/250	F11	SALMON

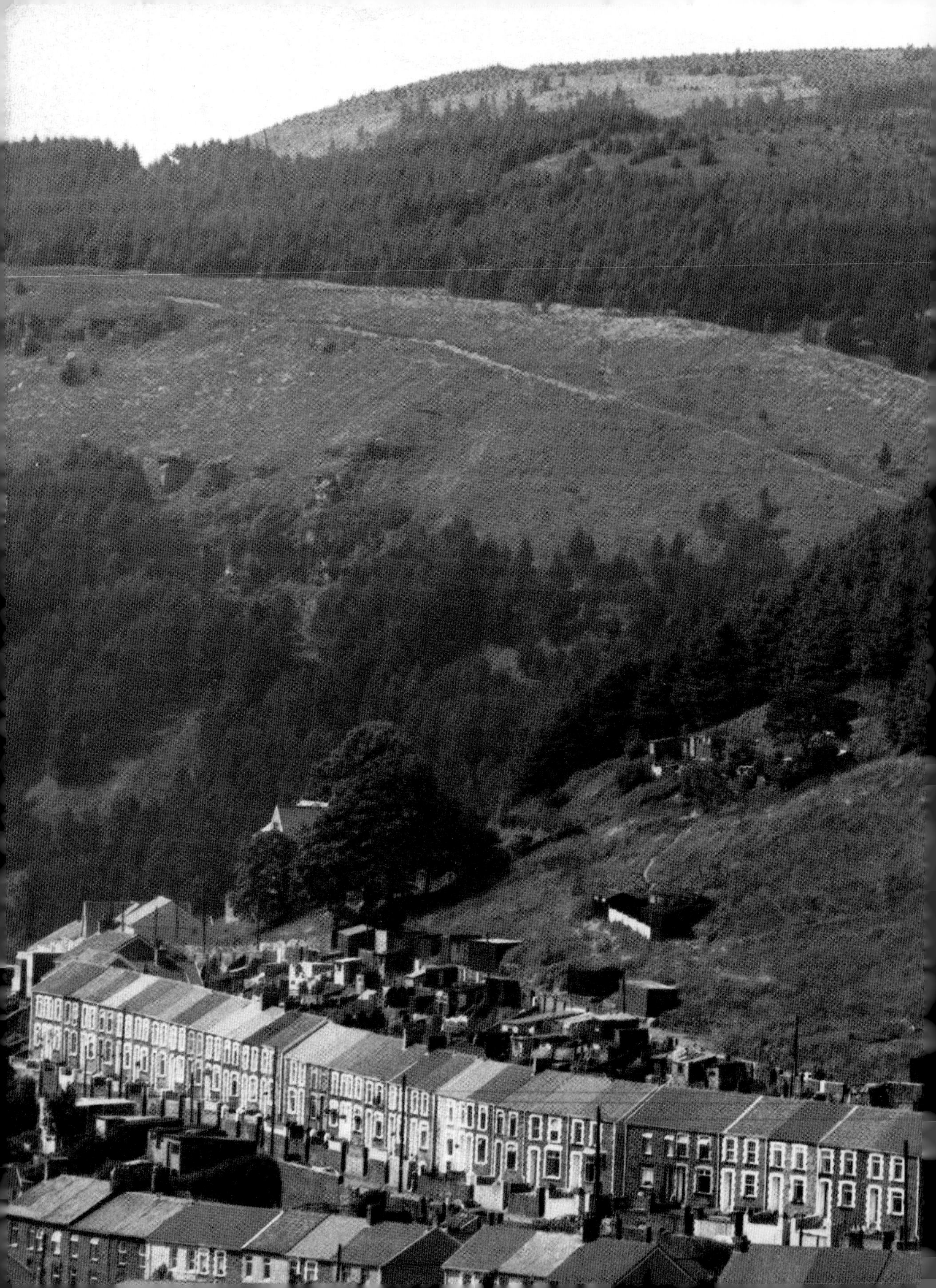

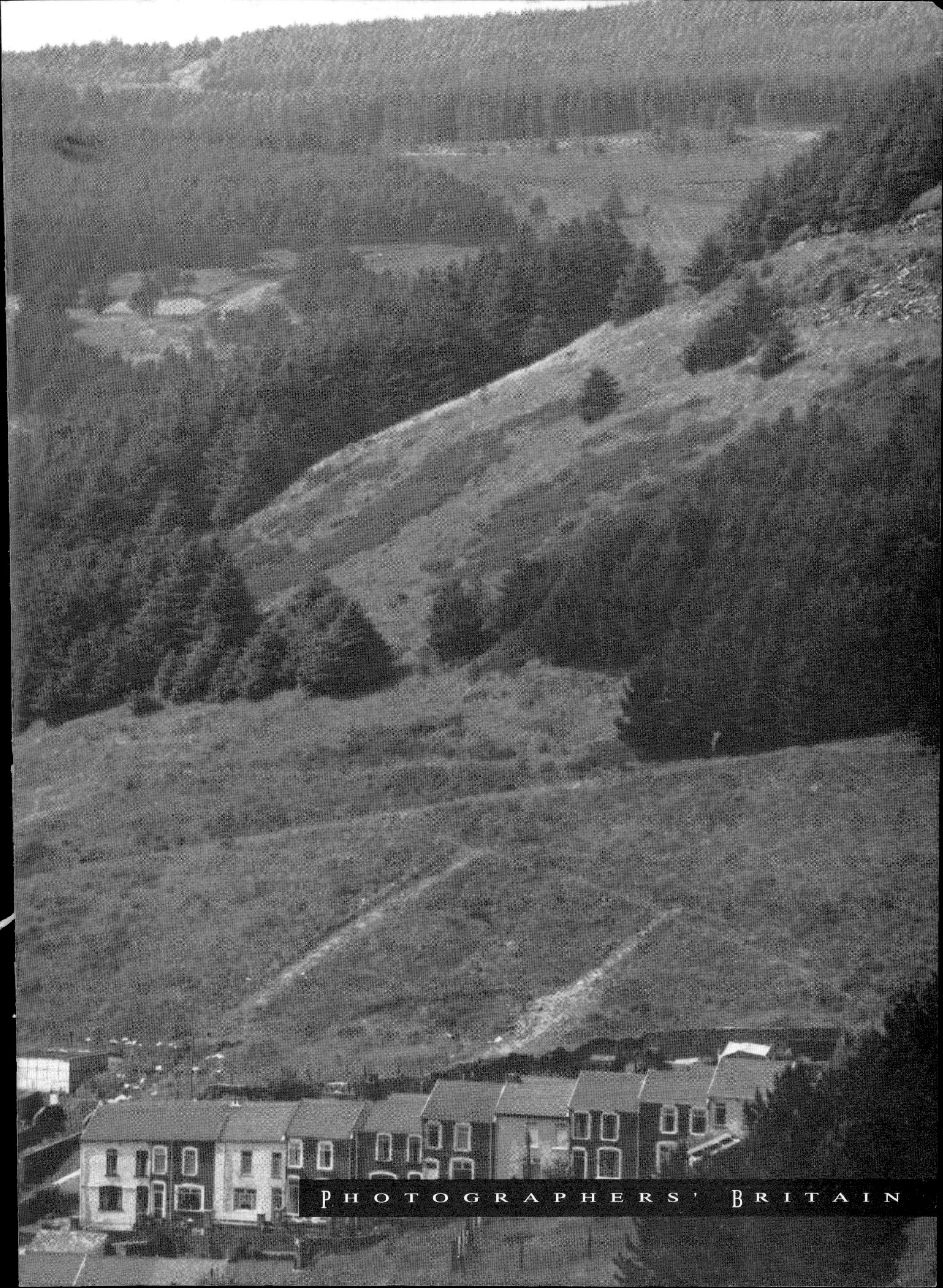
PHOTOGRAPHERS' BRITAIN